T0209870

Printed in the United States
By Bookmasters

بسم الله الرحمن الرحيم

الشعرية العربية
مرجعياتها وابدالاتها النصية

الشعرية العربية
مرجعياتها وابدالاتها النصية

الأستاذ الدكتور
مشري بن خليفة

الطبعة الأولى
1432هـ/ 2011م

المملكة الأردنية الهاشمية
رقم الإيداع لدى دائرة المكتبة الوطنية
(2010 / 7/ 2633)

811.09
خليفة، مشري بن خليفة
الشعرية العربية مرجعياتها وابدالاتها النصية/مشري بن خليفة
.- عمان : دار ومكتبة الحامد للنشر والتوزيع، 2010
(   ) ص .
ر. إ. : (2010/ 7/2633) .
الواصفات :الشعر العربي//النقد الأدبي//التحليل الأدبي/
*يتحمل المؤلف كامل المسؤولية القانونية عن محتوى مصنفه ولا يعبّر هذا المصنف عن رأي دائرة المكتبة الوطنية أو أي جهة حكومية أخرى.

أعدت دائرة المكتبة الوطنية بيانات الفهرسة والتصنيف الأولية .

ISBN 978-9957-32-530-5 (ردمك)

الحامد

دار الحامد للنشر والتوزيع
شفا بدران - شارع العرب مقابل جامعة العلوم التطبيقية
هاتف: 5231081 -00962 فاكس : 5235594 -00962
ص.ب . (366) الرمز البريدي : (11941) عمان – الأردن
Site : www.daralhamed.net
E-mail : info@daralhamed.net
E-mail : daralhamed@yahoo.com
E-mail : dar_alhamed@hotmail.com

الإهداء

إلى الوالدين الكريمين......
إلى زوجتي العزيزة....
إلى أبنائي الأعزاء...
محمد أنيس
حنان
ويسرا

مشري بن خليفة

محتويات الكتاب

محتويات الكتاب

محتويات الكتاب

المقدمة

تسعى هذه الدراسة لإعادة قراءة الشعرية العربية، من حيث مرجعياتها وإبدالاتها النصية، وتستند هذه القراءة لأسس نظرية وأدوات منهجية، بها يتم الإنصات للشعرية العربية في مسارها التاريخي، الذي يطرح أسئلة عدة، متعلقة بالمفاهيم التي ارتبطت بها مرحليا، وذلك حسب القيم المعرفية لكل عصر، وكذلك النصوص المترتبة عنها من مرحلة إلى أخرى.

لاشك أن المفهوم الشعري غير ثابت، وهو متغير لكن الوظيفة الشعرية تسمح للدارس بفهم أعمق للشعرية وإبدالاتها النصية، على اعتبار أنها تأسيس نصي من حيث المفهوم والوظيفة معا، وعليه فلابد من اكتشافها وتعريتها، والبحث عن استقلالها وابدالها من مرحلة إلى أخرى، ومن نص إلى آخر. إن الشعرية العربية، تغري بالقراءة والإنصات، معنى هذا أنها كموضوع علمي، تشترط تصورا يغزو المنسي والمغيب فيها، وانطلاقا من هذه الرؤية نستطيع أن نصف هذه الشعرية، وأن نحلل نصوصها، ومعرفة قوانين ابدالاتها .

فهذه الدراسة ترصد انتقال الشعرية العربية من الشفوية إلى الكتابة، وفي هذا المسار المفهومي والنظري، نتعرف على الممارسات النصية وقوانينها، من شعرية إلى أخرى ونتعرف أيضا على طبيعة الحدود بين هذه الشعريات .

تقدم لنا الدراسات التي تناولت الشعرية العربية، مقاربات تاريخية او موضوعية، وأغلبها ينطلق من رؤية تجزيئية، وليست شمولية، ولا تقترب من الشعرية العربية في مساراتها المتعددة، ونصوصها المختلفة، ورغم هذا القصور المنهجي، إلا أننا بالإمكان أن نستثني بعض الدراسات التي تناولت قضايا الشعرية العربية من تصور: الكلية والخصوصية، وتجسد ذلك في دارسة جمال الدين بن الشيخ "الشعرية العربية" التي حدد فيها مفاهيم الإبداع والصناعة، ثم تطرق للأغراض الشعرية ووظيفتها في القصيدة العربية وينتهي إلى تركيب الخطاب الشعري، وبلاغة أشكاله في الشعر العباسي، باعتباره شعر مدينة، يتحول فيها

الشعر إلى حرفة. ونجد أيضا بحث أدونيس "الثابت والمتحول"، (الأصول، تأصيل الأصول، صدمة الحداثة)، الذي يقرأ الشعرية العربية، قراءة إيديولوجية مضادة للثبات المطلق الديني، فهو لم يقرأ الشعر العربي جماليا، بقدر ما ركز على قيم الثبات والتحول، والصراع الدائر بينهما، ولقد استدرك أدونيس هذا الخلل المنهجي، في كتابه " الشعرية العربية " إلا أنه ظل مرتبطا بنفس التصور مهملا البعد النصي الذي هو شهادة مسار الشعرية العربية .

وينطلق رشيد يحياوي في كتابه " الشعرية العربية " من اصطلاح " شعر " الذي لا يدل في حد ذاته على نوع معين دون غيره، فهو يحمل معنى التعدد وكثرة الأنواع، لذا يركز في دراسته على الأنواع والأغراض. ويدرس نور الدين السد في بحثه "الشعرية العربية" المفاهيم المرتبطة ببناء القصيدة العربية من حيث العوامل المؤثرة في تطورها في العصر العباسي الأول .

وهناك أيضا أطروحة محمد بنيس"الشعر العربي الحديث بنياته وإبدالاتها، (التقليدية، الرومانسية العربية، والشعر المعاصر)، وهو يركز في التحليل النصي على"دورة الزمن"في التقليدية، و"المتخيل الشعري"في الرومانسية العربية، و"فضاء الموت"في الشعر المعاصر، وهي من أهم الدراسات في الشعر العربي الحديث، حيث استطاع أن يؤسس لتصور نقدي يقرأ الشعرية العربية من مكان مغاير، لضبط الأطر النظرية للشعر العربي الحديث.

واضح انه ليست هناك دراسة شاملة في موضوع الشعرية العربية، من حيث المرجعيات المفهومية والمعرفية، والإبدالات النصية، لذا كان اختياري لهذا الموضوع البكر، وهو جزء من اشتغالي النقدي في تحديد قوانين الشعرية العربية، عبر ممارسات الشعراء النصية، والمفاهيم النقدية المصاحبة لها. فهذا الاقتراب في حقيقة أمره، يحاول ان يمارس فعل الخروج من حالة الوصف إلى اكتشاف القوانين، وتعمق الرؤية باتجاه النص، الذي يتحرك في الزمان والمكان والرؤيا. والقراءة – هنا – ليست الأداة المساعدة على التحديد والمعاينة وحسب، وإنما هي وعي ببلاغة النص وفتنته .

إن هذا البحث ينطلق من إشكال عام، ليرصد إشكالا خاصا، في تتبع آليات تحول الشعرية العربية من خصائص الشعرية الشفوية، بوصفها النص الأول المركزي، إلى فضاء الكتابة في الشعر المعاصر، على المستويين: النظري والنصي.

وهذا التحديد القصد منه، إيجاد نسق معرفي ونصي، تنتظم فيه الشعرية العربية، وهذا التركيز على المرجعيات والنصوص، متأت من موقف يحاول ان يستوعب الإبدالات التي أسهمت في إنتاج هذا النص أو ذاك، لأن لكل عصر معرفته الخاصة، ومفهومه الخاص للشعر، وممارساته النصية، لذا ستكون دراستنا مبنية على استيعاب أهم المرجعيات والمفاهيم، التي كانت مؤشر انتقال من عصر إلى آخر .

لذا اخترنا أن نؤسس لبحثنا، انطلاقا من مدونة نظرية، و مدونة نصية، وهذا الاختيار أملته رؤية نقدية اعتمدنا فيها المنهج الاستقرائي التحليلي، في قراءة الشعرية العربية، لأننا نؤمن بالتحديد النوعي، الذي يساعدنا على الفهم الدقيق بشروط التبدل والإبدال، إن على المستوى النظري أو النصي .

ويمكنني القول،أن النصوص التي تحقق شروط الشعرية العربية، والتي تعد مرجعا فذا قليلة.لذا كان الاختيار مبنيا على قناعة شخصية، وإدراكا لخصوصية هذه النصوص.

لذا انطلق هذا البحث من الأسئلة التالية لبلورة الإشكال المطروح :

1) هل الشعرية العربية واحدة أم متعددة ؟

2) ما هي المفاهيم والمرجعيات المتحكمة في آليات تشكل الشعرية العربية، على المستويين النظري والنصي .

3) هل حقيقة أن الشعرية العربية المعاصرة ما زال بها بقايا شفوية ؟

إن هذه الأسئلة تطرح مسألة الشعرية العربية، غير المفكر فيها في سياقها، وتعطينا إمكانية إدراكها وفهمها من داخلها بعيدا عن الأحكام المسبقة، الموصوفة بها .

وللإجابة عن هذه الأسئلة إخترنا أن نمضي في البحث، بعيدا عن المسلمات. وذلك بتتبع المفاهيم والنصوص والانتقال من بنية إلى أخرى في إطار قراءة تكشف عن قدرتها الإجرائية من داخل الثقافة العربية وخارجها .

إن إستراتيجية بحثنا حول الشعرية العربية ذات طبيعة نظرية وتعتمد على التحليل النصي، المفضي إلى اختلاف الممارسات النصية من الشعرية الشفوية إلى شعرية الكتابة.

وضمن هذا التصور كان بناء الموضوع ،يتم وفق منهج البحث الذي حددناه وهكذا قسمت الأطروحة إلى تمهيد وأبواب ثلاثة وخاتمة .

خصصت التمهيد لدراسة مسألة الشعرية من حيث المصطلح والمفاهيم. فالشعرية تتضمن معاني متعددة غير متساوية في جانب الحضور النقدي.

لذا استخدم النقاد العرب القدامى مفهوم الشعرية استنادا إلى مفهوم أرسطو على أنها صناعة الشعر .ثم عرضت لمفهوم الشعرية عند عبد القاهر الجرجاني الذي جاء بنظرية النظم لاكتشاف قوانين الشعرية العربية وذلك بالنظر إلى النص باعتباره مجموعة من البنى لا قيمة لإحداها .وهكذا أسس الجرجاني مفهوما للشعرية يشتمل الشعر والنثر وحدد خصائص شعرية النظم أو الكتابة .

وكانت جهود حازم القرطاجني لإقامة علم الشعر، حيث أن الشعرية عنده ليست طبعا ولا وزنا ولا قافية وإنما هي محاكاة وتخييل وإغراب وقوانين .

ثم تحدثت عن الشعرية الغربية من أرسطو إلى الشعرية الموضوعية وختمت التمهيد بتناول الشعرية العربية الحديثة خاصة عند كمال أبو ديب الذي طرح مفهوم الفجوة : مسافة التوتر .

وانقسم الباب الأول الموسوم بـ(الشعرية القديمة)إلى ثلاثة فصول هي: خصائص الشفوية والشعرية الشفوية و شعرية النظم .

عالجت في الفصل الأول الشفاهية وتقاليدها التي ترتبط ارتباطا وثيقا بالنظام الصوتي وهو نظام يفضي إلى التوحيد والاتجاه نحو المركز والداخل. وطرحنا لجهود ميلمان باري وتلميذه ألبرت لورد في صياغة نظرية تحدد صيغ

الشفاهية في الثقافة الشفاهية الأولية التي كان لها الأثر الكبير في تطوير الأبحاث الخاصة الإنشاء الشفاهي وخصائصه التعبيرية .

وبعد تحديد خصائص الاسلوب الشفوي بينا العلاقة بين الشعر الجاهلي والتقليد الشفاهي لأن هذا الشعر نشأ في ثقافة شفاهية صوتية- سماعية .

ووجدنا أن الشعر الجاهلي لا يخرج عن نظرية القالب الصياغي، التي جاء بها -باري- إذ أن الشاعر الشفوي يستخدم قوالب صياغية يعرفها مسبقا ويعيد تشكيلها مع كل أداء .

وفي الفصل الثاني (الشعرية الشفوية) تطرقت لجماليات الصوت والوزن والقافية والنظم الشفوي. فالشاعر العربي الشفوي كان يقول إجمالا ما يعرفه مسبقا السامع. لذا كانت هناك علاقة في القصيدة الجاهلية بين حركة الكلام وحركة الجسد .ومن ثم كان للشعرية الشفوية فن خاص في القول الشعري أساسه العلاقة بين الصوت والكلام .وترتب على ذلك مفهوم الإنشاد والغناء الذي هو أصل القافية والوزن .وهذا يعني ان النص الشعري من منظور الشفوية أصبح لصيقا بالأذن والسماع .

فالخطاب الشعري وظيفته التواصل والتاثير في المتلقي .ولن يتم ذلك إلا إذا استطاع الشاعر أن ينتج نصه بالإنشاد والقافية والوزن والتصريع والترصيع والتشطير. وهي وسائل تنوع في الإيقاع لامتلاك المتلقي والحفاظ على النص مشافهة .

لا شك أن الشعر الجاهلي مميز من حيث القالب الصياغي، وله تقاليد شعرية حافظ عليها الشعراء في ما بينهم، وهذه القوالب هي التي تبرهن على أن هذه القصيدة قد نظمت شفويا، وهذا يعني ان هناك تقليدا موجودا من قبل يمثل مخزونا مشتركا بين الشعراء .وبناء على مفهوم جيمز مونرو للصيغ نجد أن القالب الصياغي الذي يشمل التكرارت الحرفية أو القريبة من الحرفية قد تكرر في معظم قصائد الشعر الجاهلي (عفت الديار/ لمن طلل/ ذكرى حبيب/ وقد اغتدي

والطير في وكناتها/ وقوفا بها صحبي علي مطيهم) اما النظام الصياغي فهو قوالب صياغية مختلفة تشترك في عامتها في كلمة واحدة في نفس الموقع الوزني .

(يا ذات / يادار / بالدار / لا دار) .

وتكثر القوالب الصياغية البنوية في الشعر الجاهلي ذلك بسبب الطبيعة الخاصة لاشتقاق الكلمة في اللغة العربية (لعب الزمان / طرق الخيال / إلى كل محبوك / إلى جذر مدلوك / يزل الغلام / يزل الوعول) .

اما الألفاظ التقليدية فقد استعملت في الشعر الجاهلي مرات ومرات وذلك لنقل أفكار ومعاني تقليدية محددة. (كوحي صحائف/لمن طلل كالوحي/ فوقفت أسألها/ وقفت أسائلها/ بسقط اللوى/ بمنهج اللوى) .

لاشك ان هذه القوالب الصياغية تشكل أنظمة صياغية تنتمي إلى تقليد مشترك .وكانت قصيدة أمرؤ القيس هي المدونة في تحديد خصائص الشعرية الشفوية .

ووقفت في الفصل الثالث (شعرية النظم) عند النص القرآني وأثره في تحقيق النقلة من ثقافة الارتجال إلى ثقافة التأمل ومن الشفوية إلى الكتابة .

وبذلك تغيرت وظيفة الشعر وتأسست شعرية النظم التي تقوم على جمالية شعرية أساسها النص الغامض ،أي الذي يحتمل تأويلات مختلفة ومعان متعددة.

ويندرج شعر أبي تمام ضمن هذه الشعرية، و التي تتطلب استكناه واستنباط المعنى الذي يعبر عنه .وهذا ما يؤكد أن أبا تمام قد خرج عن النموذج السائد وجماليته، بحيث جاء شعره ابتداء لا تقليدا وسلك طريق الابداع من موقف كلي لا جزئي وعليه كانت المدونة في هذا الفصل هي شعر أبي تمام.

درسنا في الباب الثاني المعنون بـ (الشعرية الحديثة) شعرية التقليد في الشعر العربي الحديث، التي انطلقت من رؤية ماضوية لتعيد إنتاج النص الشعري الشفوي، ضمن شروط الذات الكاتبة،على اعتبار أن المفهوم الشعري في العصر الحديث له إبدالاته، خاصة أن هذا المفهوم يوجه نقدا للنص السائد ولكل خصائص النص الشعري الذي يأتي بالماضي.

إن أغلب الشعر التقليدي يعتمد البنية السمعية ورغم ذلك نستطيع القول أن نشره مطبوعا قد غير من طبيعة البيت ووظيفته النصية .

تنتمي قصائد أحمد شوقي في البناء النصي إلى تقاليد شعرية مبنية على الشفوية والسماع ،لذا كانت قصائد شوقي طويلة ولهذا الطول وظائف نصية وهي دلالة العودة إلى الأصل، على اعتبار أن وظيفة النص تواصلية لأن العرب كانت تطيل ليسمع منها. وفي هذا الفصل اعتمدنا على شعر شوقي مدونة لتحليل شعرية التقليد وخصائصها التعبيرية .

وفي الفصل الثاني (شعرية الخيال) انطلقت من مركزية الذات عند الرومانسيين في العصر الحديث، للحديث عن فعل الهدم على مستوى الذاكرة والنص، والإعلان عن شعرية الخيال التي سلكت مسارا مغايرا للتقليدية وأسست لممارسة نصية تنزع نحو الداخل،ضمن شمولية الفعل الذي تظل آثاره بارزة على جسد الكاتب والمكتوب.

إن الذات في الرومانسية العربية تتحقق عبر معرفة الآخر الأوروبي، من ثم كانت هذه الذات تبحث عن انعتاقها ومسارها الشخصي .وهكذا اتخذ النص الشعري الرومانسي العربي الخيال أداة استراتيجية في الممارسات النصية المختلفة، لذا نجد جبران يعرض رؤيته للخيال في كتابه " دمعة وإبتسامة " وكذلك ممارسته النصية .

ويضع الشابي تصوره للخيال في ضوء المعرفة الرومانسية الأوروبية دون أن يصرح بها ويطرح رؤية مغايرة تستند بالأساس إلى مفهوم الخيال الشعري ودوره في إنتاج النص.

ونتعرف على الممارسات النصية لشعرية الخيال من خلال شعر أبي القاسم الشابي الذي خرج عن نمطية النص الشعري التقليدي، واستعاد الموشح وأعاد بناءه. وبذلك لحق الإبدال البناء النصي، ومس أكثر من عنصر في القصيدة النمطية، خاصة البيت الشعري وأصبح البناء النصي يقوم على مفهوم المقطع الذي يحل محل البيت.

إذ أن النص في هذه الحال يندفع في بنائه من المقطع الذي هو دال ضمن دوال أخرى. وعرفت شعرية الخيال هدم الحواجز بين الشعر والنثر فكان الشعر المنثور، وتبعا لذلك لم يعد مفهوم الشعر في هذه الشعرية منحصرا في الوزن والقافية وإنما أصبح رؤيا تنفتح على ممارسة نصية مختلفة .

ودرسنا في الباب الثالث (الشعرية المعاصرة): شعرية القصيدة من منطلق الأسس النظرية التي تسيج هذه التجربة وضبط المصطلح على اختلافه "الشعر الحر، الشعر الحديث الشعر الجديد، والشعر المعاصر" وهذا الاختلاف يعود إلى اختلاف المرجعيات والتصورات الضابطة لمفهوم هذا الشعر .

ورصد المصطلح يجعلنا ندرك الابدالات التي حدثت في مسار الشعرية العربية من التقليدية مرورا بالرومانسية إلى الشعر المعاصر، الذي يمثل ممارسة نصية تتصف بالاختلاف والمغامرة ، على اعتبار أن الشعر العربي لما بعد الحرب العالمية الثانية أصبح يبحث عن فضاء تتجسد فيه الحداثة .

ونتطرق في هذا الفصل لتعريف نازك الملائكة للشعر الحر والانتقادات التي وجهت لها خاصة جبرا إبراهيم جبرا، ويوسف الخال .

ومن ذلك نعرض للحداثة عند أدونيس ومحمد بنيس، حيث يبدأ ادونيس حديثه عن الحداثة بتبديد اوهامها والتي لخصها في خمسة اوهام: المغايرة/ الزمنية/ المماثلة/ التشكل النثري/ إستحداث المضمون .

ثم يضع مخططا اوليا لمعنى الحداثة الشعرية العربية وخصوصيتها، فهي على الصعيد النظري العام طرح الأسئلة حول كل شيء، و تكون الأجوبة من حركة الواقع نفسه. وهي على الصعيد الشعري، الكتابة التي تضع العالم موضع تساءل مستمر. وتضع الكتابة نفسها موضع تساؤل مستمر.

ويحدد بنيس لحظتين عن كيفية حدوث الإحساس بالتصدع في الشعرية العربية، فهو يرى أن اللحظة الأولى هي الرومانسية العربية، اما اللحظة الثانية التي كان فيها الإحساس بالتصدع أوسع وأشمل، انبثقت مع الشعر المعاصر .

18

ومن هذا التصدع تنبعث التجربة الشعرية متوترة ، قلقة غامضة .وهذا يعني ان مفهوم التجربة يحمل معنى المخاطرة لذلك يتأسس الشعر المعاصر على التجربة بوصفه مخاطرة في مواجهة الموت .

إن استراتيجية التحول في الشعر العربي الحديث والإبدالات النصية التي حدثت، تؤكد ان القصيدة في الشعر المعاصر، أصبحت هي المهيمنة بدلا من البيت. ومن ثم فإن إعادة بناء القصيدة في الشعر العربي المعاصر، متلازمة مع إعادة بناء البيت .

إن القصيدة الحديثة عندما كسرت النظام التقليدي، أنشأت نظاما داخليا ينتمي إلى القصيدة نفسها. وبذلك جسدت حركة الشعر الحديث انهيار المركز ، إنهيار النموذج، وأسست لحساسية ولغة جديدتين، واتخذت القصيدة الحديثة أشكالا متعددة، ومن بين هذه الأشكال قصيدة " أنشودة المطر " لبدر شاكر السياب التي تبلور بشكل واضح الممارسة النصية للقصيدة في الشعر المعاصر .

وفي الفصل الثاني (شعرية النص)، نتناول الإبدال الذي حدث في مسار الشعرية العربية، حيث أن مفهوم الشعر لم يعد وزنا ومعنى، وإنما هو ممارسة لغوية، وحدث مدهش في الكلام، وبذلك أصبحت الوظيفة الشعرية لا تقتصر على الشعر وإنما على النثر أيضا وعليه فليس كل كلام موزون شعرا بالضرورة، وليس كل نثر خاليا بالضرورة من الشعر.

ويمكن ان نتبين هذا الإبدال في المفهوم على مستوى الممارسة النصية، في الشعر العربي المعاصر من خلال :

1- انتقال الشعر العربي من (الشعر الحر) إلى (ا لقصيدة الحديثة).

2- الانتقال من (الشعر المنثور) إلى (قصيدة النثر) .

إن مجموع المفاهيم التي جاء بها أدونيس وأنسي الحاج حول " قصيدة النثر". كانت كافية من حيث صياغة نظرية تجيب عن اهم الأسئلة المطروحة حول هذه القصيدة. فهي إذن مغامرة نصية في عوالم اللغة المتعددة ، وبحث مستمر عن المجهول والمدهش.

إن الشعر المعاصر من حيث التصور، يقوم أساسا على التجريب والتعدد ومن ثم فهو يعلن عن شعريات تقدم مفاهيم حديثة للقوانين البنائية، وهو ما يؤكد وجود انساق شعرية متعددة، والانتقال من تصور أحادي إلى تصور تعددي، ومن شكل مغلق إلى شكل مفتوح .

ولكي نفهم وندرك التحديد الدلالي لقصيدة النثر، ينبغي أن نضع هذه القصيدة في مجالها المعرفي المغاير، وهو المجال النصي، لأنها تراكم نصي لحركة الحداثة الشعرية، ساهم إلى جانب تراكمات نصية أخرى، في إعادة تحديد مفهوم النص .وعليه نتبين أن قصيدة النثر تعمل على تدمير ثنائية شعر/ نثر، وتسافر في المجهول قصد بناء مسكن جديد داخل اللغة .

وضمن هذه الرؤية نبحث في بنية النص، على اعتبار أن هذا النص الشعري هو نتيجة التقاء النقيضين: الفوضى والتنظيم، حسب رأي سوزان برنار .

وفي التحليل نتعرف على بنية الحكاية وبنية الاختزال، وبنية الاحباط، ويكشف نص أدونيس " مفرد بصيغة الجمع " على بنية يتوحد فيها الفعل والرؤية، ويتجاوز فيه الشاعر الأجناس السائدة ، ويشحنه بدلالات جديدة في إطار الكتابة الشعرية الجديدة .

أما الفصل الثالث (شعرية الكتابة) خصصته لدراسة الرؤيا/الكتابة، انطلاقا من أن كل رؤيا هي تغيير في نظام الاشياء وتحويل لعلاقات هذه الأشياء.

فالرؤيا إذن كشف عن عالم يتجدد باستمرار، وهي هدم وتأسيس، وهكذا تبدو تمردا على أشكال سابقة والدخول في أشكال جديدة .

وعليه ندرك ان آلية التحول من مرحلة "القصيدة" إلى مرحلة "الكتابة " قد مرت بسلسلة من التحولات في سيرورة النص الداخلية، انطلاقا من جدلية المحو والاكتشاف، تتأسس ممارسة كتابية خارجة عن الشكل المنتهي المعلوم. من هنا بدأت الفوارق تظهر على مستوى الممارسة بين الخطابة (الشعر) والكتابة . وبدلا من السؤال : كيف أخطب ؟ نشأ السؤال الجديد : كيف اكتب ؟

لذا نجد أدونيس في " بيان الكتابة " يعتمد ثلاثة أسس هي :

1- إلغاء ا لحدود بين الأجناس الأدبية .

2- النص كفضاء .

3- القارئ منتج لا مستهلك .

ويعمق محمد بنيس مفهوم الكتابة، بدعوته للإهتمام بعنصر المكان الذي هو نتيجة حتمية لطبيعة تشكيل الزمان .

ويستند بنيس في دعم موقفه إلى النقاد المغاربة والأندلسيين الذ ين تفطنوا لهذا المجال، وكذلك تجارب الشعراء الأوروبيين .

لذا يدعو بنيس إلى تأسيس بداية جديدة في اتجاه تغيير جذري في الممارسة الإبداعية. ويرى أن الكتابة نفي وتجاوز للشعر المعاصر.لأن عدم الاحتفاء بالفراغ – في نظره – سقوط في الكتابة المملوءة، والكتابة هي احتفال بالفراغ وإعادة ترتيب المكان وإخضاعه لبنية مغايرة، إنها لعبة البياض والسواد. لذلك يدعو إلى استعادة الخط المغربي حتى يستعيد النص ابتهاجه، وبذلك ينفتح الخط على حركة الجسد ونشوته، وينقل الخط النص من المعنى إلى ما بعد المعنى .

ونكتشف أن النص الشعري العربي، يدخل مرحلة تركيب السواد على البياض، وفق قوانين الفضاء، مع الشعراء المغاربة والأندلسيين، خاصة الناقد والشاعر أبو الطيب صالح بن الشريف الرندي.الذي عرض أشكالا في الاشتغال الفضائي، تتدرج في تنوعها من البسيط إلى المركب منها :

(1)- القلب   (2)- التفصيل   (3)- التختيم .

إن الاتجاه الفضائي في الشعر، يبرز الاختلاف بين الصوتي والخطي، ماديا ووظيفيا، لأننا عندما نكتب نتموضع داخل فضاء خطي، بل فضاء نصي يتم فيه تسجيل الدال الخطي وهو يحتوي على مستويين هما: الخط والبياض والسواد.

فالخط بنية تبرز هيكل الكتابة وتكوينها، و توزيع البياض والسواد يعتبر أثرا لاشتغال الكتابة في تنظيم الصفحة وتنضيض الأسطر، والمؤكد ان المظهر المادي للكتابة يلزم القارئ بإستراتيجية جديدة لتلقي العرض المكتوب، لأن النص تتابع لعلامات بصرية على مساحة معينة. وتناولنا في جانب الاشتغال

الفضائي تجربة أدونيس ومحمد بنيس، حتى نتعرف على انتقال الشعر العربي من الشفوية إلى الكتابة . وانهينا البحث بخاتمة، لخصنا فيها مجمل النتائج المتصل إليها .

أعترف أن موضوع البحث فيه من المحاذير ما فيه، وفيه من الجدة والجدل ما فيه، وقد تطلب مني وقتا طويلا، حتى يستوي بهذا الشكل، وأعتقد أن معالجة موضوع بهذا المسار المعرفي والنصي، يؤدي إلى صعوبات عدة، تتبدى في ضبط المفاهيم والمرجعيات المتعددة بعيدا عن الاستطراد والانشائية، وتتضح أكثر في اختيار المدونة من جانب الممارسة النصية، وفي طريقة ومنهج الدراسة، لذا يمكنني القول أنني بذلت جهدا في التغلب على هذه الصعوبات رغم ذلك أدرك أن الموضوع ما زال مشروع قراءة لاتدعي الإحاطة به بصفة قطعية ونهائية .

وهي صعوبات ستشفع لنا إذا ما بدا نقص في معالجة موضوع البحث لأن صياغة خطاب نقدي متكامل عن الشعرية العربية، من الصعوبة بمكان .

الشعرية
المصطلح والمفاهيم

إن البحث في مسألة الشعرية، يستدعي منا تحديد المصطلح والمفاهيم، وهذا المسعى محفوف بالعديد من المزالق، لأن الشعرية تتضمن معاني متعددة، غير متساوية من حيث الحضور النقدي، وإذا انطلقنا من المفهوم العام للشعرية ، على أنها قوانين الخطاب الأدبي، منذ ارسطو إلى الوقت الحاضر، فإننا سنجد النقاد العرب القدامى؛ قد استخدموا الشعرية بعدة مفاهيم، حيث طرحت بوصفها علما موضوعه الشعر، وصناعة للكتابة والتأليف، وذلك استندا إلى مفهوم ارسطو للشعرية، الذي يقول: "إنا متكلمون الآن في صناعة الشعر وأنواعها .. " [(1)]

أولاً - الشعرية في النقد العربي القديم :

وقد وردت في النقد العربي القديم ، عدة مصطلحات قريبة من المفهوم العام للشعرية مثل "صناعة الشعر" أو "نظم الكلام" أو "عمود الشعر" أو "الأقاويل الشعرية". حيث جاء في كتاب ابن سلام الجمحي " إن للشعر صناعة وثقافة يعرفها أهل العلم، كسائر أصناف العلم والصناعات، منها ما تثقفه العين، ومنها ما تثقفه الأذن، ومنها ما تثقفه اليد، ومنها ما يثقفه اللسان .. " [(2)].

ثم تبلور مفهوم صناعة الشعر عند الجاحظ وقدامة بن جعفر الذي يرى " أن للشعر صناعة مثل سائر الصناعات ، والمهن وهي صناعة لها طرفان : أحدهما غاية الجودة، والآخر غاية الرداءة، وبينهما حدود تسمى الوسائط .. " [(3)]، وتأسيسا على هذا المفهوم للشعر حددت شروطه بأنه " .. كلام منسوج ولفظ منظوم، وأحسنه ما تلاءم نسجه ولم يسخف، وحسن لفظه ولم يهجن، ولم يستعمل فيه الغليظ من الكلام ، فيكون جلفا بغيضا، ولا السقي من الألفاظ فيكون مهلهلا دونا.." [(4)].

وقد أدى هذا التعريف إلى تحديد معايير يفاضل بها العرب بين الشعراء، يقول القاضي الجرجاني" .. وكانت العرب إنما تفاضل بين الشعراء في الجودة

والحسن، بشرف المعنى وصحته، وجزالة اللفظ واستقامته، وتسلم السبق لمن وصف فأصاب، وشبه فقارب، وبده فأغزر، ولمن كثرت سوائر أمثاله، وشوارد ابياته، ولم تكن تعبأ بالتجنيس والمطابقة، ولا تحفل بالابداع والاستعارة، إذا حصل لها عمود الشعر ونظام القريض.."[5].

وبناء على هذه المعايير والقواعد، كانت نظرية عمود الشعر، التي شرحها المرزوقي في مقدمة شرح ديوان الحماسة. وهذه الشعرية ترتكز على خصائص النص الشعري الشفوي الذي يعتمد" .. ائتلاف اللفظ مع المعنى وائتلاف اللفظ مع الوزن وائتلاف المعنى مع الوزن، وائتلاف المعنى مع القافية .. " [6]

إن مفهوم التأليف في الشعر، كان مرتبطا بقضية اللفظ والمعنى، لأن سوء التأليف ورداءة اللفظ تذهب طلاوة المعنى الدقيق أما حسن التأليف وبراعة، تزيد المعنى المكشوف بهاء وحسنا . [7]

ويعرض أدونيس في كتابه " الشعرية العربية " للنقلة التي حدثت في رؤية النقد العربي، انطلاقا من قراءة النص القرآني، الذي فتح الأفق على شعرية الكتابة، ومن ثم تأسست قرأتين :

الأولى : تمت في ضوء البيانية الشفوية الجاهلية تمسكا بالفطرة والقديم الأصلي، وبذلك أصبح الأسلوب الشعري الجاهلي، يرمز إلى الشعرية العربية المفردة .

الثانية : فهي التي أضاف أصحابها إلى أساس الفطرة ، الثقافة التي تدعم هذه الفطرة وتحتضنها، وهي القراءة التي أسست لما يسمى بـ "شعرية الكتابة"[8] وفي ضوء هذه القراءة يستنبط عبد القاهر الجرجاني، قوانين الإبداع عامة، والإعجاز خاصة، ويتجاوز ثنائية اللفظ والمعنى ، ويضع نظرية " النظم " من تصور بلاغي جديد في تحديد "الشعرية" حيث أثبت أن :

1-الشعرية هي طريقة إثبات المعنى .

2-أن اكتشاف الشعرية لا يتم بالسماع وحده وإنما يجب النظر إلى النص.[9]

إن نظرية " النظم " تقوم على التفريق بين استعمال اللغة بقصد الإشارة وبين استعمالها للتعبير عن الانفعال لأن النظم في تعريف عبد القاهر " .. ليس غير توخي معاني النحو وأحكامه فيما بين الكلم .." [10].

والنحو في هذا الموضع ـ يخرج عن الإعراب والقوانين التي تضبط اللغة وتؤدي إلى سلامة العبارة اللغوية، وفي ضوء هذه العلاقة النظم -النحو "يكون الطريق إلى استنباط القوانين الابداعية متيسرا ومنيرا في الوقت نفسه ، ومركز الإنارة هو المعنى المتمخض عن تلك العلاقة .. " [11].

لقد نقض عبد القاهر الجرجاني بنظرية " النظم " الكثير من الأسس التي قام عليها "عمود الشعر " وحرر الشعرية العربية من قيده ، ولذا يمكننا القول أن الجرجاني لا يقف عند حدود النظم وإنما ميز بين نظم ونظم ، وبناء على هذا التصور المحدث نكتشف الشعرية التي يدعو إليها فهي :

1- النظر إلى النص الشعري باعتباره مجموعة من البنى لا قيمة لإحداها دون الأخرى والاهم من ذلك هو تحديد ماهية العلاقة بينها .
2- هناك كينونة للألفاظ قبل استعمالها تختلف عن كينونتها بعد الاستعمال حيث تنتقل من الثبات إلى التحويل .
3- ربط النظم بالصنعة والحالة النفسية .
4- الرؤية الكلية إلى مكونات النص الشعري وسياقاته .
5- الفصاحة ليست في الألفاظ وإنما تكمن في الفكر وآلياته التي تضع تركيبا من عدة ألفاظ.
6- الجملة هي الأصل الجزئي ، وليس اللفظ .
7- إن مفهوم الشعرية هنا يشمل الشعر والنثر وبالتالي فإن شعرية الجرجاني هي شعرية النظم والكتابة [12].

ويدعو حازم القرطاجني إلى منهج قراءة يستنبط قوانين صناعة الشعر، من النص الشعري نفسه،لأن إقامة علم الشعر لا يكون إلا بالتأمل في مادته، والخروج من هذا التأمل بقوانين كلية تحدد مفهوما كليا للشعر والذي يعرفه بأنه "كلام موزون مقفى من شأنه أن يحبب إلى النفس ما قصد تحبيبه إليها، ويكره إليها ما

قصد تكريهه لتحمل بذلك على طلبه أو الهرب منه، بما يتضمن من حسن تخييل له، ومحاكاة مستقلة بنفسها او متصورة بحسن هيأة تأليف الكلام او قوة صدقه او قوة شهوته، أو بمجموع ذلك وكل ذلك يتأكد بما يقترن به أغراب فإن الاستغراب والتعجب حركة للنفس إذا اقترنت بحركتها من الخيالية قوى انفعالها وتاثيرها..."[13]. يتبين من هذا التعريف أن القرطاجني يتفحص الشعر بدقة، من حيث عنصره الشكلي: الوزن والقافية، وعنصره الإبداعي: حيث يقرن الشعر بالتعجب والاستغراب، وكذلك عنصر التأثير في المتلقي من جانب التخييل .

فالشعر لا يتحقق كنص إلا بهذه العناصر كلها مجتمعة متكاملة لأن " ... فاعلية التخيل في الشعر لا تنفصل أصلا عن البنية الإيقاعية، التي لا تنفصل بدورها عن بنية التركيب أو الدلالة... "[14]. وهو لا ينفي اشتمال الأقاويل النثرية على شعرية ما، من خلال حضور المحاكاة والتخييل والإغراب ".. فما كان من الأقاويل القياسية مبنيا على تخييل وموجودة في المحاكاة فهو يعد قولا شعريا"[15] .

وتقوم دراسة النص الشعري عند -حازم- على ثلاثة عناصر أساسية :

1- الألفاظ التي تشكل في مجموعها العمل الأدبي، وتكشف عن الأبعاد الإدراكية للعمل على مستوى علاقة المبدع بالعالم ، وعن الأبعاد التشكيلية على مستوى علاقة المبدع بالعمل ، وعن أبعاد التأثير على مستوى علاقة العمل بالمتلقي[16] .

2- المعاني أو الصور الذهنية التي تنقلها الألفاظ إلى المتلقي .

3- العالم الخارجي الذي هو اصل الصورة الذهنية التي يتشكل منها العمل الأدبي.[17]

إن الشعرية عند – جازم – ليست طبعا ولا وزنا ولا قافية، وإنما هي قوانين يتأسس عليها علم الشعر، وانطلاقا من هذه الرؤية أحدث تحولا في تحديد أسس الشعرية العربية مستندا في ذلك إلى النص ومادته بعيدا عن الأحكام القبلية .

ثانياً - من شعرية أرسطو إلى الشعرية الموضوعية

إن الشعرية منذ تأسيسها على يد أرسطو كانت " تعني بالضبط : نظرية الابداع الفني عن طريق الكلام، إلى درجة أن النية أصبحت تتجه نحو اعتبار الإبداع ليس سرا غامضا غير قابل للتبسيط ولكنه جملة من الاختيارات، من بين العديد من الاحتمالات أو تركيبة طرائق قابلة للتحليل أو تأليف أشكال تنتج معنى.."[18].

إن التفكير النظري في الأدب عموما، هو متلازم مع الأدب ذاته، منذ نشأته وهذا ما يفسر أن يكون النص الأدبي موضوعا لذاته، ومن ثم كانت المحاولات في تقصي قوانين شمولية، يطمئن إليها الباحثون .

لذا يمكن ان نقر أن الشعرية في الغرب ظهرت منذ أرسطو الذي "...عمد الى السير خطوة خطوة ،واضعا تعريفات وتقسيمات تحدد شيئا فشيئا موضوعه ، بل إنه عمد أحيانا إلى جعل المعايير تتقاطع لتشكيل تركيبا يسمح له بتمييز أوجه الصورة وهذا النوع من المقاربة الأمبيريقية (التجريبية) كان ينظم بشكل دقيق ما يعالجه وينجزه تدريجيا بتصنيف صارم للأنواع والعناصر الخصوصية التي يجري تعريفها، ومن حينها صار من الاهمية بمكان أن يكون للدارس فكرة محددة عن بناء العمل الفني .."[19].

وضع أرسطو قواعد الشعرية، متمثلة في المحاكاة، والحكاية والعرض والتعبير، والنشيد، وتحديده للأنواع الأدبية (التراجيديا والكوميديا) .

بيد أن أرسطو في كتابه " في الشعرية " تناول التمثيل (المحاكاة) عن طريق الكلام فهو يصف خصائص الأجناس الأدبية التمثيلية.ولم يكن يتناول الشعر الغنائي الذي كان "..له وجود ذو خصوصية تميزه عن الأجناس الأدبية الاخرى[20] لأن الشعر الغنائي لا يخضع للمعايير الأرسطية ولا يلجأ " فيه الشاعر إلى أية شخصية ولكنه يعبر فيه عن شخصه وهو يتعلق بالخصوص من المحاكاة كليا أو جزئيا، فهو لا يعرض فعلا، بعد أن يضعه في شكل حكاية رافعا إياه إلى مستوى الفعل الكلي ولكنه يعبر عن مشاعر ذات مفردة .."[21].

لذا يصرح تودوروف ".. ليس موضوع كتاب أرسطو في الشعرية، هو الأدب،(...) لكنه كتاب في التمثيل (المحاكاة) عن طريق الكلام " (22) وبهذا المعنى ليس هذا الكتاب كتابا في نظرية الأدب .

عرفت الشعرية بعد أرسطو ركودا لفترة طويلة، وفي هذا الوقت، ظهر نمط جديد من دراسة الخطاب " .. مركزا على فعالية وطاقة الكلام، ألا وهو البلاغة التي هي بالأساس فن الكلام من اجل الاقناع ومجالها الرأي (الذي يبلغ) والاحتمال (...) حيث أنها تتناول الخطاب حسب مقتضى الحال " (23)

لقد أصبح الأدب يحتل مكانة مرجعية في البلاغة، باعتباره مصدرا للأمثلة، وتحولت البلاغة باعتبارها فن إجادة الكلام، إلى فن لإجادة الكتابة، وتوازن الجمل، وتزيين الخطاب بالصور البيانية، ولم تفقد البلاغة مكانتها إلا ابتداء من القرن الثامن عشر . لأنها ظلت شديدة الالتصاق بموضوع " البيان " أي بمسائل الأسلوب فأصبحت جامدة (24) .

يبني أبرامس M. H.Abrams نمذجة للنظريات الشعرية، عبر مراحل تشكلها تاريخيا، حيث أن هناك عناصر أساسية مكونة للعملية الادبية: المؤلف، القارئ، العمل، العالم، إذ أن كل نظرية تشدد على أحد هذه العناصر، فالنظريات المحاكاتية كانت تعني بشكل أساسي بالعلاقات بين العمل والعالم .

بينما في القرنين السابع عشر والثامن عشر، ظهرت مذاهب جديدة كانت أكثر اهتماما بين العمل والقارئ وهي النظريات البراغماتية .

واهتمت الرومانسية بالعبقرية الشخصية للمبدع، ويمكن أن نسمي هذه النظريات بالتعبيرية ثم ظهرت بعد ذلك، النظريات الموضوعية مع الرمزية، التي تصنف العمل في ذاته (25) .

وحسب المفهوم الحديث فإن العمل الفني، بلاغاية في حد ذاته (26) ، لذا نجد الشاعر بول فاليري يحدد بدقة " الشعرية " قائلا: " حينما نسمع هذا اللفظ من حيث أصوله الاشتقاقية، بمعنى: كاسم لكل ملمح للإبداع أو تأليف الأعمال التي يكون فيها الكلام هو الغرض والوسيلة في آن واحد - وليس بالمعنى العام القاصر لمجموعة القواعد الخاصة بالشعر .." (27) .

ينطلق تودوروف من مفهوم فاليري، لبناء نظرية أدبية في تحديد مصطلح الشعرية ، الذي يشير إلى العديد من المعاني :

1- فهو كل نظرية داخلية للأدب .

2- هو مجموعة الإمكانات الأدبية (التركيبية والأسلوبية ... الخ).التي يتبناها كاتب ما.

3- أو هو إحالة على كل الترميزات المعيارية الإجبارية لمدرسة ما (28) .

وبذلك يميز تودوروف في المقاربة النقدية بين موقفين :

أولهما يرى في نص الأدبي ذاته موضوعا كافيا للمعرفة ويعتبر ثانيهما كل نص معين تجليا لبنية مجردة .

الموقف الأول: يذهب إلى أن العمل الأدبي هو الموضوع النهائي والأوحد، ويمكننا ان نطلق عليه: التأويل والتأويل - في الحقيقة - هو معنى النص المعالج، ولكن تأويل أي عمل أدبي او غير أدبي لذاته وفي ذاته، دون التخلي عنه لحظة واحدة، ودون اسقاطه خارج ذاته لأمر يكاد يكون مستحيلا .

والموقف الثاني: هو الإطار العام للعلم، فالعمل الأدبي تعبيرا عن " شيء ما " وغاية الدراسة هي الوصول إلى هذا " الشيء " عبر القانون الشعري (29).

فالتأويل منهج يحدد مفاهيمه وأدواته ،ثم يحلل النص وفق استراتيجية تبحث في النص عما يريد النقاد لا على ما هو كائن أو ممكن، أما أدوات العلم التي تتخذ العمل الأدبي موضوعا فهي في علاقة تنافر لذا ".. جاءت الشعرية فوضعت حدا للتوازن القائم على هذا النحو بين التأويل والعلم في حقل الدراسات الأدبية، وهي بخلاف تأويل الاعمال النوعية، لا تسعى إلى تسمية المعنى بل إلى معرفة القوانين العامة التي تنظم ولادة كل عمل ولكنها بخلاف هذه العلوم التي هي علم النفس وعلم الإجتماع، الخ تبحث عن هذه القوانين داخل الادب ذاته .

فالشعرية إذن مقاربة للأدب " مجردة " و" باطنية " في الآن نفسه .."(30)

وعليه فمن الصعب تحديد مفهوم قار للشعرية " .. ذلك أنها ليست في أحد معانيها إلا بلاغة جديدة كما يقول ج. جينيت، كما أن منافذها متعددة

واشتغالاتها تكاد تكون مختلفة، من حيث زاوية النظر والاشتغال، كما أن هناك خيارات حديثة تريد إحياء مفهوم عام للبلاغة، يدمج الشعرية ضمنه، باعتباره تحليل لتقنيات التحويل مع التمييز الدقيق بين الأنواع والمواضيع ومعرفة الطرائق الكلامية المميزة للأدب، وتكون الشعرية عند هذا التيار الحديث، المعرفة الشمولية بالمبادئ العامة للشعر .. "[31].

إن الشعرية الغربية في المنظور البنوي هي أهم شعرية أوروبية، خاصة بعد تبلور مفاهيمها النظرية، لذا يؤكد رومان ياكبسون أن " ... محتوى مفهوم الشعر غير ثابت، وهو يتغير مع الزمن، إلا أن الوظيفة الشعرية أي الشاعرية Poéticité، هي كما أكد الشكلانيون، عنصر فريد، عنصر لا يمكن اختزاله بشكل ميكانيكي إلى عناصر أخرى، هذا العنصر ينبغي تعريته والكشف عن استقلاله .. "[32].

ويركز ياكبسون في نظريته على وظائف اللغة، خاصة الوظيفة الشعرية، لأن تنوع الأجناس الشعرية وخصوصيتها يعود إلى مساهمة الوظائف اللغوية مع الوظيفة الشعرية المهيمنة ،وذلك في نظام هرمي متنوع .[33] فالوظيفة الشعرية عنده تخترق حدود الأجناس، أي تهتم بخارج الشعر خصوصا مجال النثر .

إن شعرية ياكبسون مرهونة بالوظيفة الشعرية التي نستطيع العثور عليها في الخطابات كافة، ولهذا فهو يضع شعرية ليست للشعر وحسب وإنما للخطاب\ الأدبي .

ثالثاً - الشعرية في النقد العربي الحديث

لم تعد الشعرية العربية، مقيدة بنسق نظرية "عمود الشعر"، لأن الحداثة انتهت إلى "إسقاط النموذج، وإعادة قراءة التجربة الشعرية المعاصرة في ضوء إعادة النظر بمعنى الشعرية نفسها .."[34].

فالتغيير الذي حدث يعبر عن تراكمات مكبوتة داخل الشعرية العربية، لتأسيس أشكال جديدة، تنهض بمعرفتها ولغتها الخاصة، فالاختراق الذي حدث، اول ما حدث كان على مستوى الرؤية التي انفجرت من داخلها، وانشطرت

بانشطار الصراع القائم اجتماعيا وابداعيا، ووقع التحول من حقل " الرؤية " إلى "الرؤيا" ومن " الواقع " إلى "الحلم " ومن " الخطابة " إلى " الكتابة " .

ومن ثم فالاختلاف " .. ما بين نظرية العرب في (الشعريات) وما بين نظريات الشعرية العربية الحديثة هو اختلاف بنوي، اختلاف في النسق، في النظام.."[35].

إن البحث في نظرية الشعرية العربية الحديثة، ينبغي أن يتم من داخلها، أي بقراءة مفاهيمه وتصوراتها ونصوصها، وضمن هذا التصور نلحظ أن هجرة المصطلح " الشعرية" قد تنوعت مفاهيمه من خلال الترجمة، حيث أن النقاد العرب الحداثيين لم يتفقوا على مصطلح واحد، فقد نقل في أدائه الاعجمي في صياغة تقترب من موازين اللغة العربية "بويطيقا " [36] واتجه بعض الباحثين إلى مفهوم النشأة، ليصوغوا من المصدر اللغوي - الإنشاء - المصدر الصناعي "الإنشائية "[37].

ويرى المسدي أن " .. صياغة الكلام على نمط من التركيب له قوانينه الطارئة في كل لسان بشري من وزن وقافية وإيقاع، قد عبر عنه العرب بلفظ أخذوه من مجال الإحساس بالاشياء، بينما عبر عنه الآخرون، من الإغريق واللاتينيين، بلفظ مرتبط في دلالته بابتكار الأشياء"[38]وبناء على هذا، فإن العرب عبروا عن الكلام الموزون المقفى الدال عن معنى بلفظ " الشعر " بينما عبر الآخرون عن ذات المفهوم بـ" الجمال " تعبيرا عن ملكة الإحساس بالأشياء .

لذا يقول المسدي "..فلو أردنا أن نوازي بين الألفاظ العربية كما لو كان كل واحد صنوا لنظيره الأعجمي في دلالته الأولى لقلنا إن الجمال إحساس وإن الشعر ابتكار .."[39]

وبذلك ندرك أن " الشعرية " تنحو في معناها عبارة علم الشعر، على أن كلمة الشعر ليست بالمعنى المتداول، أي أنها جوهريا هي علم الإبداع، لأن مصطلح الشعرية، يتضمن محاولة البحث عن نظام يحاول العقل استنباطه من اجل الكشف عن قوانين الخطاب الأدبي في كل من الشعر والنثر .

إن خروج الشعرية العربية، من الشكل إلى اللاشكل، هو بحث قلق عن ممارسات شعرية، وتأسيس لكتابة تتجاوز ثنائية الشعر والنثر في التراث العربي،

ولا شك أن "..إعادة بناء الشعرية العربية في أفق مفتوح يعني اللقاء مجددا بقديم الشعرية العربية (المكبوت) وبحديث النظريات والمناهج الأوروبية و الامريكية، لان تاريخ علاقاتنا بالثقافة الاوربية قديم وليست جديدا كما نتخيل ونخال"[40].

لا شك ان الشعرية موجود نصي متحقق، وبما أنها كذلك فهي قابلة للإكتناه والتقصي والتحليل على أساس ان مادة النص الأولى والمركزية هي اللغة، في وجودها داخل نسق من العلاقات المكونة لنظام هذا النص .

وهكذا تكون الشعرية منشغلة بحفريات النص، وتغزو المنسي والمكبوت، وتحرك الغياب والحضور، وتقترح التصور والمفهوم والمنهج .

لذا يرى كمال ابو ديب أن الشعرية "خصيصة علائقية، أي انها تجسد في النص لشبكة من العلاقات التي تنمو بين مكونات أولية سمتها الأساسية أن كلا منها يمكن أن يقع في سياق آخر دون ان يكون شعريا، لكنه في السياق الذي تنشأ فيه هذه العلاقات، وفي حركته المتواشجة مع مكونات أخرى لها السمة الأساسية ذاتها، يتحول إلى فاعلية خلق للشعرية ومؤشر على وجودها .."[41] .

إن الشعرية في مفهوم كمال أبو ديب تستند إلى الفجوة: مسافة التوتر، التي هي فاعل أساسي في التجربة الإنسانية بأكملها، ويحددها بأنها ".. الفضاء الذي ينشأ من إقحام مكونات للوجود، أو للغة أو لأي عناصر تنتمي إلى ما يسميه ياكبسون " نظام الترميز " codé في سياق تقوم فيه بينها علاقات ذات بعدين متميزين :

1- علاقات تقدم باعتبارها طبيعية نابعة من الخصائص والوظائف العادية للمكونات المذكورة ، ومنظمة في بنية لغوية تمتلك صفة الطبيعية والألفة .

2- علاقات تمتلك خصيصة اللا تجانس أو اللا طبيعية : أي أن العلاقات هي تحديدا لا متجانسة لكنها في السياق الذي يقدم فيه تطرح في صيغة المتجانس .[42]

إن الشعرية – هنا – هي وظيفة من وظائف الفجوة: مسافة التوتر، لأن لغة الشعر تتجسد فيها فاعلية التنظيم على مستويات متعددة، وبذلك تتبلور رؤية جديدة بخصوص العلاقات التي تتجسد على المحور المنسقي والمحور التراصفي على

أساس أن الشعرية "..تتجلى في تجسدات النص ومنطلقـة من اكتنـاه العلاقـات التي تتناهى بين مكونات النص على الأصعـدة الدلالية والتركيبية والصوتية، وعلى محـوري النـص: المنسـقي (paradigmatic) والتراصفي (syntagmatic) ومتحركة – لا حركة خطية فقط – بل حركة شاقولية أيضا تنبع من محاور التشابك والتقاطع عبر البنية الكلية.." [43].

وندرك من ذلك كله ان الشعرية بهذا المفهوم هي حركة استقطابية، تحقق بنية من الثنائيات الضدية على مستوى التجربة واللغة والإيقاع والصوت والدلالة .

إن الشعرية العربية، تفتح فضاء بكرا قابلا للاكتناه والمعاينة من المرجعيات والإبدالات النصية، من الشفوية إلى الكتابة .

هوامش التمهيد

(1) ارسطو طاليس. فن الشعر، ترجمه وحقق نصوصه.عبد الرحمن بدوي، دار الثقافة، بيروت، ص:85 .

(2) ابن سلام الجمحي ، طبقات فحول الشعراء ، إعداد : اللجنة الجامعية لنشر التراث العربي دار النهضة العربية بيروت ، ص : 03 .

(3) قدامة بن جعفر ، نقد الشعر، تحقيق: محمد عبد المنعم خفاجي، دار الكتب العلمية بيروت ص:64.

(4) إحسان عباس ، فن الشعر ، دار الثقافة ط2 ، بيروت ، 1959 ، ص : 193 .

(5) القاضي الجرجاني ، الوساطة بين المتنبي وخصومه ، تح / شرح : محمد أبو الفضل ابراهيم وعلي البجاوي ، ط4 ، مطبعة البابي الجلي ، القاهرة ، ص : 33 / 34 .

(6) قدامة بن جعفر (م ، س) ، ص : 70 .

(7) يوسف حسين بكار ، بناء القصيدة ، دار الأندلس ، ط2 ، بيروت ، ص : 117

(8) أدونيس ، الشعرية العربية ،دار الآداب ، ط1 ، بيروت ، 1985 ، ص : 41

(9) المرجع السابق ، ص: 54/53 .

(10) عبد القاهر الجرجاني،دلائل الإعجاز،تحقيق محمد رشيد رضا، دار المعرفة، بيروت، 1978، ص:300.

(11) حسن ناظم ، مفاهيم الشعرية ، المركز الثقافي العربي، ط1 ، بيروت، الدار البيضاء، 1994، ص:27 .

(12) عز الدين المناصرة ، الشعرية في النقد العربي القديم ، مجلة الحرية ،ع : 1990/07 ، ص: 42 .

(13) حازم القرطاجني، منهاج البلغاء وسراج الادباء، تح: محمد الجبيب بن الخوجة،تونس،1966،ص:71 .

(14) جابر عصفور ، مفهوم الشعر ، دار التنوير ، ط3 ، بيروت ، 1983 ، ص:159 .

(15) حازم القرطاجني ، (م.س) ، ص: 67 .

(16) جابر عصفور ، (م.س) ، ص: 132 .

(17) تامر سلوم، نظرية اللغة والجمال في النقد العربي ، دار الحوار ، ط1 ، دمشق ، 1983. ص: 189 . (1) دافيد فونتان ، الشعرية ترجمة أحمد منور ، بحث مرقون الجزائر ، ص: 07 .

(18) دافيد فونتان ، الشعرية ، ص:09 .

(19) حسن ناظم ، مفاهيم الشعرية ، ص: 22 .

(20) دافيد فونتان ، الشعرية ، ص: 11 .

(21) تزفيطان طودوروف، الشعرية، ترجمة شكري المبخوت ورجاء بن سلامة توبقال، ط1، المغرب ،1987.ص:12.

(22) دافيد فونتان (م.س) ، ص: 13 .

(23) المرجع السابق ، ص: 14.

(24) حسن ناظم . (م.س) ، ص: 20.

(25) دافيد فونتان (م.س) ، ص: 17 .

(26) المرجع السابق ، ص: 06 .

(27) عثماني الميلود ، شعرية طودوروف ، عيون ط1 ، المغرب 1990 ، ص: 04 .

(28) تزفيطان طودوروف ، الشعرية ، ص:22/20.

(29) المرجع السابق ، ص:23 .

(30) عثماني الميلود . (م.س) ، ص: 16 .

(31) رومان ياكبسون ، قضايا الشعرية، ترجمة: محمد الولي ومبارك حنون، دار توبقال، ط1، المغرب، 1980، ص:19.

(32) المرجع السابق ، ص: 32 .

(33) محمد جمال باروت، في نظرية الشعرية العربية الحديثة، مجلة المعرفة السورية، ع:261/260، السنة 1983، ص:74 .

(34) المرجع السابق . ص:68 .

(35) عبد السلام المسدي، المصطلح النقدي، مؤسسات عبد الكريم بن عبد الله للنشر والتوزيع، تونس، 1994، ص:88.

(36) المرجع نفسه ، ص:88.

(37) المرجع السابق ، ص:89 .

(38) (م.س)، ص:90.

(39) محمد بنيس، الشعر العربي الحديث، بنياته وابدالاتها ج1، "التقليدية" دار توبقال ط1، المغرب، 1989، ص:57.

(40) كمال أبو ديب ،في الشعرية ، مؤسسة الأبحاث العربية ، ط1 ، بيروت ،1987 ، ص:14 .

(41) المرجع السابق ، ص:21 .

(42) (م.س)، ص:19/18.

الباب الأول
الشعرية القديمة

الباب الأول - الشعرية القديمة

الباب الأول
الشعرية القديمة

الفصل الأول: خصائص الشفويـــة
الفصل الثاني: الشعرية الشفوية
الفصل الثالث: شعرية النظـــم

الفصل الأول
خصائص الشفوية

أولاً – الشفاهية وتقاليدها

تتميز الثقافة الشفاهية في تخزينها للمعرفة بالتكرار، بطريقة مستمرة. لذا كانت المجتمعات الشفاهية تحتاج إلى توظيف طاقة عظيمة في قول ما قد حصلته من معرفة/ بمشقة على مر الأجيال وفي إعادة قوله ." [1] .

وهذا يعني أن هذه المجتمعات تعيش الحاضر باستمرار، مما يحفظ لها توازنها من خلال التخلص من الذكريات التي لم يعد لها صلة بالحاضر .. " [2] .

إن التواصل الشفاهي يستدعي الصوت/ السماع على أساس أن الشفاهية ترتبط ارتباطا حميما بالنظام الصوتي الذي يدركه البشر، وهو نظام يفضي إلى التوحيد والاتجاه نحو المركز ونحو الداخل " . [3]

فالصوت لصيق بدخيلة الإنسان ، مقارنة ببقية الحواس الأخرى، فمثلا البصر يفرق، أما الصوت فيجمع ". [4]

وهو يساعدنا – الصوت – على إدراك داخلية الشيء، أو خارجيته. ويستطيع السمع أيضا أن يسجل الداخلية دون أن ينتهكها . [5]

لاشك أن اللغة ظاهرة شفاهية مصنوعة من وحدات صوتية وظيفية، أي أنها أكثر ارتباطا بعالم الصوت، بينما الكتابة نظام تصنيفي ثانوي، يعتمد على نظام أولي سابق هو اللغة المنطوقة [6] وهذا يعني أن الكتابة طريقة لإيقاف الصوت وتثبيته .

وانطلاقا من هذا الطرح ندرك أن الثقافة الشفاهية الأولية، وتقاليدها، ليس من السهل فهم طبيعتها، ووظيفتها. ورغم هذه الصعوبة نستطيع القول، أن جهود مفكرين من أمثال ميلمان باري (1902-1935) وتلميذه ألبرت لورد، في صياغة نظرية تحدد الصيغ الشفاهية في الثقافة الشفاهية الأولية. كان لها الأثر الكبير في تطوير الأبحاث المتعلقة بالإنشاء الشفاهي وخصائصه التعبيرية .

وقامت نظرية الصيغ الشفاهية، في سياق البحث الخاص بالمشكلة الهومرية، التي أثارت جدلا علميا، من خلاله طرحت أسئلة محددة: من نظم الإلياذة والأوديسة ؟ ما صحة نسبتهما إلى هوميروس؟ ما هي وسيلة حفظ الشعر الهومري ؟

ولقد اختلف الباحثون الأوروبيون في الإجابة عن هذه الأسئلة، والمتعلقة جوهريا بالثقافة الشفاهية. إذ أن الكثير من الدارسين كانوا يعتقدون اعتقادا لاشك فيه بوجود شاعر اسمه هومر وأنه هو الذي نظم الإلياذة والأوديسة لا ينازعه في نسبتهما إليه منازع.(7)

وعلى الرغم من الشاكين في وجود الشاعر هومر ونظمه للإلياذة، فقد بقيت خلال العصور فكرة أن هومر هو من نظم هاتين الملحمتين، ونجد روبرت وود يعتقد أن هوميروس لم يكن كتابيا، وأن قوة الذاكرة هي التي مكنته من إنتاج هذا الشعر"(8) على اعتبار أن للذاكرة أهمية قصوى في الثقافة الشفاهية، على الرغم من أن وود لم يوضح منهجيا كيفية استخدام هوميروس لهذه الذاكرة وهي من الصعوبة بمكان .

وعرض فرديك أوغست ولف في كتابه " المقدمة " نظريته التي يذهب فيها مذهبا مخالفا، فهو يرى أن " هومر نسج القسم الأكبر من الأغاني التي جمعت في الإلياذة والأوديسة"(9) وهذا الرأي يقر بأن هومر كان شاعرا غنائيا، ينظم أغاني قصيرة ، وجاء من بعده شعراء وسعوا فيها فتحولت إلى أناشيد ومن ثم إلى ملحمة.

وعكس ذلك يرى - نيتش - أن هومر شاعر قديم جدا، وهو جدير بأن تؤرخ به بداية عصر . وأنه وجد عددا من الأغاني القصيرة عن طروادة، فأتم عملا ذا صبغة جديدة وذلك بأن أقام - مستعيناً بهذه الأغاني - ملحمة كبيرة تقص غضب أخيل.(10).

كانت هذه هي الآراء السائدة حول المشكلة الهومرية، إلى أن جاء ميلمان باري - كما أشرنا سابقا - في أوائل العشرينيات من القرن الماضي، ليقدم تفسيرا علميا، يحدد هوية الشعر الهومري، وظروف إنتاجه والكيفية التي أنتج بها.

واستوعب باري إنجازات سابقيه (ج إي إيلندت و هـ . دوستر) فيما يخص "اعتماد اختيار الكلمات وأشكالها في القصائد الهومرية على وزن البيت السداسي، المؤلف ارتجالا" [11] .

بيد أن رؤية ميلمان باري كانت أنضج من هؤلاء الباحثين، إذ استطاع الإحاطة بما هو جوهري في المسألة الهومرية، حيث ركز في اكتشافه على أن كل ملمح من ملامح الشعر الهومري يرجع تقريبا إلى الاقتصاد المفروض عليه بسبب الطرق الشفاهية في الإنشاء [12] .

ويمكن التعرف على هذه الملامح عند دراسة هذا الشعر، بعيدا عن الأفكار المسبقة والترسبات المتأتية من ثقافة الكتابة .

ويتضح مما سبق أن الشاعر الشفوي في إنتاج أشعاره، يعتمد على مستودع من القوالب الصياغية وأن " الضرورة الشعرية هي التي تقرر بطريقة أو بأخرى اختيار الكلمات" [13] وقد أوضح باري أن الشعر المنظوم شفويا مميز، وهو كلية صياغي تقريبا. وأظهر أيضا " أن هومر كان يكرر صيغة بعد صيغة في شعره" [14]

وانطلاقا من دراسته للشعر اليوناني المكتوب على الوزن السداسي عرف باري القالب الصياغي بأنه " مجموعة كلمات توظفت بانتظام حسب نفس الشروط الوزنية لتعبر عن فكرة رئيسية معطاة.." [15] . وتمكن من خلال فكرة القالب الصياغي، أن يثبت بشكل عام، أن هومر كان شاعرا شفويا. لأن شعر هومر مليء بالعبارات الجاهزة، والصيغ، والنعوت، والصفات المتوقعة، والتي تتناسب مع العروض في موضع معين من البيت الشعري ويؤكد باري ملمحين لهذا التعبير الإنشائي :

أ : بساطة هذا التعبير .

ب : سعة النظام الذي يحتويه .

وهو يعني بالملمح الأول الإشارة إلى القيم الوزنية الفريدة للعناصر المذكورة، في حين يعني بالملمح الآخر سعة النظم الصغرى لنظام التعبير داخل المعجم الشعري [16]

إن الشاعر الشفوي، في إنجازه الفذ، فهو يستخدم لغة خاصة، يكون القالب الصياغي فيها هو الوحدة الصغرى، وهذه القوالب الصياغية يعرفها الشاعر، ويعيد تشكيلها مع كل أداء .

ثانياً – الأسلوب الشفوي

ويحدد والترج، أونج سمات الأسلوب والفكر في الثقافة الشفاهية الأولية، بالملامح الآتية:

عطف الجمل بدلا من تداخلها :

فهو يشير لهذا الأسلوب الشفاهي، والذي يعتمد غالبا على العطف، ويستدل على هذا الملمح، بنص مكتوب محتفظ بنمطية شفاهية، من الكتاب المقدس (طبعة داواي 1610).

وهذا النص يقدم لنا دليلا على الأسلوب الشفاهي الذي يعتمد جملة أسلوب العطف [17] وعندما نتعامل مع النص بوصفه نصا شفويا أساسا نجده يعتمد على أداة العطف " في البدء خلق الـله السموات والأرض، وكانت الأرض خربة وخالية وعلى وجه القمر ظلمة وروح الـله يرف على وجه المياه، وقال الـله ليكن نور فكان نور. ورأى الـله النور أنه حسن . وفصل بين النور والظلمة. ودعا الـله النور نهارا والظلمة دعاها ليلا . وكان مساء وكان صباح يوما واحدا." [18]

ويوضح والترج وأونج أن ذات النص في الكتاب المقدس الأمريكي الجديد، والذي ينطلق من بنية فكرية، أساسها الكتابة والطباعة، يترجم أداة العطف "and " بمقابلات متنوعة "عندما " و" حينئذ " و"هكذا " و"بعد ذلك " و" في حين " فيصبح النص بخصائص الكتابة كالآتي : وفي البدء، عندما خلق الـله السموات والأرض، كانت الأرض أرضا خرابا بلا هيئة، وكان الظلام يغطي وجه القمر، في حين كانت الريح العاتية ترف فوق المياه حينئذ قال الـله: " ليكن نور، فكان نور، رأى الـله كيف أن النور حسن، بعد ذلك فصل الـله النور من الظلمة، سمى الـله النور " نهارا " وسمى الظلام " ليلا "، وهكذا أتى المساء وتبعه الصباح -

اليوم الأول ". [19] نلحظ أن الفارق جوهري من حيث الأداء والاستخدام على اعتبار أن البنيات الشفاهية تعمل على تحقيق ما هو عملي بينما البنيات الكتابية، تطور المكتوب وتجعل الخطاب من حيث قواعد النحو والتركيب أكثر تنظيما وثباتا ، من الخطاب الشفاهي .

ويرى والترج، أونج أن هذه البنية العطفية، والتي تثير حساسية الوقت الحاضر، من حيث إنها موغلة في القدم ومهجورة الاستعمال، يمكن العثور عليها في أمثلة أخرى من السرد الشفاهي . [20]

الأسلوب التجميعي في مقابل التحليلي :

يؤكد أونج على "سمة التجميعية، التي ترتبط بنظام الصيغ، لتقوية الذاكرة، فالشفاهية في تعبيرها تعتمد الوحدات الكلية، "كتلك العبارات المتوازية أو المتعارضة، سواء كانت في جمل بسيطة أو مركبة، أو كانت نعوتا[21] فالجماعات الشفاهية تعمل على تكريس عبارة " الجندي الشجاع " بدلا من " الجندي " و " شجرة الجوز العاتية " بدلا من " شجرة الجوز " [22]

وهذا التعبير الشفاهي يعتبر من المتاع القائم على الصيغة. وهو يتنافر وطبيعة الكتابة، إذ أنه يدخل في الإطناب .

الأسلوب الاطنابي :

إن الإطناب يميز الفكر والتعبير الشفاهيين، ذلك أن الإطناب، هو تكرار مرتبط بما قيل، " لأن المنطوق الشفاهي يكون قد تلاشى بمجرد أن ينطق به" [23] والعلاقة بين المتكلم والسامع مبنية على التواصل المستمر .

ومن ثم على " المتكلم أن يقول الشيء نفسه أو ما يعادله مرتين أو ثلاثا [24]

ومما يدفع على الإطناب حاجة المتكلم إلى الاستمرار في القول، والبحث عن الكلام .

الأسلوب المحافظ :

إن الثقافة الشفاهية تتعرض فيها المعرفة للتلاشي، وهي بحاجة لطريقة تحافظ بها على هذه المعرفة التي حصلت عليها ، والمجتمعات الشفاهية تقدر عاليا الحكماء الذين يناط بهم حفظ المعرفة . (25) ويعيدون صوت الماضي .

ففي الثقافات الشفاهية " يجب حفز الجمهور للاستجابة بحماسة عالية. بل قد يدخل القصاص كذلك عناصر جديدة إلى القصص القديمة، وتأخذ الأسطورة في الصور المتباينة عددا يتناسب مع عدد مرات روايتها، إذ ينبغي للصيغ والموضوعات القديمة أن تتفاعل مع مواقف سياسة جديدة وغالبا معقدة . ولكن الصيغ والموضوعات يعاد تعديلها بدلا من إزاحتها وإحلال مواد جديدة محلها (26) .

وهذه الممارسة تكشف عن أصالة ومحافظة . لأنها تكرس اعتقادا أن هذه التغيرات متناسبة مع التقاليد .

1- **القرب من عالم الحياة الإنسانية :**

تصوغ الثقافة الشفاهية كونها المعرفي ، الشديد الصلة بالحياة الإنسانية. مما يمكنها من استيعاب العالم الموضوعي . ويرى أونج أن الثقافة الشفاهية ليس فيها واسطة محايدة كما هو الحال في ثقـافة الكتابة. ويقدم مثالا من الإلياذة والتي تحتوي في النصف الأخير، القائمة الشهيرة للسفن ،فيما يزيد على أربعمائة سطر (27) .

وتتضمن أيضا أسماء القادة الإغريق والمناطق التي كانوا يحكمونها، وتعرض الإلياذة الأشخاص والأماكن باعتبارها جزء من الفعل الإنساني ومن الأحداث (28) .

لهجـــة المخاصمة :

تنزع الثقافات الشفاهية للمخاصمة، في الأقوال وفي أسلوب الحياة. وتبتعد عن التجريد. فالأمثال والألغاز لا تستخدم لتخزين المعرفة فقط بل لجذب الآخرين إلى معركة لفظية أو ذهنية (29).

وتكشف الثقافة الشفاهية نزعة العنف في أشكال التعبير الشفاهي المتعددة. حيث ان التواصل بين الأفراد يتم مشافهة ومباشرة، ومن ثم فإن العلاقة فيما بين هؤلاء الأشخاص يظهر فيها التجاذب، والتنازع بدرجة عالية .

وينتج عن هذه المخاصمة التهاجي والإفحاش في القول . وهي نوع من المبارزة الكلامية في الثقافات الشفاهية .

ويبدو المدح المفرط المرتبط بالعالم الشفاهي، يتناسب مع خصائص هذا العالم الذي يركز على الصراع الخارجي ما بين الخير والشر، والفضيلة والرذيلة والأشرار والأبطال [30].

الميل إلى المشاركة الوجدانية :

تستدعي الثقافة الشفاهية عدم الفصل بين العارف والمعروف، وفي إطار المشاركة الوجدانية، فهي تحتوي المعروف. فالفرد في الثقافة الشفاهية لا يعبر عن ذاته، وإنما ينخرط في الروح الجمعي، وتعبيره قائم على الصيغ .

التـــــــوازن :

تعتمد المجتمعات الشفاهية على التوازن إلى حد كبير، إذ أنها تتخلص من الذكريات التي لم يعد لها صلة بالحاضر . إن الثقافات الشفاهية تعتمد على " التصديق الدلالي المباشر" على حد تعبير جودي وواط، في التحكم بمعنى كل كلمة، و" لا تكتسب الكلمات معانيها إلا من مواطنها الفعلي الملح الدائم . ولا يكمن هذا الموطن في كلمات أخرى، كما في القاموس، ولكنه يتضمن كذلك إشارات جسمانية وتنغيمات صوتية وتعبيرات بالملامح . بالإضافة إلى كلية الموقف الوجودي ..." [31] .

إن الطريقة الشفاهية، تسقط الكثير من القوائم، التي لم تعد لها صلة وثيقة بالحاضر، ونجد الرواة الشفاهيين، يتفننون في إبراز مهارتهم في السرد، للتلاؤم مع المتلقين الجدد، ومن ثم يحذفون بما يتناسب التغييرات الحاصلة في الحاضر حتى يحدث التوازن .

موقفية أكثر منها تجريدية :

تتعامل الثقافات الشفاهية عن قرب، مع عالم الحياة الإنسانية المعيش. بمعنى آخر أنها تستخدم المفاهيم في أطر موقفية عملية. فالأفراد في الثقافة الشفاهية، ينسبون أسماء أشياء للأشكال الهندسية، ولا يتعاملون معها بوصفها مجردات مثل الدوائر والمربعات، فهم يسمون الدائرة طبقا، او قمرا، منخلا، والمربع سموه مرآة أو بابا أو بيتا [32].

ثالثاً – الشعر الجاهلي والتقليد الشفاهي

ظل مفهوم الثقافة العربية مرتبطا بالشعر، وكان أبرز مظهر من مظاهرها. ولا شك أن هذا الشعر وصل إلينا رواية، ثم دون بعد ذلك، ونستطيع أن نميز في تاريخ رواية الشعر الجاهلي بين ثلاث مراحل متعاقبة هي :

1- مرحلة " الإنشاد " في العصر الجاهلي .

2- مرحلة " التجميع " في صدر الإسلام والعصر الأموي .

3- مرحلة " التدوين " في العصر العباسي [33].

وفي هذه المراحل كانت العناية برواية الشعر وتجميعه، وتمحيصه ، وبذلك وصل إلينا قدر كبير من القصائد والمقطعات .

والمتتبع لتاريخ الشعر الجاهلي "يتضح له أنه قد تنقل بين القبائل في شبه دورة زمنية ومكانية وقبلية واضحة . فقد كان في أول الأمر، في ربيعة ،ثم تحول الشعر في قيس، ثم استقر آخر الأمر في تميم " [34].

وليس من شك أن العلماء الرواة في القرن الثاني الهجري، اخذوا في مراجعة ما بين أيديهم من الروايات ،وتوثيقها وتدوينها .

وقد طرح الانتقال من مرحلة الرواية إلى مرحلة التدوين محاذير متعلقة بالنصوص التي نطلق عليها إسم " الانموذج ". حيث أن العلماء انقسموا إلى مدرستين علميتين، لكل منهما أسس وقواعد ومقاييس في رواية الشعر الجاهلي

وتدوينه .ومن ثم كان الاختلاف في تثبيت رواية النصوص الشعرية، سواء أكانت دواوين أو مجاميع أو قصائد منفردة .

فقد توسع الكوفيون في رواية اللغة والشعر، ولم يردوا شيئا مرويا .

بينما اعتمد البصريون قواعد عامة للغة، واسقطوا من مصادرهم الشاذ، ودققوا في رواية الشعر، وعملوا على نقد الروايات والرواة .

لذا نجد ابن سلام الجمحي في كتابه " طبقات فحول الشعراء " استند إلى آراء من سبقه من العلماء والرواة ،" فأستشهد بشكل مباشر وأساسي بيونس بن حبيب، وأبي الغراف، ثم بالأصمعي بعدهما، فأبي عبيدة وسيبويه وخلف الأحمر " [35] .وهذه المرجعية مكنته من أن يطور المنهج النقدي العربي، ويجعل من الناقد صاحب صناعة ."كسائر أصناف العلم والصناعات؛ منها ما تثقفه العين، ومنها ما تثقفه الأذن ، ومنها تثقفه اليد ومنها ما يثقفه اللسان " [36]

وانطلاقا من هذا يوجه ابن سلام نقدا منهجيا لابن إسحاق في روايته لإشعار في سيرته فقد قال: "وكان ممن افسد الشعر وهجنه وحمل كل غثاء منه :محمد بن اسحاق بن يسار وكان من علماء الناس بالسير ... فنقل الناس عنه الأشعار، وكان يعتذر منها ويقول: لا علم لي بالشعر وإنما، أوتى به فأحمله. ولم يكن ذلك له عذرا. فكتب في السير من أشعار الرجال الذين لم يقولوا شعرا قط، ثم جاوز ذلك إلى عاد وثمود، فكتب لهم أشعارا كثيرة، وليس بشعر إنما هو كلام مؤلف معقود بقواف .أفلا يرجع إلى نفسه فيقول: من حمل هذا الشعر؟ ومن أداه منذ آلاف السنين ؟ " [37] .

إن ابن سلام في قوله هذا، يثير مسألة حساسة، مرتبطة برواية الشعر وصحته، وهو يشير إلى الشعر الموضوع المنحول. بل يتساءل عن أصالة الشعر العربي وتاريخيته، و من ثم يثير هذا السؤال " أفلا يرجع إلى نفسه فيقول: من حمل هذا الشعر ؟ ". ويرجع ابن سلام أسباب الوضع في الشعر، إلى بعض القبائل التي أرادت أن تلحق بمن لهم الوقائع والأشعار فقالوا على ألسن شعرائهم . [38]

ويتلخص وعي ابن سلام النقدي، إزاء مسألة الانتحال في الشعر في قوله " وفي الشعر المسموع مفتعل موضوع كثير لا خير فيه، ولا حجة في عربيته، ولا

أدب يستفاد، ولا معنى يستخرج، ولا مثل يضرب، ولا مديح رائع، ولا هجاء مقذع، ولا فخر معجب ولا نسيب مستطرف، وقد تداوله قوم من كتاب إلى كتاب، لم يأخذوه عن أهل البادية ولم يعرضوه على العلماء . وليس لأحد إذا أجمع أهل العلم والرواية الصحيحة على إبطال شيء منه ـ أن يقبل من صحيفة، ولا يروى عن صحفي . وقد اختلف العلماء في بعض الشعر، كما اختلفوا في بعض الأشياء . أما ما اتفقوا عليه ،فليس لأحد أن يخرج منه"[39]

إن ابن سلام يعيد قراءة الشعر العربي، فهو ينقد رواية الشعر من داخلها، ويقترب من خصوصيات النص الجمالية، ليعيد بناءه من جديد، ليكون في أبهاء حلة .

ولم يذهب في نقده إلى حد وضع الشعر العربي موضع الشك المطلق على نحو ما فعل في العصر الحديث ديفيد صمويل مرجليوث ومن بعده طه حسين .

إن مقال مرجليوث " أصول الشعر العربي " تضمن عدة قضايا سجالية، ومن ثم كانت أحكامه تتسم بالتسرع وسوء الفهم، وعدم الدقة فهو يعرض بدايات الشعر الجاهلي فيشكك في روايته ابتداء من الخليل بن احمد الفرهيدي، ويطعن في قول منسوب إلى عمر بن الخطاب رضي اللـه عنه ،يقول فيه :"كان الشعر علم قوم، ولم يكن لهم أصح منه، فجاء الإسلام، فتشاغلت عنه العرب بالجهاد وغزو فارس والروم، ولهيت عن الشعر وروايته فلما كثر الإسلام وجاءت الفتوح، واطمأنت العرب في الأمصار، راجعوا رواية الشعر، فلم يؤولوا إلى ديوان مدون ولا كتاب مكتوب، ألفوا ذلك وقد هلك من العرب من هلك بالموت والقتل، فحفظوا أقل ذلك وذهب عنهم أكثره "فهو يرى، "أن نسبتها إلى عمر رضي اللـه عنه خطأ تاريخي،لان زمن الهدوء لم يأت إلا مع الخلافة الأموية.[40] رغم أن ابن سلام قد أورد ذات القول نقلا عن رواة ثقات [41].

ويتطرق مرجليوث إلى الشعراء ، إذ أنه يسوي من حيث المفهوم بين الكاهن والمجنون والشاعر، استنادا إلى قوله تعالى " فذكر فما أنت بنعمة ربك بكاهن ولا مجنون، أم يقولون شاعر نتربص به ريب المنون " (الطور) .

ويستنتج من ذلك أن الشعراء كانوا يتنبئون بالغيب، والكاهن هو الذي يأتيه الرأي من الجن والمجنون هو الذي يتخبطه الشيطان من المس .(42) لقد بنى مرجليوث استنتاجه الخاطئ من عدم فهمه لآيات القرآن الكريم .

وعندما فرغ من تقديم الأدلة عن شكه في الرواية والرواة، طرح قضية وثنية الشعر الجاهلي، ورفضه له إن لم يتضمنها . وهذا الرأي مردود. فربطه الشعر الجاهلي بالوثنية بصورة مطلقة، الهدف منه رفض كل الشعر على أساس أن الإسلام قد محاه ، بوصفه يحمل عقيدة وثنية .

ثم يقول إن كل القصائد الجاهلية التي وصلت إلينا جاءت بلغة القرآن، وكان من الواجب أن تكون بلهجة القبائل التي ينتمي إليها أصحابها ..(43) وهناك أدلة أخرى، يسميها داخلية يحاول من خلالها أن يثبت عدم صحة وجود شعر قبل الإسلام، وأن بدايات الشعر العربي هي العصر الأموي .

ويعرض طه حسين في كتابه " في الأدب الجاهلي " لمسألة تجديد النظرة إلى الشعر العربي وفق منهج علمي صارم .فهو يضع علم المتقدمين كله موضع الشك، ويريد من طريق البحث في الأدب وتاريخه أن يصل إلى اليقين، أو الرجحان.(44)

واستهل بحثه بسؤال جوهري هو: " أهناك شعر جاهلي ؟ فإن كان هناك شعر جاهلي فما السبيل إلى معرفته ؟ وما هو؟ وما مقداره ؟ وبم يمتاز من غيره(45)؟

وكان منهجه في الإجابة عن هذه الأسئلة، هو منهج الشك الديكارتي، الذي يعتبر موقفا فلسفيا من الحياة كلها. وهو أيضا منطلق المنهج التاريخي الذي كان يدعو إليه .

وارتكز بحثه في أصول الشعر العربي على أسس المنهج التاريخي الذي طبقه لانسون، من قبله.

واعتمد طه حسين في تطبيق هذا المنهج، خطوات تتبع فيها مظاهر الحياة الاجتماعية في الشعر الجاهلي، فلم يجد أي أثر لهذه الحياة الجاهلية فيه، وعلى العكس من ذلك وجد أن القرآن الكريم صور حياتهم تصويرا دقيقا فكان موقفه أن " القرآن إذن أصدق تمثيلا للحياة الدينية عند العرب من هذا الشعر الذي يسمونه الجاهلي، ولكن القرآن لا يمثل الحياة الدينية وحدها، وإنما يمثل شيئا

آخر غيرها لا نجده في هذا الشعر الجاهلي، يمثل حياة عقلية قوية، يمثل قدرة على الجدال والخصام.. "[46] .

وبناء على هذا استنتج أن الشعر الجاهلي ليس من الجاهلية في شيء، فلا دليل تاريخي يدل على وجوده ، ولا دليل أدبي يبين أصله .

وليثبت فرضياته راح يبحث في لغة هذا الشعر، فوجد أن هذا النص الشعري الذي وصلنا، لا يمثل اللغة الجاهلية [47]، وهو ينطلق من أن هناك تعددا لغويا لا يمكن إغفاله. وهذا التعدد لا يبرز في هذا الشعر الذي يسمى " جاهليا " .

ويخلص إلى أن لغة هذا الشعر، هي لغة قريش التي نزل بها القرآن الكريم، ودليله في ذلك "أن العلماء قد اتخذوا هذا الشعر الجاهلي مادة للاستشهاد على ألفاظ القرآن والحديث، حتى انك لتحس كأن هـذا الشعر الجاهلي إنما قد على قد القرآن والحديث .. "[48]

وذهب طه حسين بنفس المنهج يبحث عن أسباب انتحال المسلمين للشعر الجاهلي، ويردها إلى صراع قبلي هدفه المجد والعراقة، وصراع ديني بين اليهودية والمسيحية والإسلام ونزعة شعوبية بين العرب والموالي، ثم يتحدث عن الرواة ويشكك في رواتيهم للشعر لأنهم كانوا يتخذون النحل في الشعر واللغة، وسيلة من وسائل الكسب، ويخص شعراء بذواتهم حيث شك في وجودهم وأن شعرهم موضوع، منهم امرؤ القيس، وعلقمة، وعبيد بن الأبرص، وعمرو بن قميئة .

إن طه حسين بطرحه هذا حول الشعر الجاهلي، أثار مشكلات هي من طبيعة البحث العلمي ولكنه لم يستطع أن يتبين الآليات التي تمكننا من أن نتعرف على طبيعة هذا الشعر الجاهلي الذي نشأ شفويا، ووصلنا مرويا، فإن كان " المجموع قد انتحل كلية، فإن الإحساس العام سوف يخبرنا بأنه لابد أنه انتحل حسب تقليد لنموذج أقدم منا الآن، وأن هذا النموذج لابد أنه كان صحيحا بالضرورة ... " [49]

لاشك أن وجهات النظر هذه، قد عجزت عن تقديم أجوبة أساسها النص الشعري، ومن دون الدخول في جدال، يكرس هذه النظرة أو تلك .

نعتقد أن الافتراض القائل أن الشعر الجاهلي كان شعرا شفويا، سيسمح لنا بأن نستخدم وسائل أخرى، تمكننا من التعرف على النظام الذي يبنى به الشعر الجاهلي، وهل هو أقرب إلى البنية الشفوية أم إلى البنية الكتابية ؟ .

يتحدث عبد الـله الطيب في كتابه " المرشد إلى فهم أشعار العرب وصناعتها " أن الشعر العربي مر بستة أطوار: وهي المراحل التي مر بها نظم الكلام العربي من الموازنة اللفظية إلى الصياغة البحرية القافوية المحكمة. وبين هذه المراحل مرحلة مهمة جدا لم نطل الوقوف عندها، التي انتقل أسلوب النظم فيها من السجع الموزون إلى التسميط المحكم (...) إذ أن الناظم بعد أن عرف الاسجاع الموزونة/ اهتدى إلى أولى خطوات الوزن الرصين[50] ويربط عبد الـله الطيب نشأة وتطور الشعر الجاهلي بالغناء، حيث يشير " أن طور الأسجاع استمر زمنا طويلا ثم دخله الوزن بفجاءة، وربما كان ذلك تحت تأثير أغاني الحيرة وما حولها " [51].

وهذا ما يؤكد أن الشعر الجاهلي نشأ في ثقافة شفاهية صوتية - سماعية، لقد نظمت تلك القصائد لكي تغنى لا لكي تقرأ، لأنها تعتمد على الصوت البشري في التأثير والاستمرار. ومن ثم نقول إن " النظم الصياغي الشفوي هو الشكل العادي للنظم عند الشاعر الأمي بل إنه الشكل الوحيد في النظم المتاح له " [52].

وعند معاينة المحتوى الصياغي في الشعر الجاهلي، نتأكد أن تلك القصائد قد نظمت شفويا وعليه يجب أن تقبل تلك الروايات للأشكال المختلفة للقصيدة، التي دونت فيما بعد، على أنها صحيحة حيث إن البحث عن " النص الأصل " هو مطلب مستبعد في حالة الشعر الشفوي، وحتى إذا ما رجحنا رواية ما، فإنها ليست تدوينا دقيقا لما قاله الشاعر، فهو نص قريب من الأصل .

إن الشعر الجاهلي لا يخرج عن دائرة " القالب الصياغي " وذلك نتيجة طبيعية لأنه وليد الارتجال، يقول الجاحظ " وكل شيء للعرب فإنما هو بديهة وارتجال، وكأنه إلهام وليست هناك معاناة ولا مكابدة ولا إحالة فكر ولا استعانة، وإنما هو أن يصرف وهمه إلى الكلام وإلى رجز يوم الخصام أو حين يمتح على رأس بئر، أو يحدو ببعير، أو عند المقارعة أو المناقلة، أو عند صراع أو

في حرب، فما هو إلا أن يصرف وهمه إلى جملة المذهب وإلى العمود الذي إليه يقصد، فتأتيه المعاني إرسالا ، تنثال عليه الألفاظ انثيالا ثم لا يقيده على نفسه، ولا يدرسه أحدا من ولده .. وكانوا أميين لا يكتبون " [53] .

إذن فهذا الشعر يمتلك تقليدا حيا، حافظ عليه من الاندثار، ووصل إلينا، وهو بحاجة إلى روى جديدة لدراسته، واكتشاف هذه التقاليد التي يتكئ عليها .

إن النظرية الشفاهية فتحت أفاقا جديدة في دراسة الشعر الشفوي، وأنهت الجدل الذي كان قائما سابقا، حول أصالة هذا الشعر أو ذاك، وأصبح البحث منصبا على القالب الصياغي الذي هو من التقاليد الشفاهية. لذا جاءت مقالة جيمز مونرو عن " النظم الشفوي للشعر الجاهلي " في مجلة الأدب العربي التي تصدر بالإنجليزية سنة 1972 ، وترجمها إلى اللغة العربية الأستاذ فضل بن عمار العماري .

ونشر مايكل زويتلر مقالة حول نفس الموضوع بعنوان " الشعر العربي المتقدم بين الشعبية والتقليد الشفوي "في مجلة " المجتمع الشرقي الأمريكي " سنة 1976.

وفي نفس السنة نشر مايكل ماكدونالد مقالته بعنوان " الشعر المروي شفويا في جزيرة العرب".

وأصدر سنة 1978 زويتلر كتابه " التقليد الشفوي للشعر المتقدم" وهو أطروحة الدكتوراه.

ونشر في سنة 1980 عبد المنعم خضر الزبيدي كتابه " مقدمة لدراسة الشعر الجاهلي .

ولقد أكد هؤلاء الدارسون على أن الشعر الجاهلي يخضع لتقاليد النظم الشفوي، وفي قصائده تكرار للصيغ، والتعابير، والقوالب، والمعاني والصور، والمواقف والمشاهد، ومن أشترك أبيات وأشطار كاملة .

وتلك القوالب الصياغية تبرهن على أن الرؤية الشعر الجاهلي من منطلق النظرية الشفاهية سوف تفتح مغاليق وتراجع قضايا أساسية محيطة بقداسة هذا الشعر .

هوامش الفصل الأول الباب الأول

(1) الترج، أونج، الشفاهية والكتابية، ترجمة حسن ألبنا عز الدين، عالم المعرفة عدد 182 الكويت السنة 1994 صص:104/103.
(2) (م س) : ص : 111 .
(3) (م س) ، ص : 151 .
(4) (م، س) ص : 148 .
(5) ينظر المرجع السابق ، ص : 148
(6) (م ، س) ، ص : 55
(7) ناصر الدين الأسد،مصادر الشعر الجاهلي وقيمتها التاريخية، دار المعارف ط 3،1966 مصر، ص:293.
(8) والترج ، أونج ،الشفاهية والكتابية ، ص : 71
(9) ناصر الدين الأسد، المراجع السابق ، ص : 195 .
(10) (م ، س) ، ص : 298 .
(11) والترج ، أونج ، الشفاهية والكتابية ، ص :73 .
(12) المرجع السابق ، ص : 74
(13) م ، س ، ص : 75
(14) والترج ، أونج (م ، س) ، ص : 77
(15) جيمز مونرو، النظم الشفوي في الشعر الجاهلي، تر: فضل بن عمار العماري، دار الأصالة للثقافة والنشر، ط1، الرياض . 1987 ص : 27
(16) والترج ، أونج - الشفاهية والكتابية . ص : 28 .
(17) والترج ، أونج ، الشفاهية والكتابية ، ص : 97
(18) (م ، س) ، ص : 98
(19) (م ، س) ، ص : 98
(20) (م س) ، ص : 99
(21) (م ، س) ، ص : 99
(22) (م ، س) ، ص : 100
(23) (م ، س) ، ص : 101 .
(24) (م ، س) ، ص : 102 .
(25) (م ، س) ، ص : 104 .
(26) (م.س) . ص : 104 / 105 .
(27) والترج . أونج . الشفاهية والكتابية . ص : 105 .
(28) (م . س) . ص : 106 .

(29) (م . س) . ص : 107 .

(30) (م . س) . ص : 109 .

(31) (م . س) . ص : 111 .

(32) (م . س) . ص : 117 .

(33) إبراهيم عبد الرحمن محمد، الشعر الجاهلي قضاياه الفنية والموضوعية،دار النهضة العربية، بيروت، ط2. 1980. ص:67.

(34) المرجع السابق ، ص :70 .

(35) أمجد الطرابلسي ،نقد الشعر عند العرب حتى القرن الخامس للهجرة. ترجمة: ادريس بلمليح،دار توبقال ،ط1. المغرب 1993 .ص : 67 .

(36) محمد بن سلام الجمحي، طبقات فحول الشعراء. اللجنة الجامعية لنشر التراث العربي، دار النهضة العربية (د،ط)،(د،ت) بيروت.ص:03.

(37) (م . س) . ص : 4

(38) (م . س) . ص: 14

(39) (م .س) . ص: 4 / 10 .

(40) محمد مصطفى هدارة ، موقف مرجليوث من الشعر العربي ، مجلة المنظمة العربية للتربية والثقافة والعلوم . تونس 1985 ، ص : 404 .

(41) ابن سلام الجمحي (م، س) ، ص : 10 .

(42) هدارة .(م.س). ص : 400 .

(43) هدارة (م.س) ، ص : 427 .

(44) طه حسين . في الأدب الجاهلي . دار المعارف . ط13 . القاهرة . ص : 62 .

(45) (م.س) ، ص : 64 .

(46) (م.س) . ص: 73 .

(47) (م . س) . ص : 80 .

(48) ناصر الدين الأسد ، مصادر الشعر الجاهلي . ص : 386 .

(49) جيمز مونرو . النظم الشفوي . ص : 24

(50) ناصر الدين الأسد ، نشأة الشعر الجاهلي وتطوره ، المؤسسة العربية للدراسات والنشر ، بيروت، ط1. 1999، ص : 21 / 22

(51) المرجع السابق ، ص : 30 .

(52) جيمز مونرو ، النظم الشفوي ، ص : 72

(53) الجاحظ، البيان و التبين ج3، تح : عبد السلام هارون مكتبة الخانجي، القاهرة ، 1961 . ص : 13

الفصل الثاني
الشعرية الشفوية

أولاً - جماليات الصوت

إن الشاعر الجاهلي في إنتاج الشعر، كان مرتبطا بثقافة صوتية – سماعية، وهذا ما يدل على عمق العلاقة بين الصوت والكلام، ويقتضي ذلك أن يستدعي الصوت السماع. لأن الشاعر الجاهلي "كان يقول إجمالا، ما يعرفه السامع مسبقا: كان يقول عاداته وتقاليده حروبه، ومآثره، وانتصاراته وإنهزاماته"[1].

فالمعنى الذي يقوله الشاعر الشفوي الهدف منه هو التواصل، إذ أن " للشفوية فن خاص في القول الشعري"[2].وفي هذا ما يوضح كيف " أن القصيدة الجاهلية تميزت بخصائص النشيد وبالوحدة بين حركة الكلام وحركة الجسد، وكيف أنها متعددة – أي جمع لوحدات مستقلة ومؤلفة فيما بينها، لا وحدة الجزء وحسب، وإنما كذلك وحدة البيت داخل الجزء نفسه"[3] وتقتضي هذه الجمالية ترسيخ الإنشاد بوصفه شكلا من أشكال الغناء، ومن هنا نفهم دلالة القول "إن العرب كانت تزن الشعر بالغناء"[4]. ويذهب ابن رشيق إلى القول " إن الغناء أصل القافية والوزن"[5] ويرى عبد الكريم النهشلي أن العرب " تدبروا الأوزان والأعاريض فاخرجوا الكلام أحسن مخرج بأساليب الغناء، فجاءهم مستويا، ورأوه باقيا على ممر الأيام فألفوا ذلك وسموه شعرا، والشعر عندهم الفطنة "[6].

وترتب على ذلك مفهوم شعري يرسخ الصورة الغنائية – الإنشادية للشعر العربي، بحيث يكون القول الشعري مفهوم المعنى، مسموعا، وأن تكون حروف الكلام سهلة مواتية وسلسلة، أو كما يقول الجاحظ" حتى كأن البيت بأسره كلمة واحدة، وحتى كأن الكلمة بأسرها حرف واحد"[7]. وأن يختار الشاعر

البحر المناسب، وأن تكون القافية عذبة ويتجنب الشاعر الإخلال بالموسيقي، وأن يحسن الابتداء والانتهاء .

ونستخلص مما تقدم أن للشعر الجاهلي خصوصية بيانية وموسيقية، يلعب فيها الإنشاد دورا في إبداع النص ومعناه، وقد فطن قدامة بن جعفر إلى أثر الإنشاد الحسن في تحسين الشعر، فقال "ومما يزيد في حسن الشعر، ويمكن له حلاوة في الصدر، حسن الإنشاد وحلاوة النغمة[8]. وأمر الصوت عجيب - كما يقول الجاحظ - وتصرفه في الوجوه أعجب!إذ أن للشعر الجاهلي تقاليد خاصة في إنشاده، حيث كان بعض الشعراء " ينشد قائما وكان بعضهم يرفض، كبرياء، أن ينشد إلا جالسا. وكان بعضهم يقوم بحركات من يديه أو من جسمه كله، وفي هذا ما يحقق في الشفوية اللقاء بين فعل الصوت وأفعل الجسد .."[9]

وبما أن العلاقة بين الصوت والمعنى علاقة ملتبسة، فإن الشعراء اتخذوا طريقتين في الإنشاد:

الطريقة الأولى: هي الإنشاد الصوتي الذي يحترم العروض والوزن أولا، سواء أبطأ قليلا في نهاية التفعيلة، أو أطلق الشطر نفسا واحدا .

والطريقة الثانية: هي الإنشاد الدلالي الذي يقف عند الفواصل ونهايات الجمل واكتمال الدلالة الجزئية أو الكلية حتى لو خرق قوانين الوقفة العروضية عند نهاية الشطر، أو عند نهاية البيت في حالة التضمين .[10]

لذا نستطيع أن نفرق بين نموذج البيت العروضي، وبين أمثلته المختلفة داخل القصيدة صوتيا، وبين أمثلة الإنجاز والإنشاد .ونظرا لغياب الصورة السمعية لطريقة الإنشاد العربي القديم فإنه " من المستحيل ضبط النظام الصوتي للشعر الجاهلي كما كان ينتج وينشد ويتلقى في عصره[11] ويتضح من النصوص الشعرية التي بين أيدينا، أن الجانب الصوتي، هو مرتكز القول الشعري الشفوي في الجاهلية، ومن ثم فإن تحليل المكونات الصوتية لهذا الشعر يفتح أمامنا عوالم من شأنها أن تقرب الصورة الصوتية - لهذا النص، الذي أنتج في إطار الثقافة الشفاهية. وعندما نقف على هذا الجانب الصوتي، في البناء الشعري، نكتشف

أن ذلك النسق الصوتي يحقق الإشباع على مستوى المعنى والتأثير في الملتقي، ويكشف أيضا نوعا ما، عن طبيعة الإنشاد نفسه .

يرى عبد الصبور شاهين " أن المستوى الصوتي للغة هو الأساس الذي يقوم عليه بناء مفرداتها وصيغها وتراكيبها.. "[12] . لذا صنفت الأصوات اللغوية العربية وفق المخرج ودرجة الصوت، وطبيعته كالجهر والهمس، والشدة والرخاوة والانفتاح والإطباق والصوائت والصوامت. وهذا كله له وقع مختلف على الأذن، بل له لوكة مختلفة في الفم على حد قول محمد النويهي[13] .

إن اللغة أداؤها الأصوات، وقد عرفها ابن جني"بأنها أصوات يعبر بها كل قوم عن أغراضهم"[14] بحيث يمكننا القول أن الشاعر الجاهلي قد جعل الصوت في أشكاله عنصرا إبداعيا تصويريا مهما.[15] لذلك ينبغي أن تدرس المؤثرات الصوتية، مرتبطة بالمعنى الذي ينتجه الشاعر .

ويمكننا التمييز بين صورتين أساسيتين للتأثيرات الصوتية في الشعر الجاهلي وهما :

1ـ المحاكاة الصوتية

2ـ التقسيم والموسيقى الداخلية .[16]

ويرى أولمان ULLMANN أن المحاكاة الصوتية هي نوع من التوافق بين العلامة اللغوية ومعناها.وأن الشعر باعتبار وظيفته التأثيرية فهو بحاجة إلى هذا التوافق لبناء الدلالة الإيحائية[17]

ويقسم ـ محمد العبد ـ المحاكاة الصوتية إلى قسمين :

1 ـ المحاكاة الصوتية الأولية: تبدو إذا اشتملت الكلمة على صوت يحاكي الحدث.

2 ـ المحاكاة الصوتية الثانوية: تبدو عندما لا تكون المحاكاة ظاهرة صوتية، وإنما توحي بنية الكلمة بالمعنى العام .[18]

وبناء على هذا المهاد النظري ، يميز محمد العبد [19]، في الشعر الجاهلي، بين أربعة أنماط مختلفة للمحاكاة الثانوية .

1- المحاكاة عن طريق تكرير صوت واحد، أو أصوات متقاربة في كلمة واحدة، أو عدة كلمات متوالية ، وأهم الأصوات التي تقوم بوظيفة المحاكاة في هذا النوع هي : الشين والجيم ، والثاء والحاء والقاف ، وتتميز جميعا بقيم تصويتية واضحة .

2- المحاكاة عن طريق تكرير عدة أصوات تنتمي إلى مجموعة صوتية واحدة ، في عدة أبيات أو قصيدة كاملة ، ويقدم - محمد العبد - مثالا عن هذا النوع تكرير

(أصوات الصفير) في القصيدة الثلاثين من ديوان (عبيد بن الأبرص)، حيث تكررت هذه الأصوات (س، ز، ش، ص) في القصيدة ستا وخمسين مرة، منها أربع وثلاثون مرة للصاد وحدها، وهي نسبة عالية، لذا يمكننا القول أن الصاد هو (المفتاح الصوتي) للقصيدة .

3- المحاكاة التوزيعية ، وهي تكرير عدة أصوات من مجموعات صوتية مختلفة تتوزع في عدة أبيات أو نص كامل ، محاكية الجو العام للنص ، بما تتميز به من صفات صوتية مشتركة كالجهر أو الهمس والشدة أو الرخاوة .

4- المحاكاة بتكرير إحدى الحركات في صورة واضحة ، ويلاحظ أن الحركات تزود اللغة بنغمات منسابة ، وتعبير شعوري مفتوح .

مثل قول الأعشى يصف سمنة محبوبته :

هِرْكَوْلَةٌ فُنُقٌ دُرْمٌ مَرافِقُها .

إن أثر الضمات المتتابعة واضح في إصدار هذه الغلظة، " فالضمة على التاء الأخيرة في الكلمة الأولى، والضمات الثلاث على الفاء والقاف في الكلمة الثانية، والضمتان على الدال والميم في الكلمة الثالث والضمة على القاف في الكلمة الأخيرة، وإذا نطقنا بهذا الشطر أن هذه الضمات تجعلنا نمط شفاهنا إلى الأمام، ونكورها في تكويرات متعاقبة في هيئة تصور الضخامة التي يريد الأعشى أن يصورها، ولا شك أن الاعشى في إنشاده للبيت قد تعمد أن يضاعف من تكوير هذه الضمات " .[20]

إن دراسة الجانب الصوتي في الشعر الجاهلي، يقتضي أن نقدم نموذجا شعريا، هو معلقة امرؤ القيس، والتي تبنى من حيث الرؤية على بنية تتولد من جدل ثنائيات مثل: الموت / الحياة ، الجفاف / الطراوة ، السكون / الحركة، افتقاد الحيوية / الحيوية، الزوال / الديمومة، الهشاشة / الصلابة [21] .

إذن هذه القصيدة تتحرك في إطار الثنائيات الضدية، وتتولد على هذه الخاصية الرؤيوية بنية شعرية تتكون من حركتين أساسيتين، حركة أولى تتشكل من وحدات نصية هي :

(الأطلال، المرأة)، وحركة ثانية تتكون من وحدات نصية هي (الليل، الذئب، الحصان السيل).

فالشاعر أمرؤ القيس يقف على الطلل في الزمن الحاضر، فيحدث توتر في تجربته، يتذكر الحبيبة التي رحلت :

قفا نبك من ذكرى حبيب ومنزل بسقط اللوى بين الدخول فحومل[22]

فالقصيدة تبدأ بتوتر الشاعر، فهو يأتي بأزمنة من الماضي ليخفف بها، هذا التوتر الذي بدأ يتصاعد على مستوى التجربة، فهو يذهب في تذكر أحداث ماضيه يعتقد أنها أجمل ولكن هذا الرجوع إلى الماضي عمق الإحساس بالخيبة والخسران وزاد في الحركة التصاعدية للتوتر، فوحدة المرأة أحدثت توترا إضافيا على التوتر الأول.

(ففاضت دموع العين مني صبابة/ فقالت لك الويلات إنك مرجلي/ عقرت بعيري يا امرأ القيس فانزل/ ولا تبعديني من جناك المعلل/ إذا ما بكى من خلفها انصرفت له/ وإن كنت قد أزمعت صرمي فأجملي/ وأنك مهما تأمري القلب يفعل/ فسلى ثيابي من ثيابك تنسل/ بسهميك في اعشار قلب مقتل/ على حراصا لو يسرون مقتلى/ ألارب خصم فيك ألوى رددته) .

وفي الحركة الثانية يبدأ هذا التوتر ينخفض نوعا ما (وليل كموج البحر أرخى سدوله/ وأردف إعجازا وناء بكلكل/ ألا أيها الليل الطويل ألا انجلى/ كأن الثريا علقت في مصامها/ كلانا إذا ما نال شيئا افاته/ مكر مفر مقبل مدبر معا/ كميت يزال اللبد عن حال متنه/ يزل الغلام الخف عن صهواته/

دراكا ولم ينضح بماء فيغسل/ فبات عليه سرجه ولجامه). وتنتهي القصيدة بالسيل الذي يجرف ذلك التوتر كله ثم تتجدد دورة الحياة .

تقع القصيدة من الناحية اللغوية بين جملتين تتضمنان فعل أمر/ منادى، ففي وحدة الطلل نجد الشاعر يفتح القصيدة بقوله :

قفا نبك من ذكرى حبيب ومنزل

وفي وحدة السيل يقول :

اصاح ترى برقا أريك وميضه

وبين هاتين الجملتين، جمل فرعية تتولد من وجود (واو رب)، وكلما كان نداء وأمر في نطاق (واو رب) تظهر في البيت قافية داخلية (تصريع) .

قفا نبك من ذكرى حبيب ومنزل

بسقط اللوى بين الدخول فحومل .

* * *

ويوما على ظهر الكثيب

تعذّرت عليّ وآلت حلفة لم تحلل

أفاطم مهلا بعض هذا التدلل

وإن كنت قد أزمعت صرمي فأجملي

* * *

ألا أيها الليل الطويل ألا انجلى

بصبح وما الاصباح فيك بأمثل . [23]

ونخلص إلى "أن النظرية التي تقول إن القافية الداخلية هي خاصية البيت الأول للقصيدة الجاهلية نظرية غير صحيحة"[24] ، وأيضا أن القصيدة – المعلقة – هي تتألف من مجموعة قصائد شعرية مستقلة، وصلت بعضها إلى بعض عن طريق الرواية الشفوية هو افتراض خاطئ [25] إذ أن القصيدة بناء على ما قدمنا هي نص واحد، متعدد البنيات النصية، ولكنها تتشكل وتستمر دلاليا وشكليا في إطار بنية كلية واحدة .

لا شك أن العلاقة بين البنية الدلالية والبنية الصوتية، وثيقة الصلة، ويظهر الانصهار بين البنيتين في بناء الوحدات اللغوية على مستوى أبيات القصيدة، ابتداء بالحركة الأولى وانتهاء بالحركة الثانية، والملاحظ أن التشديد هو الظاهرة الصوتية الأكثر حضورا، فمن مجموع 820 كلمة في القصيدة، توجد حوالي 144 كلمة مشددة ، وهي نسبة عالية، وتتوزع هذه الخاصية الصوتية (التشديد) بطريقة لها أهميتها، تقع 74 كلمة منها في الحركة الأولى في حين تقع 70 كلمة في الحركة الثانية [26].

وهذا التوزيع يخضع لتجربة التوتر، التي انبنت عليها القصيدة من بدايتها إلى نهايتها، في حركة تصاعدية، ثم يحدث الانخفاض .

ونلحظ في القصيدة التكرار بوصفه ملمحا صوتيا آخر (فلفل/ جلجل/ المخلخل/ بكلكل/ مفلفل) .وهناك نوع آخر من أنواع التكرار الصوتي يتمثل في تكرار حرف، دون تشديد مثل "صفيف" و "درير" .

لا شك أن هذا الملمح الصوتي يجسد الرؤية التي نشأت فيها معلقة أمرؤ القيس، وكذلك تكشف عن خصائص الشعرية الشفوية في الشعر الجاهلي .

ثانياً – الوزن والقافية

ارتبط مفهوم الشعر عند العرب بالغناء والإنشاد، وقد ترتب عن هذا أن النص الشعري – من منظور الشفوية – أصبح لصيقا بالأذن والسماع، فالشعر إذن هو تصوير للمعنى، يقوم على صياغة لفظية في إطار قوالب إيقاعية .

فالوزن الشعري، حركة متزامنة مع المعنى، في الشعر العربي، فهو تزيين مضاف إلى هذا المعنى، لكن ينبغي أن نشير أن الإيقاع لا يتولد عن تكرار التفعيلات بل يتكون من نظام صوتي – دلالي، عبر عنه الجاحظ بمصطلح "الاقتران" [27] فهناك عناصر إيقاعية أخرى لا بد من توفرها في كل خطاب شعري.

وتعتبر صيغة فاليرى أن " القصيدة هي ذلك التردد الممتد بين الصوت والمعنى[28] هي الأقرب إلى طبيعة الشعر، خاصة العلاقة بين الوزن والمعنى، وهي علاقة تعارض .

ومن هذا التصور ندرك أن بنية الشعر قائمة على الإيقاع، وبذلك يصبح للوزن دورا تمييزيا، وتنشأ في إطاره ثلاث حركات أساسية :

1- حركة أولى تتمثل في العدول عن لغة التخاطب العادية ، والعدول يتطلب من الشاعر أن يدفع بالمادة اللغوية داخل قالب إيقاعي محدد .

2- حركة ثانية تتمثل في مراعاة إكراهات الوزن والقافية .

3- حركة ثالثة قوامها التغلب على الصراع الذي يتولد عن المزاوجة بين النظام الإيقاعي الذي يبنى على التماثل الصوتي ويقتضيه ،والنظام اللغوي الذي يبنى على التمايز والتباين ويقتضيهما معا [29]

ويرى محمد النويهي أن العروضيين قد صبوا اهتمامهم على الأنماط النهائية التي يتخذها الإيقاع الشعري وسموها بحورا، ولكن الشعر لا يحقق موسيقاه بمحض الإيقاع العام، بل يحققها أيضا :

أولا: بالايقاع الخاص لكل كلمة أي كل وحدة لغوية لا تفعيلة عروضية للبيت .

ثانيا: بالجرس الخاص لكل حرف من الحروف الهجائية المستعملة من البيت، وتوالي هذه الحروف في كل حرف من الحروف الهجائية المستعملة في البيت[30] .

واعتمادا على الشعر كمدونة نكتشف أن هناك فرقا بين الطويل عند شاعر والطويل عند شاعر آخر ،وبين الطويل في قصيدة والطويل في قصيدة أخرى.

فبيت امرئ القيس الذي يصف نشاط حصانه وصهيله الجياش الحامي :

على الذَبْلِ جَياشٍ كأن اهتزا مَهُ
إذا جاشَ فيه حميُهُ غَلْيُ مْرجَل

فهذا البيت يتفق في الإيقاع العام لبحر الطويل مع بيت عمر بن أبي ربيعة في وصف حصانه المتعب الذي يشكو الإجهاد :

تشكّى الكميْتُ الجريَ لما جهدتُه

وبين لو يسطيع أن يتكلما .[31]

وعلى الرغم من أن البيتين يتشكلان وفق تفعيلات بحر واحد، إلا أنه هناك اختلاف في الإيقاع الخاص، وذلك نظرا لاختلاف الألفاظ اللغوية، التي يستخدمها كل شاعر، وكذلك الحروف التي يتكون منها كل لفظ، وكذا انتظامها في المقطع بعد المقطع .

والأساس الأول لهذا الاختلاف " هو اختلاف المعنى الذي ينقله كل من الشاعرين والعاطفة التي يريد أن يحملها إلى السامع .. " [32] .

إن الإيقاع يثير استجابتنا – كما يقول جري GURRY - " للصوت، والصورة والانفعال والفكرة " [33] .

ويمكننا القول إن " التأليف العروضي يمثل جانبا واحدا فحسب من جوانب البنية الإيقاعية المعقدة للبيت الشعري العربي" [34] ويتضح ذلك أكثر في معلقة أمرئ القيس، خاصة في وحدتي " الليل " و "السيل "، حيث نلحظ تعارضا بين الوحدتين في التأليف العروضي على الرغم من أن البحر واحد لكليهما .

يقوم بحر الطويل على وحدتين عروضيتين هما (فعولن، مفاعيلن).

أو على (علن -فا -علن -فا -فا -فا) .[35]

وعند معاينتنا لوحدة الليل التي تبتدئ بالبيت :

وليل كموج البحر أرخى سدوله علي بأنواع الهموم ليبتلي

وينتهي بالبيت الشعري :

كأن الثريا علقت في مصامها

بامراس كتان إلى صم جندل .

حيث تظهر (علن-فا) مرات عدة في وحدة الليل "وتقع"علن فا "=(||0|0) عشر مرات و"علن -ف" = (||0|) عشر مرات .ويتم توزيع التفعيلات على هذه الوحدة كالآتي :

ففي البيت الأول :

وليل كموج البحر أرخى سدوله

على بأنواع الهموم ليبتلي .

يقع توازنا، إذ ترد (علن - فا) في الشطر الأول مرتين ، وترد في الشطر الثاني مرتين .

بينما تسيطر تفعليه " علن -ف " على البيت الثاني

فقلت له لما تمطى بصلبه

وأردف أعجازا وناء بكلكل [36]

عدا الموضع الذي ترد فيه كلمة " تمطى " .

وهذا الاستخدام يتناسب والمعنى الذي يريده الشاعر، فهو يصف الليل ويشبهه بالموج، في حين يصف الشطر الثاني الشدة والألم (أسدل ستره على الشاعر) .

بينما في البيت الثاني يصور حركة الليل البطيئة (لما تمطى) أما في الشطر الثاني يصور الحركة

.

وتقع أيضا هاتين التفعيلتين (علن - ف) (علن - فا) في البيت الثالث :

ألا أيها الليل الطويل ألا أنجلي

(0||0|| |0|| 0|0|0|| 0|0||)

بصبح وما الاصباح منك بأمثل .

(0||0|| |0|| 0|0|0|| 0|0||)

ويجيء وقوعهما في مواضع متجانسة، ترجع إلى انقسام البيت من الناحية الدلالية .

أما البيت الرابع ترد التفعيلة (علن - فا) في الشطر الثاني في موقع كلمة (شدت) .

فيالك من ليل كأن نجومه

0||0|| |0|| 0|0|0|| |0||

بكل مغار الفتل شدتن بيذبل

0||0|| 0|0|| 0|0|0|| |0||

وفي البيت الخامس ترد تفعيلة (علن - فا) بأكملها

كأن الثريا علقت في مصامها

0||0|| 0|0|| 0|0|0|| 0|0||

بأمراس كتان إلى صم جندل

0||0|| 0|0|| 0|0|0|| 0|0||

ويكشف كمال أبو ديب [37] عن جانب أخر من جوانب الدور الذي تؤديه العناصر الإيقاعية، وهو يتمثل في أنماط النبر، وتعد المقارنة بين نمط النبر في البيتين :

وليل كموج البحر أرخى سدوله

عليّ بأنواع الهموم ليبتلي

* * *

ألا أيها الليل الطويل ألا انجلى

بصبح وما الإصباح فيك بأمثل

إن أنماط النبر في هذين البيتين لا تختلف كثيرا ، خصوصا عندما تقارنها بنمط آخر تظهر فيه الحيوية والحركة في صورة الحصان .

مكرّ مفرّ مقبل مدبر معا

كجلمود صخر حطّة السيل من عل .

أما الملمح الإيقاعي الآخر، والمتمثل في وقوع " علن - علن " " (مفاعلن)

بحدتها وسرعتها في مواضع تحتلها في غالب الأحيان" علن - فا - فا[38].

حيث نلحظ أن هذه التفعيلة " علن - علن " تظهر بقوة في وحدة " السيل "، إذ تتكرر ثماني مرات في هذه الوحدة، سبعة منها في القسم الذي يصور البرق والسحب وظهور موجة السيل .

إن تنوع الإيقاع يساعد على إبراز القيمة التعبيرية، ومن ثم يكف الإيقاع عن كونه تكرارا لتفعيلات معينة، وإنما يتحول إلى بعد آخر في اللغة، لا يلتقطه السمع في الشعر العربي وحده، إن البيت في الشعر العربي منته من حيث النحو والوزن والمعنى، والقصيدة هي من حيث البناء تتشكل من مجموعة أبيات متجانسة في الوزن ومتحدة القافية.

وهذا يعني أن هناك جدلا ينشأ بين اللغة في الخطاب الشعري، والإيقاع كنظام آخر مختلف. ويتمثل هذا النظام في بناء" بيت شعري قائم بذاته مغلق على نفسه ينتهي بقافية ترفد المعنى. وفي مرحلة ثانية، أن يراعي في كل ذلك مدى طواعية النظام اللغوي ومدى استجابته لتلك العملية المعقدة [39] و ألح النقاد العرب على أن بنية الخطاب تفرض على الشاعر جملة من الإكراهات، منها ما يتعلق بالصياغة والوزن ومنها ما يخص القافية، لذا اشترط قدامة في القافية " أن تكون متعلقة بما تقدم من معنى البيت تعلق نظم له وملاءمة لما مرفيه " [40].

إن هذا الموقف يتضمن وعيا، بأن القافية تسهم في بلورة المعنى، وتستمد وظيفتها من كونها عنصرا من عناصر بناء البيت، لذلك اعتبرت " لفظة مثل لفظ سائر البيت من الشعر ولها دلالة على معنى لذلك اللفظ أيضا" [41]. وتأتي ظاهرة التصريع في الشعر الجاهلي لتؤكد أنه يكرس خصائص الشفوية، وقد ذهب قدامة بن جعفر في تحديد أهمية التصريع في النص مذهبا خاصا في قوله " إن بنية الشعر إنما هي التسجيع والتقفية، فكلما كان الشعر أكثر اشتمالا عليه، كان أدخل له في باب الشعر، وأخرج له عن مذهب النثر" [42].

إن قدامة يصف طبيعة الخطاب ووظيفته، فالخطاب الشعري وظيفته التواصل والتأثير في المتلقي، ولن يتم ذلك إلا إذا استطاع الشاعر أن يمتلك النص ويعيد إنتاجه بالإنشاد والقافية، والتصريع، والترصيع، والتشطير، كلها وسائل تنوع في الإيقاع، لامتلاك الملتقي، والحفاظ على النص مشافهة .

ثالثاً – النظم الشفوي

إن الشعر المنظوم شفويا ، مميز من حيث القالب الصياغي، وله تقاليد شعرية حافظ عليها الشعراء الشفويون فيما بينهم ، والشاعر الشفوي، أثناء حدث الأداء، ينجز شعره معتمدا على مستودع من القوالب الصياغية، قد نظمت شفويا، وهذا يعني أن هناك تقليدا موجودا من قبل، يمثل مخزونا مشتركا بين الشعراء، ويتوارثونه ويورثونه، لذا كان الشعر الجاهلي بحاجة إلى طريقة تناول جديدة، تجيب عن الأسئلة التي كانت تطرح من قبل في النقد العربي، من مثل قضية التزيد في رواية الشعر، وقضية السرقات الشعرية، والنص الأصل، ومن منطلق النظرية الشفاهية وتطبيقاتها، لاشك أننا سنحصل على تفسير للشعر العربي أقرب إلى الصحة .

يرى جيمز مونرو أن " كل شعر يقوم على صيغة ما من صيغ التكرار، ولكن الخاصية المميزة للشعر الصياغي الشفوي، هي التكرارية العالية والتي تكرر معها توافقات الكلمات أي القوالب الصياغية" [43] والشعر الجاهلي غير مستثنى من هذه الخاصية .

وبناء على هذا الطرح يميز جيمز مونرو بين أربعة أصناف من التكرار :

1- القالب الصياغي الصحيح .

2- النظام الصياغي .

3- القالب الصياغي البنوي .

4- الألفاظ التقليدية .

ويلاحظ مونرو أن الأصناف التي اعتمدها، هي مجرد أدوات لعمل فوارق أساسية معينة.

وبعد أن يعرفها ، يقدم أمثلة عنها من الشعر الجاهلي :

1- القالب الصياغي[44]: فإن هذا القالب لا يشمل إلا التكرارات الحرفية أو القريبة من الحرفية، فالقوالب الصياغية، تختلف من حيث الطول، فقد تكون من كلمتين إلى ثلاث أو من مصراع كامل إلى بيت كامل .

القالب الصياغي	الشاعر / المختارات
- - عفت الديار - - عفت الديار	- - لبيـــد - إمرؤ القيس
- - لمن طلل - - لمن طلل	- - زهير - - لبيد
- - فوقفت فيها - - فوقفت فيها	- - المفضليات - - عنترة
- - ذكرى حبيب - - ذكرى حبيب - - ذكرى حبيب	- - إمرؤ القيس - - إمرؤ القيس - - المفضليات
- - وأهلها - - وأهلها	- - لبيد - - إمرؤ القيس
- - وقد اغتدي والطير في وكناتها . - - وقد اغتدي والطير في وكناتها	- - إمرؤ القيس - - علقمة
- - وقوفا بها صحبي علي مطيهم - يقولون لا تهلك أسى وتجمل - - وقوفا بها صحبي علي مطيهم - يقولون لا تهلك أسى وتجلد	- - إمرؤ القيس - - طرفة

2 - النظام الصياغي[45]: إن الأنظمة الصياغية هي تجمعات أكبر، ذات قوالب صياغية مختلفة، وهي تشترك في عامتها في كلمة واحدة في نفس الموقع الوزني - إن الشاعر الشفوي يتعلم كيف يستبدل الكلمات في نطاق صياغي بكلمات أخرى ذات قيمة إيقاعية مساوية، وهذا يؤدي إلى خلق قوالب صياغية اشتقاقية جديدة، يمكن اكتشاف علاقتها بالقالب الصياغي الأصلي، أو القوالب الأخرى في النظام .

النظام الصياغي		الشاعر المختارات
-	- يا عمر	- المفضليات
-	- يا بؤس	- إمرؤ القيس
-	- يا ذات	زهير
-	- يا دار	زهير
-	- بالدار	زهير
-	- لا الدار	زهير
-	- هو الجواد الذي	زهير
-	- لولا الهام الذي	النابغة
-	- حصا قوادمة	علقمة
-	- زعر قواد مها	المفضليات
-	- عريان قوائمة	المفضليات
-	- لا كفاء له	النابغة
-	- لا رشاء له	زهير
-	- أبلغ لديك بني الصيداء كلهم	زهير
-	- هلا سألت بني الصيداء كلهم	زهير
-	- كأن رحلي وقد زال النهار بنا	النابغة
-	- كأن عيني وقد سال السليل بهم	زهير
-	- عفى من آل ليلى بطن ساق	زهير
-	- عفى من آل فاطمة الجواء	زهير

3- القالب الصياغي البنوي:[46]

تكثر القوالب الصياغية البنوية في شعر اللغة العربية وذلك بسبب الطبيعة الخاصة لاشتقاق الكلمة في هذا اللغة، فعن طريق استبدال جذر الحروف الصحيحة لكلمة ما يجدر حروف صحيحة لكلمات أخرى .

69

نماذج من القالب الصياغي البنوي في الشعر الجاهلي

القالب الصياغي البنوي	الشاعر / المختارات
- عفت الديار - - عفت الديار	-لبيد -امرؤ القيس
لعب الزمان طرف الخيال	زهير -المفضليات
-إلى كل محبوك -إلى جذر مدلوك	-لبيد زهير
-يزل الغلام الخف عن صهواته -تزل الوعول العصم عن قذفاته	-امرؤ القيس النابغة

4-الألفاظ التقليدية[47]: لقد استعملة في الشعر الجاهلية مرات و مرات كلمات خاصة،أو كلمات ذات ارتباط بأصل و تاريخ واحد. وذلك لنقل أفكار ومعاني تقليدية محددة .ولكن تقود التكرارية التي تعاد بها هذه الكلمات في سياق المعنى إلى الظن بأنها من المحتمل أيضا أن تنتمي إلى تراكيب صياغية

الألفاظ التقليدية	الشاعر / المختارات
- كوحي صحائف - خلقا كما ضمن الوحي - لمن طلل كالوحي	- عنترة - لبيد - زهير
- فوقفت أسألها - فوقفت فيها كي أسألها - وقفت أسائلها ناقتي	- لبيد - المفضليات - المفضليات
- بسقط اللوى - سارت ثلاثا من اللوى - بمنعرج اللوى	- أمرؤ القيس - زهير - المفضليات

إن الأصناف المرتبة سابقا ، يندمج الواحد منها في الآخر ، كما أن تعريفها تقريبيا، ويعتقد جيمز مونرو أن " القوالب الصياغية ليس لها أية علاقة أيا كانت بالانقسامات الشكلية للتفعيلات الوزنية، بمعنى أنها بالضرورة لا تتطابق مع التفعيلة "[48] .

إن دراسة القوالب الصياغية في الشعر الجاهلي، تكشف بعدا إضافيا، إذ تسمح لنا مقارنة تنظيمية للقوالب والصيغ بين مجموعة من الشعراء الجاهليين، من فهم هذا التنوع في الاستخدام الأسلوبي واللغوي .

لاشك أن هذه القوالب الصياغية، تشكل أنظمة صياغية أكبر، ليس بالضرورة بينها ترابط، وإنما قد تنتمي إلى تقليد مشترك .

ويرى جيمز مونرو " أن هناك لكل فكرة رئيسية في القصيدة قوالب نسيب صياغية نموذجية وقوالب رحيل أخرى صياغية نموذجية "[49]

ويتساءل مونرو عن كيفية تمكن الشاعر الجاهلي من اكتساب ذخيرة واسعة من القوالب الصياغية لينظم شعرا في خمسة عشر وزنا مختلفا، هل كان لكل وزن ذخيرة خاصة به؟ أو هل كانت القوالب الصياغية موجودة قبل الأوزان المختلفة ؟[50]

ويستخلص - بعد أن يقدم أمثلة لقوالب صياغية ذات قرابة - أن نسق القوالب الصياغية هو الذي يحدد الأوزان في الشعر العربي .

- وقفت بها	المتقارب	المفضليات
- فوقفت بها	الوافر	النابغة
- فوقفت فيها	الكامل	المفضليات
- وقفت فيها	الكامل	عنترة

فهناك كلمات معينة تتكرر في أوزان معينة. ويؤدي هذا إلى ظاهرة في الاقتصاد اللغوي لدى الشاعر الشفوي .

إن التحليل الصياغي الذي يعتمد واقع الشروط الوزنية، يكشف قاعدة عامة من المترادفات تتجه إلى التكرار في أوزان خاصة .[51]

إن كلمة (طلل) تستخدم صياغيا ووزنا في الوافر، وفي بدايات شطر الطويل، ونفس الشيء بالنسبة لكلمة (دمن)، في حين أن كلمة (ديار) تستعمل في وزن الكامل :

- لمن طلل	الوافر	زهير
- لمن طلل	الوافر	لبيد
- لمن طلل	الطويل	زهير
- لمن دمن	الطويل	المفضليات

بينما كلمة (ديار) تستعمل في الكامل .

وهذا ما يبرهن على أن الشاعر الشفوي في الجاهلية كان يعتمد الذوق والحس والفطرة ولم تكن لديه قواعد تنظم ذلك .

ويصف - ابن خلدون - الطريقة الصياغية التي انتج بها الشعراء العرب في الجاهلية شعرهم، فيقول " فاعلم أنها عبارة (صناعة الشعر) عن المنوال الذي ينسج فيه التراكيب أو القالب الذي يفرغ فيه ولا يرجع إلى الكلام باعتبار إفادته اصل المعنى الذي هو وظيفة الإعراب ولا باعتبار إفادته كمال المعنى من خواص التراكيب الذي هو وظيفة البلاغة والبيان ولا اعتبار الوزن كما استعمله العرب الذي هو وظيفة العروض فهذه العلوم الثلاثة خارجة عن هذه الصناعة الشعرية، وإنما يرجع إلى صورة ذهنية للتراكيب المنتظمة كلية باعتبار انطباقها على تركيب خاص، وتلك الصورة ينتزعها الذهن من أعيان التراكيب ويصيرها في الخيال كالقالب أو المنوال، تم ينتقي التراكيب الصحيحة عند العرب باعتبار الأعراب والبيان، فيرصها فيه رصا كما يفعله البناء في القالب. أو النساج في المنوال حتى يتسع القالب بحصول تراكيب الوافية بمقصود الكلام ويقع عكس الصورة الصحيحة باعتبار ملكة اللسان العربي فيه، فإن لكل فن من الكلام أساليب يختص به وتوجد فيه على أنحاء مختلفة " .[52]

فهو يؤكد في تناوله لخصائص القول الشعري الشفوي أن هذه الطريقة ليس لها علاقة بالنحو والبلاغة والعروض، باعتبارها قواعد وضعت لتقعيد

الشعرية العربية، في مرحلة التفاعل بين الثقافة العربية الإسلامية والثقافات الأخرى .

ويمضي جيمز مونرو إلى فحص الصيغ في الشعر الجاهلي، ويعقد مقارنة بين العشرة الأبيات الأولى من معلقة امرئ القيس ومعلقة لبيد وقصيدة للنابغة وأخرى لزهير، وهي تمثل الأوزان الأربعة الرئيسية في هذا الشعر، (الطويل/ الكامل/ البسيط/ الوافر) .

وتبين له عند مقارنته أبيات امرئ القيس بدالة من2520 بيتا في الوزن الطويل، وكذلك عند شعراء في العصر الجاهلي (النابغة/ عنترة/ علقمة/ لبيد/ زهير/ طرفة)

وجد أن القوالب الصياغية هي تكرارات كلمة كلمة أو أنظمة صياغية، ومن ثم يؤكد على أن شعر أمرىء القيس صياغي . ⁽⁵³⁾

ونفس الأمر بالنسبة للبيد وزهير والنابغة. إن الخواص التي كشف عنها مونرو، كلها خواص نموذجية للشعر الشفوي بوجه عام .

هوامش الفصل الثاني الباب الأول

(1) أدونيس ، الشعرية العربية ، دار الآداب ط1 ، ببيروت ، 1985 ، ص : 06 .
(2) (م ، س) ، ص : 06
(3) (م ، س) ، ص : 28
(4) (م ، س) ، ص : 08
(5) ابن رشيق، العمدة، ج1 تح محمد محي الدين عبد الحميد، ط4 ، دار الجيل، بيروت 1972. ص: 15 .
(6) مصطفى الجوزو ، نظريات الشعر عند العرب ، ج1، دار الطليعة ، ط2 ، بيروت ، 1988، ص : 66 / 67 .
(7) الجاحظ ، البيان والتبين : 3 / 82
(8) علي الجندي ، الشعراء وإنشاد الشعر ، دار المعارف ، مصر ، 1969 ، ص : 92
(9) أدونيس ، الشعرية العربية ، ص : 9/8
(10) أحمد بوزفور ، تأبط شعرا ، نشر الفنك ، المغرب ، 1990 ، ص : 20
(11) (م ، س) ، ص : 17
(12) عبد الصبور شاهين ، في علم اللغة،ص:106 ،عن حسني عبد الجليل يوسف،التمثيل الصوتي للمعاني ، الدار الثقافية للنشر ط1،القاهرة،1998 ص: 13
(13) محمد النويهي،الشعر الجاهلي منهج في دراسته وتقويمه،ج1،الدار القومية للطباعة والنشر،الظاهرة، ص:43 .
(14) ابن جني، الخصائص ،تحقيق محمد علي النجار .دار الكتاب.القاهرة .1956. 1 / 33.
(15) محمد العبد ، إبداع الدلالة في الشعر الجاهلي، الجاهلي دار المعارف، ط1، القاهرة، 1988 ، ص:13
(16) (م ، س) ، ص : 13
(17) (م ، س) ، ص : 14
(18) (م ، س) ، ص : 16
(19) (م ، س) ، ص : 16 / 17
(20) محمد النويهي ، (م ، س) ، ص : 49 .
(21) كمال أبو ديب، الرؤى المقنعة نحو منهج بنيوي في دراسة الشعر الجاهلي ، الهيئة المصرية العامة للكتاب، القاهرة ، 1986 ، ص : 115 .
(22) امرؤ القيس،المعلقة ،شرح المعلقات السبع ،للزوزني ،دار بيروت.بيروت. 1982. ص : 07.
(23) امرؤ القيس،(م ، س) .ص :21/27/15/14/07.

(24) أبو ديب ، الرؤى المقنعة ، ص : 163

(25) (م ، س) ، ص : 163

(26) (م ، س) ، ص : 177

(27) محمد لطفي اليوسفي ، الشعر والشعرية ، الدار العربية للكتاب ـ تونس ، 1992 ، ص : 58 .

(28) أحمد بوزفور ، (م ، س ،) ، ص : 23

(29) اليوسفي، الشعر والشعرية ،ص :81.

(30) محمد النويهي (م ، س) .ص39

(31) (م ، س) ص: 41/40

(32) (م ، س) ص : 41

(33) محمد العبد ، إبداع الدلالة ، ص : 33

(34) كمال أبو ديب ، الرؤى المقنعة ، ص : 182

(35) (م.ن).ص:182.

(36) ينظر كمال أبو ديب ، (م ، س) ، ص : 183

(37) كمال أبو ديب ، الرؤى المقنعة ، ص : 184

(38) كمال أبو ديب ، (م ،س) ، ص : 184

(39) محمد لطفي اليوسفي ، الشعر والشعرية ، ص : 70

(40) قدامة بن جعفر ، نقد الشعر ، تحقيق: محمد عبد المنعم خفاجي دار الكتب العلمية، بيروت.ص:167

(41) (م ، س) ، ص : 69 .

(42) قدامة بن جعفر ، نقد الشعر ، ص : 90

(43) جيمز مونرو ، النظم الشفوي ، ص : 36 .

(44) جيمز مونرو ، النظم الشفوي ، ص 37 .

(45) جيمز مونرو ، النظم الشفوي ، ص : 38

(46) جيمز مونرو (م ، س) ، ص : 43

(47) جيمز مونرو ،النظم الشفوي .ص:47. 48.

(48) جيمز مونرو ، النظم الشفوي ، ص : 48

(49) جيمز مونرو ، النظم الشفوي ، ص : 51

(50) (م ، ن) ، ص : 54

(51) (م ، س) ، ص : 56

(52) أبن خلدون ، المقدمة ، دار العلم ، بيروت ، ط5. 1984. ص : 570 / 571 .

(53) جيمز مونرو (م ، س) ، ص : 63

الفصل الثالث
شعرية النُّظـــــم

أولاً – القضاء القرآني

أحدث النص القرآني تحولا في مسار الثقافة العربية، إذ أن المرجعية التي جاء بها الإسلام، أسست لرؤية جديدة، لله والكون والإنسان. وهذه الرؤية "لم تكن تكملة للجاهلية بل نفيا فقد كانت تأسيسا لحياة وثقافة جديدتين، وكانت بما هي تأسيس، أصلا جامعا صورته الوحي ومادته الأمة[1].

وهكذا كان النص القرآني تحولا جذريا وشاملا، حيث استطاع أن يحقق النقلة من ثقافة الارتجال والبديهة، إلى ثقافة التأمل، ومن الشفوية إلى الكتابة.

لذا "لم يكن القرآن رؤية جديدة للإنسان والعالم وحسب، وإنما كان كتابة جديدة " على حد قول أدونيس، [2] وقد تبلورت في الثقافة العربية من خلال الشعرية، قراءة للإعجاز تختص بالنص القرآني، ثم طالت هذه القراءة غير هذا النص .

على أساس أن النص القرآني يمثل قطيعة معرفية مع الجاهلية، وقطيعة على مستوى الممارسة اللغوية والنصية .

لقد أدى البحث البلاغي واللغوي إلى طرح مسألة إعجاز القرآن والسعي إلى الكشف عن أسراره، وكان السؤال الجوهري: أيكمن إعجاز القرآن في لفظه أم في معناه ؟ .

وكانت الإجابة عن هذا السؤال متعددة ومختلفة، لأن مذاهب القدامى في اللفظ والمعنى متفاوتة تفاوتا كبيرا، فالجاحظ يقول "حكم المعاني خلاف حكم الألفاظ، لان المعاني المبسوطة إلى غير غاية، وممتدة إلى غير نهاية، وأسماء مقصورة معدودة، ومحصلة محدودة[3] وعلى هذا المبدأ أقام نظريته " فإن الشعر صناعه وضرب من النسج وجنس من التصوير[4] والجاحظ لا ينحاز إلى الألفاظ وإنما كان يريد الصياغة بين (اللفظ والمعنى) والأسلوب في التصوير .

ويرى قدامة بن جعفر أن أجناس الشعر ثمانية، وهي الأربعة المفردات التي يدل عليها حده (ويقصد اللفظ والمعنى والوزن والقافية) والأربعة المؤلفات هي :

- ائتلاف اللفظ مع المعنى

- ائتلاف اللفظ مع الوزن

- ائتلاف المعنى مع الوزن

- ائتلاف المعنى مع القافية [5]

وقدامة يجعل المعنى واللفظ والوزن والقافية عناصر أساسية في بنية الشعر، وكلما كانت اشتمالا للتسجيع والتقفية، كلما كان النص ادخل في باب الشعر.

والأصل في صناعة الشعر عند الآمري هو اللفظ ويتفرع عنه ما تقضيه البلاغة من إصابة وتأليف [6] .

واختلف عبد القاهر الجرجاني عن النقاد الآخرين في فهمه للمعنى وعلاقته باللفظ، حيث أن نظرية " النظم " تقوم على تقديم المعنى وجعل الألفاظ تابعة له، وعنده أن التعبير لا يتعلق بمعاني الألفاظ مفردة، دون تقدير لمعاني النحو، فالمعنى هو كيفية النظم . " [7]

فالنص هو المنطلق عند عبد القاهر، ووجد أن المعنى يتشكل من داخل النص في إطار العلاقات والتراكيب النحوية، وقد أدى به هذا إلى إرساء فهم متطور للمعنى، فخص الشعر بالمعاني التخييلية وترك المعاني العقلية للخطابة، ورفض قسمة الشعر إلى لفظ ومعنى لا ثالث لهما .

وانطلاقا من هذا الطرح كانت مقاربة النص القرآني وإعجازه، فقد بحث الفراء في كتابه "معاني القرآن" في أسلوب النص القرآني، تركيبا وإعرابا، وتناول أدوات التعبير المجازي وتحدث عن موسيقية النص القرآني، ويرى أن عناصرها هي الترابط بين الكلمات وانسجام النغم، وتوافق الفواصل في أواخر الآيات. ويعقد مقارنة بين إيقاع النص القرآني ، وأوزان النص الشعري الجاهلي [8]

ويحلل ابن قتيبة النص القرآني بيانيا، فيعرف نظمه، ويعرف موسيقاه على أنها إيقاع داخلي، وينتهي إلى القول أن النص القرآني يجري مجرى كلام العرب، لكنه متفوق عليه ولا يضاهى. [9] ويعقد إبن قتيبة موازنة بين النص القرآني،

والخطاب العربي، ويبين في قوله " إنما يعرف فضل القرآن من كثر نظره واتسع علمه، وفهم مذاهب العرب، وافتتاحها في الأساليب"[10] يعترف أن إعجاز النص القرآني مرجعيته الانساق الأدبية العربية .

لقد مكن ابن قتيبة " من توطيد المجانسة البلاغية بين القرآن وبين كلام العرب، وفي ذات الوقت أفرز، على مستوى التأصيل النظري، منطلقات معيارية، غدت بموجبها البلاغة القرآنية نموذجا أعلى لا يطال" [11] ويقسم الباقلاني الكلام الفني عند العرب إلى خمسة أقسام [12] :

أ - الشعر .

ب - الكلام الموزون غير المقفى

ج - الكلام المسجع

ع - الكلام الموزون غير المسجع

هـ - الكلام المرسل ، أي المطلق الخالي من الوزن والقافية .

ويخلص إلى أن النص القرآني، لا يشبه هذه الأقسام الخمسة عند العرب، وأن له خصوصية تفرده نمطا خاصا، لان الإعجاز إنما حصل من جهة نظمه الممتنع.

وبعد أن يحلل نصوصا عربية، ومعلقة امريء القيس، وقصائد للبحتري، يكشف أن النص الشعري لا يضاهى النص القرآني .

ويسلك عبد القاهر الجرجاني طريقا مغايرة، يعتمد فيها الفرق بين الاستعارة التخييل

" وأعلم أن الاستعارة لا تدخل في قبيل التخييل لأن المستعير لا يقصد إلى إثبات معنى اللفظة المستعارة وإنما يعمد إلى إثبات شبه هناك فلا يكون مخبره على خلاف خبره، وكيف يعرض الشك في أن لا مدخل للاستعارة في هذا الفن، وهي كثيرة في التنزيل على مالا يخفى "[13] .

أما التخييل في نظر الجرجاني فهو "ما يثبت فيه الشاعر أمرا هو غير ثابت أصلا، ويدعي دعوى لا طريق إلى تحصيلها، ويقول قولا يخدع فيه نفسه ويريها مالا ترى.." [14]

أما الاستعارة فهي تثبت أمرا عقليا صحيحا، فهذا الفصل الصارم في تحديد الاستعارة بوصفها معقولا، والتخييل بوصفه قولا، لا يخدع الشاعر فيه نفسه، هو في الحقيقة فصل قطعي بين النص القرآني (المقدس) وهو العقلي، والنص الشعري (المدنس) وهو التخييلي.

ومن ثم ندرك إلى أي مدى كان النص القرآني مدار النقاش، وتعكس القراءات التي قدمناها قضية جوهرية هي: سر النظم، التي جعلت النص القرآني " قضية أدبية - فنية، إلى جانب كونه قضية نبوية - دينية" [15] ولقد تمت هذه القراءة في قراءتين :

قراءة أولى: تمت في ضوء البيانية الجاهلية تمسكا بالفطرة والقديم الأصلي، حيث نظر أصحابها إلى النص القرآني في ضوء بلاغة الشعر الجاهلي   (النص الأرضي) وإلى الشعر الجاهلي في ضوء بلاغة القرآن (النص السماوي) [16].

ومن هنا استمد الشعر الجاهلي خاصية التفرد، وأصبح أنموذجا ينبغي أن يحتذى، لأنه " طريقة العرب "، واصبح الشعر الجاهلي في إطار هذه النظرة نصا مقدسا، باعتباره نصا مرجعيا .

أما القراءة الثانية: حاول أصحابها لأن يضيفوا إلى الفطرة وأهميتها، الثقافة التي تدعم وتهذب هذه الفطرة ، ولقد ترتب عن هذه القراءة لما يمكن أن نسميه " شعرية الكتابة " انطلاقا من الشعرية الشفوية ذاتها [17]

فأصحاب هذه القراءة اقتربوا من عالم النص القرآني، باعتباره نصا كونيا وإنسانيا، وروحيا وفكريا، ويتضمن ثقافة ورؤية .

وقد نتج عن هذا النص نص آخر محايث، يؤسس لمفهوم الكتابة، وبلاغة المكتوب

ثانياً – بلاغة المكتوب

انتقلت العلاقة بين اللفظ والمعنى في بلاغة المكتوب، من الصيغة القائلة "أحسن الكلام ما كان معناه في ظاهر لفظه" [18]، إلى صيغة جديدة ترى: أن اللفظ محدود والمعنى غير محدود، بحيث تنشأ لغة ثانية، تتبطن اللغة الأولى.هذه

الطريقة هي المجاز[19]. والمجاز كشف عن المعنى ولكنه معنى مختلف ، غامض ، مدهش ، وتتحول وظيفته تبعا لذلك من السماع إلى التأويل .

ويؤكد - أدونيس - أن هذا التحول على صعيد التعبير الشعري أدى إلى ثلاثة تحولات كبرى :

- الأول: هو القول أن الخيال أصل العالم .
- الثاني: ناتج عن الأول وهو اتخاذ " الخروج عن المعتاد " مقياسا لتقييم التجربة.
- الثالث: هو الخروج على القالبية. [20]

وهكذا يمكن القول أن الصولي هو من كرس شعرية الكتابة وهي طريقة أبي تمام الشعرية في مقابل "طريقة العرب . وفي دفاعه عن هذه الطريقة المحدثة يؤكد ما يلي :

1- تتمثل خصوصية الطريقة المحدثة في ابتكار معان لم تعرفها الشفوية الجاهلية، وتتمثل هذه الخصوصية كذلك في ابتكار لغة شعرية جديدة، فالإحداث الشعري إذا، هو ابتكار ما لم يعرفه الأقدمون .
2- جودة النص الشعري في ذاته ، هي التي يجب أن تكون معيار التقويم، لا الأسبقية الزمنية، فالأول شعريا، هو بالضرورة، الأول في الجودة، لا الأول في الزمن، فطريقة الأوائل إذا لا يصح أن تكون معيارا .
3- الثقافة العميقة الشاملة شرط لابد منه لكل من يحاول أن يكون ناقدا شعريا فلا بد للناقد أن يكون " من أهل النفاذ في علم الشعر " كما يعبر الصولي .

وانعدام هذه الثقافة لدى نقاد الشعر هو الذي كان وراء جهلهم بخصوصية الشعر المحدث. [21] إن دفاع الصولي على الشعر المحدث عامة وشعرية أبي تمام خاصة، هي إثبات أن النص المحدث الذي يعتمد بلاغة المكتوب على خلاف النص الشعري الشفوي، وهو رد على أولئك الذين كرسوا عمود الشعر وعياراته :

1- شرف المعنى وصحته
2 - جزالة اللفظ واستقامته
3- إصابة الوصف

4- المقاربة في التشبيه

5- التحام أجزاء النظم والتئامها على تخير من الذيذ الوزن .

6- مناسبة المستعار منه للمستعار له .

7- مشاكلة اللفظ للمعنى وشدة اقتضائهما للقافية حتى لا منافرة بينهما [22]

ومعنى هذا أن العرب كانت تفاضل بين الشعراء في الجزئيات، وهذا ما يؤكده القاضي الجرجاني إنما تفاضل (العرب) بين الشعراء في الجودة والحسن بشرف المعنى وصحته وجزالة اللفظ واستقامته، وتسلم السبق فيه لمن وصف فأصاب، وشبه فقارب، وبده فأغزر ولمن كثرت سوائر أمثاله، وشوارد أبياته. ولم تكن تعبأ بالتجنيس والمطابقة، ولا تحفل بالإبداع والاستعارة إذا حصل لها عمود الشعر ونظام القريض.." [23]

إن نظرية عمود الشعر، جاء بها النقاد التقليديون ليخرجوا الشعر المحدث من "طريقة العرب" على أنه لا يشبه شعر الأوائل وشديد الصنعة والتكلف، وليس على عيارات عمود الشعر.

لقد حرر عبد القاهر الجرجاني في " نظرية النظم " الحساسية الشعرية العربية، من مرجعية الثبات، فهو يرى أن "النظم" هو الأساس في الكشف عن شعرية النص، وأن المعنى لا يوجد خارج النص، وإنما هو يتشكل في السياق .

وينتج عن هذا الموقف أمران :

- الأول : هو أن الشعرية هي في طريقة إثبات المعنى .

- الثاني :هو أن اكتشاف الشعرية لا يتم بالسماع وحده، وإنما يجب النظر إلى النص "بالقلب" ويجب "الاستعانة بالفكر "ويجب" إعمال الروية "ومراجعة " العقل والاستنجاد بالفهم" [24] .

وإذا كان "النظم" هو سر الشعرية عند الجرجاني، فإن المجاز هو سر النظم، لأن لغة المجاز تبرز الكلام، فهي بداية كيمياء الشعر، أي إعطاء الكلمة معنى لم يكن لها" [25].

ويعلل الجرجاني الإعجاب باللغة/المجاز فيقول " إن الطبع مبني على أن الشيء إذا ظهر من مكان يعهد ظهوره منه، وخرج من الموضع ليس بمعدن له، كانت النفس أكثر إعجابا به، وأكثر شغفا .." (26)

لا شك أن تأثير النص القرآني، في شعرية النص المحدث، تبدو جلية سواء في بلاغة القصيدة ولغتها الشبيهة ببلاغة النص القرآني، أو في ممارسة نص وفق شروط ثقافة الكتابة في العصر العباسي .

لقد تحول الشعر في العصر العباسي، إلى بحث مستمر عن نص مدهش، لأن الشاعر لا ينشئ شعره على مثال سابق، وإنما هو مأخوذ بالرؤيا، ويكشف عن عوالم غامضة لم تكن معروفة من قبل.

إن مفهوم الشعر تحول فهو يعبر بشكل عام عن نمط معين من الأشياء وعن حدث جديد وعن تجربة جديدة، وعن لغة تعبير جديدة(27) وهذا يعني أن بلاغة النص المكتوب، انطلاقا من الحساسية المدنية، بدأت تتجاوز التقليد، وتشكل صورة للعالم من رؤية مغايرة .

يبدأ الشعر العربي مع مسلم بن الوليد، وبشار بن برد وأبي العتاهية وأبي نواس وأبي تمام يمارس سلطته في تغيير نمط التعبير، وإعطاء العالم بعدا مجازيا ورمزيا، وغزو فضاءات يتصراع فيها الباطن والظاهر، والغموض والوضوح، والرفض والقبول والحلم والواقع .

ثالثاً – شعرية التجاوز

لقد كرس النص القرآني، ممارسة كتابية جديدة، تقيم علاقات غير معروفة على مستوى اللغة، وبين الإنسان والعالم، فتشوش "المعنى" المتداول، و "اللفظ" المكرور، وتشوش المفهوم الموروث الشفوي للشعر .

وبذلك تغيرت وظيفة الشعر نفسها، والجاحظ يعبر عن هذا جيدا، عند مقارنته بين مهام الخطيب ومهام الشاعر(28) فتأسست بناء على ذلك، حركة شعرية عربية جديدة :

ويحدد أدونيس(29) المبادئ الجمالية لهذه الشعرية بتأثير من الدراسات القرآنية والنقدية .

1- مبدأ الكتابة دون احتذاء نموذج مسبق، فعلى الشاعر أن يبتدئ شعره ابتداء لا على مثال. ويتضمن بالضرورة اكتشاف آفاق جديدة في طرق التعبير .

2- اشتراط الثقافة العميقة الواسعة، لكل من الناقد والشاعر، فكتابة الشعر وقراءته تستلزمان معرفة وخبرة ومراسا، ولا تكفي البداهة والارتجال .

3- النظر إلى كل من النص الشعري القديم، والنص الشعري المحدث، في معزل عن السبق الزمني، وتقويم كل منهما بحسب جودته الفنية في ذاته .

4- نشوء نظرة جمالية جديدة، فلم يعد الوضوح الشفوي الجاهلي معيارا للجمال والتأثير،بل صار هذا الوضوح يعد على العكس نقيضا للشعرية، فالجمالية الشعرية تكمن في النص الغامض المتشابه، أي الذي يحتمل تأويلات مختلفة ومعاني متعددة .

5- إعطاء الأولية لحركية الإبداع والتجربة، بحيث يبدو الشعر تجاوزا دائما للعادي المشترك، والموروث "لا يهاب أن يخرق الإجماع" كما يعبر الجرجاني بحيث تصبح الشعرية " ضربا من الفتنة " .

إن الشعرية هنا، تكمن في الكشف عن طاقات الإنسان، وعن الكثافة والتوتر في التجربة والنص، ومن ثم فإن العلاقة القائمة بين الوظيفة والمحتويات هي التي تحدد للشاعر جوهر كتابته.

يندرج شعر أبي تمام ضمن جمالية مزعجة تتطلب استكناه واستنباط المعنى الذي يعبر عنه. وعليه كان موقف ابن الأعرابي وقد أنشد شعرا لأبي تمام " إن كان هذا شعرا فما قالته العرب باطلا ".[30] وهذا ما يؤكد أن شعر أبي تمام قد خرج عن النموذج السائد و جماليته بحيث جاء شعره ابتداء لا تقليدا، فكان بداية لطريقة جديدة في التعبير، سلك طريق الإبداع من موقف كلي لا جزئي .

وقد أحدث نصه الشعري، أسئلة عدة من بينها أنه سئل مرة: لِمَ لا تقول من الشعر ما يعرف؟ فقال أبو تمام : وأنت لِمَ لا تعرف من الشعر ما يقال؟

إن أبا تمام يوضح مسألة مرتبطة بتلقي شعره، فالقارئ يبحث عن الوضوح، وأن يقوده الشاعر إلى أرض يعرفها مسبقا، بينما الشاعر يريد من القارئ أن يكتشف عوالم جديدة لم يكن يعرفها من قبل .

لقد اعترف الآمدي بغموض شعرية أبي تمام، لأنه طلب "طول الطباق والتجنيس والاستعارات واسرافه في التماس هذه الأبواب وتوشيح شعره بها " [31] .

وبهذا أفسد أبو تمام شعره على حد قول الآمدي، حتى صار " كثير مما أتى به من المعاني لا يعرف، ولا يعلم غرضه فيها إلا بعد الكد والفكر وطول التأمل، ومنه مالا يعرف معناه إلا بالظن والحدس"[32] .

ويستدرك الآمدي قوله، بأن الذين اعرضوا عن شعر أبي تمام لم يفهموه، بينما فهمته العلماء وأهل النقاد في علم الشعر.[33] .

وهذا يعني أن عملية تلقي نص أبي تمام، كانت تتم ضمن شروط وخصائص الشعرية الشفوية، فالأذن لا يمكنها أن تتأمل، وإنما تسمع، والسمع على خلاف الكد والفكر، وبذلك يؤكد شعر أبي تمام الطابع غير النموذجي.

ونجد بناء على ما تقدم أن القدماء قد عابوا على أبي تمام في مسألتين[34]:

- **المسألة الأولى:** أنه استخدام الألفاظ الغريبة الوحشية والبدوية المتوعرة، وتسألوا ما إذا كان يجوز للشاعر المحدث أن يوردها في شعره .
- المسألة الثانية: عابوا عليه إغراقه في البديع، وإفراطه في طلب الاستعارة والتشبيه .

إن النقاد العرب لا يختلفون على استخدام "البديع" من حيث المبدأ، لأنه موجود في شعر المتقدمين، وإنما اختلفوا على الدرجة التي ينبغي على الشاعر ألا يتجاوزها في استخدامه لان الإسراف فيه - في نظرهم - يؤدي إلى الأغراب، فيصبح النص الشعري، ليس على طريقة الأوائل .

وقد تصدى الصولي في كتابه " أخبار أبي تمام " للذين عابوا شعر أبي تمام وأنكروا عليه سبقه وإبداعه. ويمكن اعتبار ما كتبه أول بيان عن الحداثة في العصر العباسي على حد قول أدونيس[35] ونقدم بيانه فيما يلي:

1- **العلاقة بين القديم والحديث :** يشير الصولي[36] إلى هذه العلاقة، بأنه لا ينكر أن السبق للأوائل في " الابتداء " و "الطبع"، وأن المحدثين قد جاءوا بمعاني ابتدعوها لم يعرفها القدماء، وهذا يعود إلى اختلاف الوسطين الطبيعي – الاجتماعي، وأنه "لم تر أعينهم (القدماء) ما رآه المحدثون

فشبهوه عيانا، كما لم ير المحدثون ما وصفوه هم مشاهدة وعانوه مدة دهرهم ⁽³⁷⁾

وفي ذلك ما يشير إلى أن تقييم الشعر لا ينفصل عن وسطه وظروفه .

2- **نشوء لغة شعرية جديدة :** ترتب عن هذا المبدأ، تجربتين مختلفتين عند القدماء والمحدثين، ونتج عن ذلك أن المعنى عند المحدثين صار أكثر إبداعا، وابتكر هؤلاء معاني جديدة لم تخطر للأوائل، يقول الصولي " إن ألفاظ المحدثين منذ عهد بشار إلى وقتنا هكذا كالمتنقلة إلى معان أبدع، ألفاظ أقرب، وكلام أرق ⁽³⁸⁾ ويضيف الصولي موضحا "وقد وجدنا في شعر هؤلاء معاني لم يتكلم القدماء بها، ومعاني أو ما وا إليها، فأتى بها هؤلاء واحسنوا فيها، وشعرهم مع ذلك أشبه بالزمان،والناس له أكثر استعمالا ⁽³⁹⁾ .

وهذا هو سر تحول الناس عن الشعر القديم إلى الشعر المحدث لانه أشكل بالعصر .

3- **مقياس الشعر :** وبناء على هذا التحول في التعبير الشعري، نشأ مقياس جديد للشعر، يستند إلى مفهوم مغاير، أن جودة الشعر لم تعد ترتبط ضرورة، بأوليته فالابتداء هو ابتداء الجودة لا ابتداء الزمان، غير أن الجودة في الوقت ذاته مرتبطة بالزمان لذا يقول الصولي إن أبا تمام " رأس في الشعر مبتدئ لمذهب سلكه كل محسن بعده فلم يبلغه فيه..⁽⁴⁰⁾ ويقول أيضا " وأبو تمام أخذ نفسه وسام طبعه أن يبدع في أكثر شعره"⁽⁴¹⁾ فالرؤية إلى الشعر تغيرت، لأن النص تغير ، وأصبح أكثر شبها بالعصر .

4- **معنى النقد:** ينطلق الصولي من واقع نقدي يطعن في الشعر المحدث، وذلك لأنهم "لم يعرفوا ما كان يضبطه ويقوم به، وقصروا فيه فجهلوه فعادوه"⁽⁴²⁾ لذا حدد الصولي قاعدة نظر جديدة لهذا الشعر، وينبغي للناقد أن يكون " أعلم الناس بالكلام منظومه ومنثوره وأقدر الناس على شيء متى أراده منه، وأحفظهم لأخذ الشعراء، وأعلمهم بمغازيهم ومقصدهم .

فأما من لا يحسن أن يعمل بيتا جيدا، ولا يكتب رقعة بليغة، ولا ينال حفظه ما قالته الشعراء في عشرة معان من عشرة آلاف معنى قد قالت فيه، فكيف يجسر على ادعاء هذا وكيف يسوغه إياه من سمعه منه ؟ " (43) .

وحينما قرأ الصولي شعر أبي تمام وجد أن خروجه عن المألوف يكمن في عاملين:

1- أن أبا تمام بخلاف الشعراء الذين سبقوه، أتخذ من الإبداع ممارسة مستمرة.

2- أنه كان بداية لطريقة جديدة في أسلوب التعبير . (44)

وإذا نظرنا إلى شعر أبي تمام استنادا إلى هذا الفهم، وجدنا أنه يمارس فعل التجاوز لعمود الشعر، الذي حول الشعر إلى عيارات جاهزة، يستخدمها الشاعر بطريقة آلية، وهذا ما أدركه أبو تمام فأسس لرؤية مغايرة، وبذلك تجاوز عيارات هذا العمود وحقق شعريته فيما يلي :

1- **تجاوز عيار المعنى:** إن المعنى في عمود الشعر ـ يتسم بالوضوح وقرب الدلالة وهذا من مبدأ وظيفي هدفه التواصل مع السامع، بينما المعنى في شعرية أبي تمام غامض يستدعي أن نتأمل فيه، وأن نفككه .

وأمثلة ذلك كثيرة في شعره منها قوله :

رقيقُ حَواشي الحِلمِ لَو أنَ حلمهُ
بِكفيَك ما مارَيتَ في أنُه بُردُ (45)

فالمعنى هنا، خرج عن المألوف، عن قاعدة القديم، التي تصف الحلم بالعظم والرجحان والثقل، أما البرد فيوصف بالمتانة والصفاقة، بينما أبو تمام يشحن اللفظة بمدلول جديد، لم يعهده الشعر العربي، فيصف الحلم بالبرد بالرقة، ونسب للحلم حواشي وهذا محال وشبهه بالبرد - وهذا المعنى المبتدع يعبر عن حساسية شعرية تتجاوز الراهن

2- **تجاوز عيار اللفظ:** إن اختيارات أبي تمام اللغوية معجما وتراكيب ودلالة، أقامت جدلا حولها، لأنه كان ينحو التفاوت المتباعد المتنافر من الصيغ

والألفاظ، وقد تحرر في استعمال ألفاظه تحررا ظاهرا فخرج بها من حال إلى حال، وابتدع في ألفاظه، فأحدث بها الدهشة .

وعن استخدامه للغريب والوحشي نذكر قوله :

قَدكَ اتئب أربيت في الغلواء

كم تعذلون وأنتم سجرائي [46]

قدك/ حسبك،أتئب/ استح ،واربيت/ زدت،في الغلواء/ في الارتفاع، السجير/ الصاحب .

معنى البيت : حسبك ، أستح مني ، زدت في عذلي .

إن أبا تمام في حشده لهذه الألفاظ والتي تبدو ظاهريا أنها بمعنى واحد، فهي في سياقها التركيبي تحقق الذي يريده، وهو الإمعان في الملامى، والدليل أن البيت الذي يليه يقول (لا تسقني ماء الملام) إذن ينبغي أن ندرك بأن استعمال اللفظ عند أبي تمام ، هو وظيفي سياقي لا يفهم إلا في إطار البنية التي هو جزء منها

3-   **تجاوز عيار الإصابة في الوصف:**

تجاوز أبو تمام الوصف المعتاد، المرتبط بتقاليد شعرية مكرورة، بينما لم يدرك القدماء أن بين الاسم والشيء فجوة، يمكن للشاعر عن طريق الفعل في اللغة أن يقتحمها. من الأمثلة التي يستخدم فيها أبو تمام الوصف قوله في وصف السحاب :

كأن الغمام الغر غيبن تحتها

حبيبا فما ترقى لهن مدامع [47]

إن الشاعر مزج بين حاله النفس وحالة الطبيعة، وتحول الغيم إلى عاشق يبكي حبيبه الذي فقده.

4-   **تجاوزه لعيار المقاربة في التشبيه :**

خالف أبو تمام القاعدة في التشبيه، إذ أكد البلاغيون على أن التشبيه يوقع الإئتلاف بين الطرفين ولا يوقع الاتحاد، أي علاقة موازنة في إطار وظيفة العقل والمنطق .

ومن الأبيات التي أثارت الجدل بين النقاد في التشبيه. قول أبي تمام في مدح محمد بن عبد الملك الزيات :

مها الوحش إلا أن هاتا أوانس

قنا الخط إلا إن تلك ذوابل [48]

عاب الآمدي التشبيه في هذا البيت وقال وإنما قيل للقنا " ذوابل " للينها وتثنيها، فنفى ذلك عن قدود النساء التي من أكمل صفاتها التثني واللين والانعطاف [49]

واعجب ابن الأصبع بهذا البيت ورد على الآمدي، أن هناك مناسبة تامة بين "مها وقنا" ومناسبة غير تامة بين الوحش والخط، وأوانس وذوابل "وفيه مع المناسبتين التشبيه بغير أداة والمساواة، والاستثناء والطباق اللفظي، وائتلاف اللفظ مع المعنى، والتمكين [50]

5- **تجاوز عيار التحام أجزاء النظم والتحامه على تخير من لذيذ الوزن :**

تصرف أبو تمام في البناء الوزني للقصيدة ، وخالف عمود الشعر ، فأضاف من الحشو ما يكتمل به الوزن و أكثر . من الزحافات حتى أن دعبل الخزاعي قال " إن شعر أبي تمام بالخطب وبالكلام المنثور أشبه منه بالكلام المنظوم لكثرة ما فيه من زحاف " [51] .

على الرغم من أن الزحاف يعد تنويعا في إيقاع القصيدة، ويخفف من سطوة الوزن الواحد من أول القصيدة إلى آخرها . ومن أمثلة الزيادة في حشو البيت لإقامة الوزن . قوله :

جذبت نداه غدوة السبت جذبة

فخر صريعا بين أيدي القصائد [52]

وفي قوله "غدوة السبت " زيادة في حشو أتى به الشاعر لا قامة الوزن ومن الأبيات التي وقع فيها الزحاف قوله :

يقول فيسمع ويمشي فيسرع

ويضرب في ذات الإله فيوجع [53]

إذ حذف النون من (فعولن) الأول ، والياء من (مفاعيلن) التي تليها، ومن (فعولن) التي هي أول المصراع الثاني وحذف الياء من (مفاعيلن) الأخيرة، وذلك كله يسمى زحاف القبض وهو جائز وإذا كثر في البيت الواحد صار قبيحا.

إن الزحاف لا يهدم إيقاع البيت، وتصرف أبو تمام في الأوزان متأت من التجربة الشعرية وراهنها .

6- تجاوز عيار الاستعارة :

حرص أبو تمام في شعره على الإكثار في الاستعارة، وهي عند القدماء تقوم على الموازنة وهي في ذلك كالتشبيه، إلا أنها تخالفه في أن أحد الطرفين يحل محل الآخر، ويقوم مقامه للاشتراك في صفة أو صفات .

إن أبا تمام انطلق من أولية اللغة الشعرية، ومن ثم فهو " يشبه إبداع الشعر، أي خلق العالم باللغة، بخلقه جنسيا – بالغعل الجنسي، فلقاء الشاعر والكلمة هو كلقاء زوجين عاشقين"[54]

وعليه كانت الاستعارة في شعره هي نواة التحديث، وبذلك استخدام التخيل متخطيا مسألة الصدق والكذب . ومن الاستعارات التي عابها القدماء على أبي تمام قوله :

لا تسقني ماء الملام فإنني　　　　صب قد استعذبت ماء بكائي . [55]

فقد تساءل القدماء : ما معنى ماء الملام ؟ وأنكروا على أبي تمام استعارته، إذ أن السابقين يقولون ماء الصبابة وماء الهوى، ويريدون الدمع. فهذه الاستعارة رفضها القدماء بحجة عدم استخدامها في الشعر ، على الرغم من أن الصولي [56] جاء بأمثلة من الشعر العربي تعزز دفاعه عن ابي تمام في استعماله لـ(ماء الملام). ونعتقد أن أبا تمام جاء بهذه الاستعارة من أجل التناسب (ماء الملام)=(ماء بكائي).

يصبح عندئذ الملام مصدرا للبكاء، بفعل وقعه على نفسية الشاعر، فيغرق في البكاء، فالعبرة بالمعنى الذي يؤسسه الشاعر في سياق قصيدته .

7- تجاوز مشاكلة اللفظ للمعنى وشدة اقتضائهما للقافية :

حرص الشعراء القدماء، على عيار مشاكلة اللفظ للمعنى وشدة اقتضائها للقافية، و"هكذا نعاين اكتساح القافية للشعر الذي تشكل تدخلها مرحلة حاسمة في عملية الإبداع.." [57]

إن أبا تمام يبني بيته الشعري ضمن تصور جمالي صوتي، فهو يلجأ إلى القافية الداخلية إشارة إلى طور جديد ،

إن " تكرار هذه الوحدات بعضها ببعض، مما يؤدي إلى مجموعات صوتية متقاربة مدمجة في بناء تركيبي [58] مثلما هو الحال عند أبي تمام :

1- يقول فيسمع ويمشي فيسرع

ويضرب في ذات الاله فيوجع .

2- نجوم الطوالع جبال فوارع

غيوث هوامع سيول دوافع .

3- يعطي فيجزل أو يدعى فينزل أو

يؤتي لمحمل أعباء فيحتمل

"يشكل البيت كله محسنا تكون القافية عنصره الأساسي وتتجزأ الجملة إلى عدد من المجموعات التركيبية، بقدر ما هناك من قواف داخلية" [59].

نستنتج مما سبق أن أبا تمام قد أحدث خلخلة في نسق الشعرية العربية، وبذلك يسمح لنا شعره أن نفهم آليات الإبداع في مرحلة أصبح المكتوب فيها قاعدة، وشعرية أبي تمام هي جزء من هذه القاعدة، على مستوى الإنجاز الشعري، الذي بدأ يتراجع فيه الأسلوب الشفوي وتتقدم فيه الممارسة الإبداعية، وتأخذ مداها .

تعد قصائد أبي تمام المديحية، نمطا جديدا من المدح، وتكشف عن " بنية معقدة متشابكة لحمية تخرج بها عن كونها نصا نمطيا، إلى رؤيا شعريا متميزة [60]

ولا شك أن التحول الذي أحدثه أبو تمام على مستوى الغرض وتطويره لبنية القصيدة، وتكريسه القصيدة البسيطة التي "تطول وتقصر حسب التجربة

الشعرية، واستجابة للموضوعات الجديدة"[61]. وقد وسم تجربته الشعرية بسمة الحداثة في عصره، لأنه يستند إلى مشروع إبداعي ونظري أساسه الرؤيا ولقد تجسد هذا التحول في قصيدته التي مدح فيها المعتصم ومطلعها .

رقت حواشي الدهر فهي تمرمر

وغدا الثرى في حليه يتكسر . [62]

إن هذا النص - المادح تتنامى فيه ثنائيات ضدية أهمها :

الزمن الماضي/الزمن الحاضر، الانقطاع/الاستمرارية، الأرض/السماء، التربة/الزارع.[63]

وتنبني هذه القصيدة على رؤيا تخترق هذه الثنائيات جميعا، ثنائية ضدية جوهرية هي الطبيعة (الربيع) - الإنسان (المعتصم). [64]

إن القصيدة تفجر رؤيا التحول في الزمن، إذ أن الفعل " رقت " في صيغة الماضي، ولكن دلالته تخرج عن هذا الماضي لتمنح فعل التحول دلالة الحاضر .

فالرقة " عملية لإحالة، وهي عملية بدأت في زمن مضى واكتملت وتستمر الآن في برهة الحاضر." [65]

وما يؤكد تلك الاستمرارية هي صيغة الزمن الحاضر في جملة " فهي تمرمر" .

وتظهر في الشطر الثاني ثنائية ضدية: الدهر/ الثرى، لكن العلاقة " التي تنشأ بين طرفي الثنائية في رؤيا القصيدة ليس علاقة نفي وتضاد، بل علاقة تكامل وتنام " [66] .

وهكذا تشكل الحركة الأولى بؤرة انفعالية تصورية، وتجسد أنسنة الشتاء (ويد الشتاء جديدة لا تكفر) وتتعمق الأنسنة أكثر في (لولا الذي غرس الشتاء بكفه)، وبهذه الصورة الجديدة، تتكامل الثنائية الضدية: الشتاء/ الربيع.

ويتجلى ذلك " بنصاعة مدهشة في أبيات تجسد روح الحداثة في شعر أبي تمام: الحداثة التي تلغي الحدود الفاصلة بين أشياء العالم وتكشف جوهر الوجود[67]

إن القصيدة هنا، ينتهي فيها الوضوح التقليدي، وتنمي رؤيا الغموض، لأنها عمليا تقوم على توحيد المتناقصات :

(مطر يذوب الصحو منه بعده

صحو يكاد من الغضارة يمطر) [68]

وتتبدئ حركة جديدة، بحس الهشاشة، وهكذا يحدث " انشراح في رؤيا القصيدة التي كانت قد أكدت روعة عملية التحول والتغيير، فهي الآن ترى في التغيير مأساوية لم تكن رأتها من قبل [69] ما كانت الأيام تسلب بهجة/ أولا ترى الأشياء إن هي غيرت).

وتبدأ حركة جديدة أخرى، تشرك فيها عناصر إنسانية (يا صاحبي تقصيا نظريكما تريا وجوه الأرض كيف تصور) ويتحول النهار المشمس، بفعل زهر الربا إلى نهار مقمر .

وتتوحد الذات بالموضوع والباطن بالظاهر، وفي هذا التوحد " تتوحد الحاسة الجمالية بنقيضها، وهو حس العنف والدم في المعركة، عن طريق توحد النشوة بالنشوة " [70]

صنع الذي لولا بدائع لطفه

ما عاد أصفر إذ هو أخضر

خلق أطل من الربيع كأنه

خُلُقُ الإمام وهدية المتيسر [71]

تتداخل الصورة بشكل مدهش، الربيع له قدرة على تحويل الطبيعة، وهي نفس قدرة الإمام على تحويل البلاد إلى زمن الخير والخصب، ومن ثم يبرز أثر عدله في الأرض (كالربيع) وبذلك يرفع الشاعر من مرتبة الإمام، من حيث الفعالية والديمومة، وهي مرتبة أعلى من مرتبة الربيع .

وتتناسل في القصيدة صور الإمام في علاقته بالرعية

نظم البلاد فأصبحت وكأنها   عقد كأن العدل فيه جوهر . [72]

وتتأكد دلالة التحول وكونه تحولا من الشر إلى الخير

لم يبق مبدى موحش إلى ارتوى   من ذكره فكأنما هو محضر[73] .

وتنتهي القصيدة بتوكيد الاستمرارية خصيصة للإمام، إذ أن ما أحدثه من تحول لن يتغير بينما الطبيعة تتغيير والزمن يتغير .

وهكذا "تكون القصيدة قد بلورت رؤياها الأساسية من خلال مفهومي التحول الاستمرارية/ التحول"[74]

يتحقق في الحركة الأولى من القصيدة مبدأ التحول والتداخل والتشابك ، وهكذا تتحول القصيدة في بؤرة هذه الرؤيا، إلى استعارة كبرى أساسها " أدراك التشابه والتضاد بين الربيع والمعتصم"[75]

إن شعرية أبي تمام تنمي القصيدة من حيث هي رؤيا متعددة الأبعاد، وتكشف عن علاقات التشابه والتضاد بين الأشياء .

إن قصيدة أخرى[76] لأبي تمام " فتح عمورية تقوم على تنمية علاقات التضاد بالدرجة الأولى، ففي (هذه القصيدة) ينفي كل طرف من ثنائية ضدية طرفها الآخر (السيف/الكتب؛ المعتصم/ توفلس ؛ الإسلام/الشرك ؛ العرب/الروم) [77].

يؤكد أبو تمام نزعته الحداثية في تصوره للوجود، والنهوض بنص شعري يستدعي فعل القراءة وآليات التأويل .

هوامش الفصل الثالث الباب الأول

(1) أدونيس ، الثابت والمتحول ،ج1 - الأصول -دار العودة ، ط4 ، 1983 ، بيروت ، ص : 20

(2) أدونيس ، الشعرية العربية ، ص : 35

(3) الجاحظ ،البيان والتبين ، 1 : ص : 75

(4) الجاحظ ، الحيوان ، ج3 ، تح : عبد السلام هارون ، دار إحياء التراث العربي ، ط3 ، بيروت ، 1969 ص 131 / 132

(5) قدامة بن جعفر ، نقد الشعر ، ص : 70

(6) جودت فخر الدين ، شكل القصيدة العربية ، دار الآداب ، ط1 ، بيروت 84 / 19 ص : 44

(7) (م ، ن) ، ص : 50 .

(8) أدونيس الشعرية العربية ، ص : 37

(9) (م ، ن) ، ص : 38

(10) ابن قتيبة ، تأويل مشكل القرآن ، ص : 13 عن سليمان عشراتي ، الخطاب القرآني ديوان المطبوعات الجامعية الجزائر ، 1998 ،ص : 20

(11) سليمان عشراتي ، الخطاب القرآني ، ص : 22

(12) أدونيس ، الشعرية العربية . ص : 39

(13) عبد القاهر الجرجاني ، أسرار البلاغة ، دار المعرفة ، بيروت 1978 ، ص : 238 .

(14) (م ، س) ، ص : 239

(15) أدونيس ، الشعرية العربية ، ص : 41

(16) المرجع نفسه ، ص : 41

(17) (م ، س) ، ص : 41 / 42

(18) الجاحظ ، البيان والتبين ،1/ 83

(19) أدونيس ، الثابت والمتحول ، ج1 ، الأصول ، ص : 110

(20) المرجع نفسه ، ص : 111 .

(21) أدونيس ، الشعرية العربية ، ص : 43

(22) أبو علي المرزوقي ، شرح ديوان الحماسة ، تحقيق أحمد أمين وعبدا لسلام هارون ، مطبعة لجنة التأليف والنشر والترجمة ، ط1 ، القاهرة ، 1951 ، ص: 9.

(23) القاضي الجرجاني ، الوساطة بين المتنبي وخصومه ،تحقيق محمد أبو الفضل إبراهيم و على البجاوي ،ط4 ، مطبعة البابي الحلبي ، القاهرة 1966. ص : 33-

(24) أدونيس ، الشعرية العربية ، ص : 46

(25) أدونيس ، الثابت والمتحول ، ج2 ، تأصيل الأصول ، دار العودة ، ط1 ، بيروت 1977 ، ص : 118

(26) عبد القاهر الجرجاني، أسرار البلاغة، تحقيق محمد رشيد رضا ، دار المعرفة ، بيروت، 1978 ص : 188

(27) أدونيس ، الثابت والمتحول ، ج2 ، ص : 109

(28) جمال الدين بن الشيخ ، الشعرية العربية ، ترجمة مبارك حنون / محمد الولي / محمد أوراغ دار توبقال
المغرب ط1 1996 ص : 75

(29) أدونيس ، الشعرية العربية ، ص : 53 / 55 .

(30) أبو بكر الصولي، أخبار أبي تمام، تحقيق خليل محمود عساكر ، محمد عبده عزام، نظير الإسلام الهندي ، مكتبة
التجاري للطباعة بيروت ، ص : 244

(31) الآمدي، الموازنة بين الطائيين ج1، تحقيق أحمد صقر، دار المعارف، ط4. مصر. ص: 139 .

(32) الآمدي ، نفسه ، ص : 139

(33) (م ، ن) ، ص : 19

(34) حسين الواد ، اللغة الشعر ، في ديون أبي تمام ، دار الجنوب للنشر ، تونس ، 1997 ، ص : 10 / 16

(35) أدونيس الثابت والمتحول ، ج2 ، ص : 178 / 179

(36) الصولي ، (م ، س) ،ص : 16

(37) (م ، س) ، ص : 16

(38) (م ، س) : 16

(39) الصولي ، (م ، س) ، ص : 17

(40) (م ، س) ، ص : 37 .

(41) (م ، س) ، ص : 38

(42) (م ، س) ، ص : 14

(43) الصولي ، (م ، س) ، ص : 38

(44) أنظر الصولي ، ص : 37 / 38 ، وأنظر أدونيس (م ، س) ، ص : 180 .

(45) أبو تمام ، الديوان ،مج1 تقديم وشرح، محي الدين صبحي، دار صادر، ط1،بيروت 1997.ص:279 .

(46) أبو تمام ، الديوان ، مج1 (م ، س) ص : 86

(47) أبو تمام ، الديوان ، مج2 ، (م ، س) ، ص : 482

(48) أبو تمام الديوان ، مج2 . (م ، س)

(49) عبد الفتاح لاشين، الخصومات البلاغية والنقدية في صنعه أبي تمام،دار المعارف، مصر، ص : 99

(50) (م ، س) ، ص : 100/ 101

(51) الآمدي الموازنة ، ص : 306

(52) أبو تمام ، الديوان مج1 ، (م ، س) . ص : 240

(53) (م ، س) . ص : 400

(54) أدونيس ،/ الثابت والمتحول ، ج2 ، ص : 115 ، مثل قول أبي تمام : الشعر فرج ليست خصيصته طول الليالي إلا لمفترعه

(55) أبو تمام ، الديوان ، مج1 (م ، س) . ص : 86

(56) الصولي (م ، س) ، ص : 34 / 35 / 36 .

(57) جمال الدين بن الشيخ ، الشعرية العربية ، ص : 207

(58) (م . س) . ص : 224

(59) (م ، س) ،ص : 225 .

(60) كمال أبو ديب ، جدلية الخفاء والتجلي ، دار العلم للملايين ، بيروت ، ط4 ، 1995 ، ص : 232 .

(61) نور الدين السد ، الشعرية العربية ، ديوان مطبوعات الجامعية ، الجزائر ، 1995 ، ص : 31

(62) أبو تمام ، الديوان ، مج1 . ص : 333

(63) كمال ابو ديب جدلية الخفاء والتجلي ، ص : 232

(64) (م ، س) ص : 232

(65) (م ، س) ، ص 232 .

(66) (م ، س) ، ص : 233

(67) (م ، س) ، ص : 236 .

(68) أبو تمام (م ، س) . ص : 333

(69) كمال أبو ديب (م.س) ، ص : 238

(70) (م ، س) ، ص : 241

(71) أبو تمام . ص : 241

(72) أبو تمام ،،(م.س) ص : 335 .

(73) أبو تمام ، ديوان (م،س) . ص : 336 .

(74) كمال أبو ديب (م . س) ، ص : 247 .

(75) (م ، س) ،ص : 255

(76) أنظر ، جمال الدين بن الشيخ (م ، س) ،ص : 169 / 171

(77) كمال أبو ديب ، جدلية الخفاء والتجلي ، ص : 256

الباب الثاني
الشعرية الحديثة

الباب الثاني
الشعرية الحديثة

الفصل الأول: شعرية التقليد

الفصل الثاني: شعرية الخيال

الفصل الأول
شعرية التقليـــــد

لقد أحدث العصر الحديث انشقاقا في الحياة العربية، وهو نتيجة لاتصال العرب بالغرب الأوروبي، وترتب عن ذلك ما يسميه أدونيس بصدمة الحداثة. ويتمثل هذا الاتصال، تاريخيا، في ظاهرتين: الحملة الفرنسية على مصر بين (1798-1801) والبعثات إلى الخارج بدءا من 1826[1].

حيث فتحت الحملة الفرنسية العالم العربي على إنجازات الحضارة الغربية الحديثة، بما اشتملت عليه من مبادئ سياسية وأنظمة إدارية وعلوم وآداب وفنون وطباعة وصحافة وغيرها .

وأسس نابليون بونابرت مجمعا علميا على غرار المجمع الفرنسي، من أجل البحث والدراسة في موضوعات الطبيعة والصناعة والتاريخ[2]. غير أن السنوات القليلة التي قضتها هذه الحملة، لم تؤثر في التفكير وحسب، وإنما كان لها الأثر في حياة المصريين، واستفادوا منها في عهد محمد علي باشا.

وكانت البعثات العلمية إلى فرنسا وبقية البلدان الأوروبية لدراسة مختلف العلوم التطبيقية والنظرية، من العوامل الهامة في الانفتاح على حضارة الغرب .

ويرى أدونيس أن "عصر النهضة " أسس لتبعية مزدوجة. من جهة أولى كان اقتباسا لنظام وحياة وسياسة الغرب، ومن جهة ثانية كان إحياء تقليديا لأشكال تعبيرية نشأت في عصور ماضية، لكي تفصح عن مشكلات وتجارب راهنة [3].

وعلية فإن قراءة الشعر العربي الحديث، تستدعي إعادة بناء تصور شمولي، يستهدف الكشف عن هذا التناقض بين المفاهيم والممارسة. ومن ثم وصف النص الشعري التقليدي، وتحليل بنيته والإنصات إلى هذا الشعر الحديث، الذي يؤسس مكانه ضمن مفهوم للزمن، سواء بالعودة إلى الماضي لدى التقليدية أم بالتوجه نحو المستقبل المتخطي للماضي كما لدى الرومانسية [4] .

هذا المنطلق النظري، يجعل الشعر العربي الحديث في مأزق، فهو لا يتجاوز الشعر المحدث ممثلا في أبي نواس وأبي تمام، ولا يعبر عن تحولات العصر

الحديث، وإنما يعيد إنتاج النص الشعري المركزي من رؤية ما ضوية، تكرس الخطابة، التي تنادي على الشعرية العربية الشفوية .

إن التقليدية في الشعر العربي الحديث، فيها وبها تم بناء نص "يرى إلى الممكن في الكائن، وإلى المستقبل في الماضي، حيث التقدم الشعري (وغير الشعري) يفضي بأسراره من غير قلق أو تصدع، ولكن العودة إلى الماضي لم تقدر على التخلص من أثر الذات الكاتبة، في استيقاظ إحساسها بعدم التوافق بين حاضرها وماضيها أساسا، مهما كان شحوب هذا الأثر"[5].

فهي عودة إلى الماضي ولكن مشروطة بأثر الذات الكاتبة، إذ أن هذا الأثر الشخصي لا يمكن إغفاله في العناصر البانية للنص الشعري، على اعتبار أن المفهوم الشعري في العصر الحديث له ابدالاته .

أولاً – المفهوم الشعري

لاشك في أن الشاعر محمود سامي البارودي، قد قام بدور إحيائي للشعر العربي، واستطاع أن يكون بداية فعل شعري له خصوصية، مقارنة بالنص الشعري السائد في عصره، أو ذلك الذي أنتج في عصر "الانحطاط"، وهذه البداية هي التي أدت إلى تسمية البارودي بـ"شاعر النهضة"، ويمكن أن نرد ذلك إلى اعتبارات أوجزها أدونيس فيما يلي:

أ-   **الاعتبار القومي:** فقد كان وجود شعر يذكر العرب بتراثهم الشعري القديم سبيلا إلى الاعتزاز بالذات من جهة ، وإلى الشعور باستمرار هذا التراث وتفوقه من جهة ثانية، وكان في شعر البارودي ما يحقق ، من وجهة النظر التقليدية ، هذا كله .

ب- **اعتبار الفصاحة كخاصية عربية:** وكان شعر البارودي أيضا استعادة للفصاحة العربية، بشكلها الكلاسيكي، مما جعل العربي يعتقد أنه شعر يقضي على ما سمته النظرة التقليدية بالركاكة، فيما يتعلق بالنتاج الشعري الذي حاول أصحابه فيه أن يتخلصوا من تقليد النماذج العربية القديمة .

ج- **اعتبار المحاكاة:** وترى النظرة التقليدية أن للشعر العربي، كما استقر في الجاهلية، خصائص مطلقة لا تتغير، وأن مهمة الشعراء اللاحقين هي التمسك الكامل بهذه الخصائص ورأت في شعر البارودي نموذجا قويا يحاكي هذه الخصائص

وانطلاقا من الاعتبارات السابقة، نتأكد أن البارودي قارئ للتراث الشعري العربي وجامع له من مصادره، وضمن الرؤية الإحيائية ينهض البارودي بالشعر العربي، من خلال مختاراته التي أراد أن يكمل بها ما تقدم من مختارات وبخاصة "الحماسة" لأبي تمام، حيث إن المختارات السابقة، قد تعرضت للجاهلين والإسلاميين، ولم تتعرض حماسة أبي تمام للعباسيين.

ويبدو أن البارودي كان مفتونا بالشعر العباسي، مما يؤدي بنا إلى القول أنه يصدر في إعجابه عن ذوق شخصي، وفهم عميق للشعر، وقد أثرت في طبيعة اختياره الثقافة السائدة.

ونظرة عصره إلى الشعر والشاعر، ومن ثم كان يميل إلى مذهب السهولة والابتعاد عن التعقيد والإغراب، فالبارودي رجع بالشعر إلى أساليبه القديمة الرصينة وإلى مفهومه على أنه نسيج في منتهى الإجادة، وبلاغة أسلوب، تجعل المعاني قريبة المأخذ واضحة .

وأعلن البارودي في مقدمة ديوانه عن مفهومه، للشعر حيث يقول : وبعد فإن الشعر لمعة خيالية يتألق وميضها في سماوة الفكر، فتبعث أشعتها إلى صحيفة القلب، فيفيض بلألائها نورا يتصل خيطه بأسلة اللسان، فينفث بألوان من الحكمة ينبلج بها الحالك، ويهتدي لدليلها السالك، وخير الكلام ما أتلفت ألفاظه ، وأتلفت معانيه وكان قريب المأخذ، بعيد المرمى، سليما من وصمة التكلف بريئا من غشوة التعسف، غنيا عن مراجعة الفكرة فهذه صفة الشعر الجيد [6]

ويقول أيضا في تعريفه للشعر " وللشعر رتبة لا يجهلها إلا من جفا طبعه، ونبا عن قبول الحكمة سمعه، فهو حلية يزدان بجمالها العاطل، وعوذة لا يتطرق إليها الباطل، ولقد كنت في ريعان الفتوة، واندفاع القريحة بتيار القوة، ألهج به لهج

الحمام بهديله، وآنس به أنس العديل بعديله، لاتذرعا إلى وجه أنتويه، ولا تطلعا إلى غنم احتويه، وإنما هي أغراض حركتني، وإباء جمح بي، وغرام سال على قلبي، فلم أتمالك أن أهبت، فحركت به جرسي، أو هتفت فسريت به عن نفسي، كما قلت :

تكلمت كالماضين قبلي بما جرت	به عادة الانسان أن يتكلما
فلا يعتمدني بالاســاءة غافل	فلا بد لابن الايك أن يترنما .. [7]

فالمتأمل في القول الأول، يجد أن البارودي يؤكد على أن الشعر لمعة خيالية، وعلى أنه نور، مرتبط بالعقل والحكمة وهذا النور يفيض على القلب، وينبثق الصوت بالكلام الحكيم، الذي يستدل به السامع – القارئ. لاشك أن مصدر الشعر في مفهوم البارودي نور غير حسي، والنص الشعري في هذا المنظور مخصوص بالطبع ووضوح الخيال، وله وظيفة الاتصال والتبليغ، تبليغ الرسالة، رسالة الحكمة والنور .

ويركز البارودي على عمود الشعر وآليات إنتاجه الشعر، الذي يتسم بالطبع، وأن يكون قريب المأخذ سليما من وصمة التكلف،بريئا من عشوة التعسف، غنيا عن مراجعة الفكرة.

أما القول الثاني، يصف فيه الشعر الغنائي، وعلاقته بالتجربة الذاتية للشاعر، ثم تقليده طريقة الأقدمين، وهو يعلن انتماءه إلى الماضي، واتخذ تقليدهم مذهبا وصاغ شعره على طرائق من سبقوه .

ويبين محمد بنيس [8] أن الإطار النظري لمفهوم الشعر عند البارودي ذو مصادر ثلاثة :

أ- **مصدر ديني :**

فالشاعر حينما يقول، فهو يقول النور الحكمي، وكلامه له سلطة وحضور وقداسة .

ب- **مصدر نقدي :**

الشعر خيال، تتطلب صناعته معرفة بأسرار الطبع والوضوح .

ج- **مصدر فلسفي :**

يعتمد المنطق في تقسيم مراحل نزول النور في صدر الشاعر، وانبعاث النور مرة ثانية في صيغة نطقية، كما يعتمد الفكر الاسلامي بخصوص ضبط العقل لجموح المخيلة في الشعر .

وهذه المصادر الثلاثة هي التي تحدد تصور البارودي لآلية انتاج الشعر من خلال مفاهيم النبوة والحقيقة والخيال في آن واحد. وهو تصور يتجاوز التصورات القديمة للشعر العربي .

وعلى الرغم من أن البارودي حاول وضع مفهوم للشعر يضفي عليه سمات الاختلاف، ولكن تبقى المرجعية التي يستند إليها ماضوية، فهو يأتي بالماضي إلى الحاضر، لا ليعيد انتاجه ضمن رؤية عصره الحديث، وإنما ليعطيه سلطة الحاضر، ومن ثم يمحي الحاضر في نصه، ويتحول إلى تقليد يستند إلى العقل وبذلك يصبح الشعر عملا تخيليا يتم في أحضان العقل .

واتخذ أحمد شوقي في شعره، مذهب أستاذه (البارودي) في التقليد، وقدم لديوانه الشوقيات بمقدمة أوضح فيها تعريفه للشعر، ونعرض – هنا – ثلاثة أقوال تعتبر مرجعية:

القول الأول: " فما زال لواء الشعر معقودا لأمراء العرب وأشرافهم. وما برح نظمه حبيبا إلى علمائهم وحكمائهم يمارسونه حق المراس، ويبنون كل بيت منه على أمتن أساس، موفين إجلاله حافظين خلاله مدنين إلى الأذهان خياله " .

القول الثاني: " اشتغل بالشعر فريق من فحول الشعراء جنوا عليه وظلموا قرائحهم النادرة وحرموا الأقوام من بعدهم، فمنهم من خرج من فضاء الفكر والخيال ودخل في مضيق اللفظ والصناعة. وبعضهم أثر ظلمات الكلفة والتعقيد على نور الابانة والسهولة. ووقف آخرون بالقريض عند القول المأثور القديم على قدمه فوصفوا النوق على غير ما عهدها العرب عليه وأتوا المنازل من غير أبوابها ودخلوا البيداء على سراب . وانغمس فريق في بحار التشابه حتى تشابهت عليهم اللجج ثم خرجوا منها بالبلل . وزعمت عصبة أن أحسن الشعر ما كان بواد

والحقيقة بواد فكلما كان بعيدا عن الواقع ، منحرفا عن المحسوس ، مجانبا للمتحمل كان أدنى في اعتقادهم إلى الخيال ، وأجمع للجلال والجمال، حتى نشأ عن ذلك الإغراق الثقيل على النفوس والعلو البغيض إلى العقول السليمة .

القول الثالث: " الحاصل أن إنزال الشعر منزلة حرفة تقوم بالمدح ولا تقوم بغيره تجزئة يجل عنها، ويتبرأ الشعراء منها إلا أن هناك ملكا كبيرا ما خلقوا إلا ليتغنوا بمدحه ويتفننوا بوصفه ذاهبين فيه كل مذهب آخذين منه بكل نصيب . وهذا الملك هو الكون . فالشاعر من وقف بين الثرى والثريا يقلب إحدى عينيه في الذر ويجيل أخرى في الذرى يأسر الطير ويطلقه، ويكلم الجماد وينطقه، ويقف على النبات وقفة الطل ، ويمر بالعراء مرور الوبل، فهناك ينفسح له مجال التخيل ويتسع له مكان القول . ويستفيد من جهة علما لا تحويه الكتب ولا تعيه صدور العلماء ومن جهة أخرى يجد من الشعر مسليا في الهم، ومنجيا من الغم، وشاغلا إذا مل الفراغ ومؤنسا إذا تملكت الوحشة. ومن جهة ثالثة لا يلبث أن يفتح الـلـه عليه، فإذا الخاطر أسرع والقول أسهل (...) أو لم يكن من الغبن على الشعر والأمة العربية أن يحيا المتنبي مثلا حياته العالية التي بلغ فيها إلى أقصى الشباب، ثم يموت عن نحو مائتي صحيفة من الشعر تسعة أعشارها لممدوحية والشعر الباقي وهو الحكمة والوصف للناس [(9)]".

يعرض علينا أحمد شوقي في قوله الأول، قراءة لآليات الانتاج الشعري عند العرب، المنتج والنص ومتلقيه، ويتم ذلك كله ضمن عيارات عمود الشعر.

وفي القول الثاني يوجه نقدا للنص السائد، ولكل خصائص النص الشعري الذي يأتي بالماضي، ولقد وقف هؤلاء الفحول عند القول المأثور القديم على قدمه . وقد انعكس ذلك على متلقي الشعر، إذ اصبح الشعر ثقيلا على نفسه .

بينما في القول الثالث، يتطرق لوظيفة الشعر، فهو يقوم بتقويض غرض المديح، الذي يعتبر أحد المكونات الأساسية في القصيدة العربية ، ويطرح تصورا مغايرا، ينطلق من رؤية كونية، تذهب بعيدا بالشاعر، في الفكر والخيال والمتعة، ويوجه انتقادا إلى المتنبي باعتباره رمز الشعرية العربية القديمة، وهذا الوعي بضرورة تجاوز النص الماضي، متأت من نور السبيل يوم كان في فرنسا،

وتعرف على الآداب الأوروبية والتطور الذي شهدته . فأدرك أن الشعر العربي بحاجة إلى تغيير .

ولكن هذا التغيير مشروط، لأن السلطة لا تريد من الشاعر أن يصبح مبدعا، وإنما أن يبقى مداحا، مادام " القوم في مصر لا يرون من الشعر إلا ما كان مدحا ".

إن صناعة الشعر عند أحمد شوقي مسؤولية، وهبة إلهية ، لذلك يدعو إلى " إتقانها بقدر الإمكان وصونها عن الابتذال " . وما دام الأمر كذلك، فهو يخضع هذه الصناعة إلى العقل، ولا يبتعد بها الخيال عن طبعها ووضوحها .

إن تعريف شوقي للشعر متناقض، حيث يظهر مفهومه غير متماسك من حيث المرجعية، تارة ينتقد النص الذي دخل في مضيق اللفظ والصناعة، وتارة أخرى يدعو إلى ممارسة الشعر، حق المراس ، وأن يكون بناؤه على أمتن أساس، موفين إجلاله حافظين خلاله مدنين إلى الأذهان خياله .

ومن خلال طرحه هذا يستهدف تأطير ممارسة شعرية في مفهوم الشعر على حد قول محمد بنيس، فيما يلي :

أ)- الشعر عند شوقي هبة سماوية، وبها يكون نبوة .

ب)- الشعر صناعة قواعدها في الشعر العربي القديم.

ج)- الشعر خيال يضبطه المعقول .

د)- أجود الشعر هو المطبوع، صناعة وخيالا .

هـ)- ميزة الشعر الوضوح، وبه تثبت حقيقته. [10]

إن مفهوم الشعر عند البارودي وشوقي، متقاربين، لأنه يرسخ الممارسة الشعرية الماضوية وخصائصها، سواء الصوت أو المعنى المسبق أو الخيال المعقول .لأن رؤية هذا الموقف تقوم على العودة إلى القديم .

ثانياً - بناء القصيدة

كان النص الشعري القديم، يقوم على وحدة البيت، على المعنى الموقوف بالوزن والقافية، وهو من هذا التحديد ذو بنية تامة. لذلك إهتم النقاد القدماء بوحدة البيت، على اعتبار أنه بداية التقصيد والقصد، فالبيت " حيز مقطعي من حيث هو سلسلة من الكلام الملفوظ ولكنه في حقيقته الفنية فضاء صوتي يستحيل إلى فضاء موسيقي.. [11]

وهذا البناء البيتي يرجع إلى ضرورات إنشادية وسماعية لذا يصف ابن رشيق البيت من الشعر " كالبيت من الأبنية : قراره الطبع وسمكه الرواية، ودعائمه العلم، وبابه الدربة، وساكنه المعنى، ولا خير في بيت غير مسكون .. وصارت الأعاريض والقوافي كالموازين والأمثلة للأبنية، أو كالأواخي والأوتاد للأخبية، فأما سوى ذلك من محاسن الشعر، فإنما هو زينة مستأنفة ولو لم تكن لا ستغني عنها .. [12]

يعرف ابن رشيق البيت في سياق العناية ببنائه مفردا وشروطه، الطبع والرواية والعلم والدربة والمعنى، إضافة إلى الوزن والقافية .وهذا الموقف الذي يكرس وحدة البيت واستقلاله، متأت من قواعد عمود الشعر الثلاث الأولى، شرف المعنى وصحته وجزالة اللفظ واستقامته، والإصابة في الوصف إذا اجتمعت تكون سببا في كثرة سوائر الأمثال وشوراد الأبيات .

ويرى يوسف بكار" إن إستحسان أبيات مفردة لا يمكن أن يتخذ وحده دليلا على إيمان بوحدة البيت أو يتخذ مبدأ ومقياسا.. [13] وهذا يعني أن وحدة البيت أمر فرضته على القدماء طبيعة المسائل التي كانوا يعالجونها في مجال الرواية والشاهد والمثال وبيت القصيد.

وأرجع نجيب محمد البهبيتي المسألة إلى الايجاز الذي هو صفة الشخصية العربية فقال فالشاعر يكتفي بالبيت عن القصيدة ، وبالعبارة القصيرة عن البيت وباللفظ إن وفت العبارة ،وقد أحس المتأخرون بقيمة هذه الخاصية، من خصائص الشعر القديم، إحساسا دفعهم إلى الغلو فيها حتى جعلوا البيت وحدة الشعر

العربي، وكرهوا فيه أن يكون معتمدا على غيره، مع أن هذا لم يكن شأن الجاهليين. [14]

ويؤكد جمال الدين بن الشيخ في تحليله لهذه المسألة على أن القصيدة سلسلة متصلة، ومجموع يندرج ضمنه البيت[15] وتنشأ حركة تكمن في تدفق اللفظ، الذي يجلب المعاني المتجاورة الواحدة تلو الأخرى، ويستنتج أن البيت العربي ليس مستقلا لأنه لا يتوفر على أي رابط مع الذي يليه، بل لأن بإمكانه أن ينسلخ عنه دون أن يصيبه بتر، وهنا يكمن فرق واضح.. [16]

لاشك أن البيت الشعري مر بإبدالات عدة في مسار الشعر العربي من الشفوية إلى الكتابة، والشعر التقليدي على الرغم من تمثله للنص المركزي، فهو يمارس فعل الخروج على البيت الذي يوصف بالاستواء والاعتدال والانفصال وتساوي الوحدات العروضية وتمام الوزن والقافية.

ويعيد محمد بنيس بناء تصور آخر للبيت، يتجاوز أزمته من حيث المفهوم والممارسة، لذا يعرفه بقوله " إن البيت بناء متفاعل أساسه الإيقاع، ضمن أبيات أخرى لوحدة أو وحدات لغوية بسيطة أو مركبة يوقفها سطريا فراغ فريد في حال اتصالها وأكثر من فراغ في حال انفصالها.. [17]

وهذا التصور يعمل على ضبط كل العناصر النصية للبيت ومظاهرها الخطية أو الطباعية المتعددة، فيخرج بذلك عن العناصر السمعية .

إن أغلب الشعر التقليدي يعتمد البنية السمعية، ورغم ذلك نستطيع القول أن نشره مطبوعا، قد غير من طبيعة البيت ووظيفته النصية .

بهذا يكون بناء القصيدة في الشعر التقليدي، مؤسس على البيتية، وندرك أن الإستهلال هو مفتتح القصيدة، ومنطلق بنائها، لذا تعرض النقاد القدامى للإستهلال ووظيفته في القصيدة يقول ابن طباطبا " وينبغي للشاعر أن يحترز في أشعاره ومفتتح أقواله مما يتطير به، أو يستجفى من الكلام والمخاطبات. [18]

ويرى ابن رشيق في العمدة " أن الشعر قفل أوله مفتاحه، وينبغي للشاعر أن يجود ابتداء شعره، فإنه أول ما يقرع السمع، وبه يستدل على ما عنده من أول وهلة[19] .

ويشرح حازم القرطاجني وظيفة الاستهلال في القصيدة في قوله: وتحسين الاستهلالات والمطالع من أحسن شيء في هذه الصناعة، إذ هي الطليعة الدالة على ما بعدها المتنزلة من القصيدة منزلة الوجه والغرة، تزيد النفس بحسنها ابتهاجا ونشاطا لتلقي ما بعدها، إن كان بنسبة من ذلك . وربما غطت بحسنها على كثير من التخون الواقع بعدها إذا لم يتناصر الحسن فيما وليها.. [20]

وهذه الأقوال تركز على أهمية الإستهلال باعتباره بداية التقصيد والقصد، ووظيفته إقامة الاتصال وإرضاء المتلقي، لأن الابتداء في بناء القصيدة، هو رغبة السامع، ولم تلتفت هذه الأقوال إلى " أن الاستهلال عنصر بنائي للنص بكامله، ووظيفته نصية أساسا، لأنه القالب الذي تصبح أبيات القصيدة مجبرة على الخضوع لقوانينه . [21]

ويمكننا أن نرصد التصريع بوصفه قانون بناء الاستهلال، إذ أن الشعراء في بناء القصيدة العربية، كانوا يحترمون عن طواعية قاعدة التصريع، لأنها تتعلق بإثارة انتباه المستمع إلى القافية التي وقع عليها الاختيار.

لذا يقول قدامة بن جعفر" أن يقصد لتصيير مقطع المصراع الأول في البيت الأول من القصيدة مثل قافيتها، فإن الفحول المجيدين من الشعراء القدماء والمحدثين يتوخون ذلك ولا يكادون يعدلون عنه... [22]

وقد إلتزم أبو تمام بقاعدة التصريع حتى في القطع القصيرة التي ليست قاعدة التصريع ضرورية فيها، فالتصريع عند قدامة يشمل التسجيع والتقفية معا [23]

وهـذا يعني " أن الشعر يقوم على مبدأ تكرير وحدات متساوية مع مواقع معينة من البيت، أو في مواقع متعددة، منها ما هو مشترك بين جميع الأبيات، ومنها ما يختص ببعضها وفي مقدمتها الاستهلال .. [24] .

إن البيت يتجه من خلال التصريع، للبحث عن إيقاعه، على اعتبار أن الشاعر يبني البيت على قافية أرصدها له،وإذا أنشد صدر البيت عرف ما يأتي به في قافيته. وهذا ما يحقق للشاعر حسن النظم، لأن الوزن مشتمل على القافية وجالب لها ضرورة.وهذا القانون موجود في البيت التقليدي، حيث أن شعر أحمد

شوقي ينزع نزعة جدية إلى تطبيق هذا الشرط، إلى جانب بقية الشروط في بناء القصيدة وفق عيارات عمود الشعر. وإذا أخذنا القصائد التي يمكننا أن نخضعها لهذا القانون وهي321 قصيدة نجد96 منها،أي ما يقارب الثلث لم يرد فيه الاستهلال مصرعا(25). وأغلب القصائد التي لم يصرع فيها شوقي، إما قصيد عادي أو أنه لم تصل ابياته المعدل المطلوب (31 بيتا)، وهذا يثبت نزعة الشاعر إلى احترام التصريع .

وهذا ما يؤكد أن أحمد شوقي في ممارسته للتصريع لم يخرج على ما هو متعارف عليه في الشعرية العربية، رغم أن المحدثين في أغلبهم لا يبالون بالتصريع في استهلال قصائدهم .

واستخدم شوقي التصريع في شعره بكثرة وهذه أمثلة من شعره :

همت الفلك واحتواها الماء

وحداها بمن نقل الرجاء

* * *

ولد الهدى فالكائنات ضياء

وفم الزمان تبسم وثناء

* * *

أما في قصيدة "صدى الحرب" (26) فقد استخدم التصريع بكثرة وليس في استهلال القصيدة وحسب، وإنما في متن القصيدة، وتعتبر من قصائده الطوال ، إذ بلغت أبياتها 260 بيتا .

بسيفك يعلو الحق والحق أغلب

وينصر دين اللـه أيان تضرب

* * *

حسامك من سقراط في الخطب أخطب

وعودك من عود المنابر أصلب

* * *

ملكت سبيليهم ففي الشرق مضرب
لجيشك ممدود وفي الغرب مضرب

* * *

تحذرني من قومها الترك زينب
وتعجم في وصف الليوث وتعرب

* * *

وما راعني إلا لواء مخضب
هنالك يحميه بنان مخضب

* * *

وأشمط سواس الفوارس أشيب
يسير به في الشعب أسمط أشيب

تجيء قصائد شوقي على عروض الخليل، وتحافظ على وحدة الوزن والقافية، والناظر في توزيع البحور على قصائد "ديوان الشوقيات" يلاحظ أن الكامل في مظهريه التام والمجزوء قد أقام عليه 115 قصيدة من 360، علما أن قصائده على الكامل طويلة ،[27] أما بقية البحور المستخدمة وعددها 10 فكانت في أربع مراتب عامة :

1- الرجز في المرتبة الثانية منفردا بعد الكامل .

2- ثم الوافر فالخفيف فالبسيط فالرمل .

3- ثم الطويل فالمتقارب فالسريع .

4- ثم المتدارك، والمجتث فالهزج.[28]

ويسجل محمد الهادي الطربلسي بعض الخصائص في شعر شوقي :

1- أن البحر الكامل مع شوقي أرفع نسبة (31%) من كل نسبة في الأشعار القديمة والحديثة.

2-أن نسبة استخدام بحر الرجز في شعره مرتفعة(12%)، وهو مخالفة للاتجاهات القديمة والحديثة، ولعله بهذه النسبة المرتفعة يرجع بنا إلى واقع كان عليه الشعر العربي في نشأته الأولى.

3- بدا الرمل ضعيف الاستخدام في الشعر القديم، ولكن الشعر الحديث ينهض له نهضة كبيرة، ونعتبر نسبته التي كان عليها في شعر شوقي (8.37%) ممثلة لمعدل الاتجاه إليه في الحديث .

4- تعد نسبة الطويل أرفع نسبة في القديم، ولكن نزعتها إلى التأخر بدت ملحوظة في الحديث، ونسبة استخدام الطويل في شعره(6.48%) من أضعف النسب الحديثة.[29]

يفضي بنا ذلك إلى أن شعر شوقي ينزع إلى التقليدية في اختيار بحوره الشعرية، وبملازمته النسب القديمة في استخدام بعض البحور .

إن القافية في شعر شوقي لا تختلف في مظاهرها العامة عنها في شعر القدماء . وإذا صنفنا قوافي شوقي حسب تواترها، كانت كالتالي :

	نسبة الأشعار
- ذات المجرى المكسور	33.8%
- ذات المجرى المفتوح	29.5%
- ذات المجرى المضموم	20.8%
- المجردة من المجرى	15.5%[30]

ونرى نسبة استخدام المجرى المفتوح في شعر شوقي تقدمت كثيرا على ما كانت عليه في القديم، وتقهقرت نسبة استخدام المجرى المضموم كثيرا، وتؤكد لنا صحة هذا الاتجاه في القديم احصائيات جمال الدين بن الشيخ[31]

	الكسرة	الضمة	الفتحة
- أبو تمام	51%	23.5%	14.5%
- البحتري	55%	27.5%	14.5%
- الأغاني	46%	29.5%	20%

إن الإحصائيات التي اعتمدناها في تحليلنا لبناء القصيدة في الشعر التقليدي، الهدف منها التعرف على مرجعية هذا النص والتي هي بالأساس مرجعية ماضوية، تعيد انتاج النص الأول، ولكن لا يعني هذا أن النص التقليدي لا يمارس عملية الإبدال، فهو يؤكد أن الشعرية العربية متعددة في الممارسات النصية.

تنتمي قصائد أحمد شوقي من حيث البناء النصي، إلى تقاليد شعرية مبنية على الشفوية والسماع، لذا كانت قصائد شوقي جملة طويلة، ولهذا الطول وظائف نصية، حيث " سئل أبو عمرو بن العلاء : هل كانت العرب تطيل؟ فقال: نعم ليسمع منها، قيل: فهل كانت توجز؟ قال: نعم، ليحفظ عنها، قال: وقال الخليل بن أحمد: يطول الكلام ويكثر ليفهم، ويوجز ويختصر ليحفظ: وتستحب الاطالة عند الاعذار، والانذار، والترهيب، والترغيب، والاصلاح بين القبائل كما فعل زهير، والحارث بن حلزة، ومن شاكلهما، وإلا فالقطع أطير في بعض المواضع والطوال للمواقف المشهورات..
⁽³²⁾

ونلحظ أن شعر شوقي والتقليديين عموما، من حيث بناء القصيدة، يعمدون إلى الإطالة في القول، وهي دلالة العودة إلى الأصل، على اعتبار أن وظيفة النص تواصلية، لأن العرب كانت تطيل ليسمع منها وقد أدى الطول إلى إعادة بناء المكان النصي في القصيدة حتى وإن كانت مبنية على البيتية، حيث نجد البياض يفصل مجموعة من الأبيات عن بعضها، وقد اعتمد شوقي هذا العنصر في بناء نصه، وهو موجود في كل قصائده الطوال⁽³³⁾ .

إن الكتابة استبعدت بيت التخلص من القصيدة التقليدية، فلجأ الشاعر إلى الفراغ كعنصر أساس في بناء النص، حتى يعيد تنظيم القصيدة وفق تجربته، وبلاغة المكتوب .

لم تكن القصيدة عند القدامى، تعرف بتسمية وإنما كانت تعرف بحرف رويها وصاحبها، وتتميز هذه التسمية بالفردية، فهي اختيار نص لشاعر لتصبح علامة عليه .

لذا يعتمد أحمد شوقي في عنونة قصائده، على نموذجين :

- **الأول:** هو إثبات مطالع القصائد، في الفهرس، وهذا النمط استخدمه البارودي من قبله. ⁽³⁴⁾

- **الثاني:** هو إثبات العنوان أو العنوان الفرعي، وبذلك خطا شوقي خطوة نحو هوية النص .

ثالثاً - النص الغائب

إن شعرية شوقي أثارت جدلا نقديا، متعلقا بمدى أهمية التقليد، خاصة فيما يخص معارضته لعدد من النصوص الشعرية القديمة، ومن ثم خضع شعر شوقي للقراءة، من منطلق السؤال: هل أعاد شوقي للمعارضات في العصر الحديث تقاليدها ؟ أم أعاد كتابة وقراءة تلك النصوص من منظوره ؟ الملاحظة العامة أن شوقي لم يحترم التخطيط المتبع في القصائد التي يعارضها، ولا يتقيد بموضوعاتها. فقد كانت موضوعاته تنزاح من النص الغائب، ومن زمنه إلى موضوعات عصره، وهذا يبين أنها قائمة على فكرة المنافسة .

لذا يقول تودوروف "ثمة خطأ فاضح يكمن في اعتبار النص المعارِض (بكسر الراء) كقابل للتعويض بالنص المعارض (بفتح الراء). فنحن ننسى أن العلاقة بين النصين ليست من نوع التكافؤ البسيط ولكنها تعرف تحولا كبيرا خاصة وأن اللعب بالنص الآخر، لا يمكن أن يطمس في جميع الحالات.. "[35]

إن النص يحمل في بنيته مجموعة من النصوص الغائبة، فالذات الكاتبة، تحقق لنفسها كتابة مغايرة، ومن ثم فالعلاقة بين النص المعارض (بكسر الراء) والنص المعارض (بفتح الراء) هي علاقة مغايرة، حتى وإن كان التأثير موجودا، فإن لكل نص خصوصية .

لذا يحدد محمد بنيس[36] ثلاث مراحل أساسية في كيفية التعامل مع النص الغائب :

1- **الاجترار :** وهي مرحلة يتعامل فيها الشعراء مع النص الغائب بوعي سكوني لا قدرة له على اعتبار النص إبداعا لا نهائيا، فساد بذلك تمجيد بعض المظاهر الشكلية الخارجية، في انفصالها عن البنية العامة للنص كحركة وسيرورة .

2- **الامتصاص :** وهي مرحلة أعلى من قراءة النص الغائب، وهو القانون الذي ينطلق أساسا من الإقرار بأهمية هذا النص، وقداسته ، فيتعامل وإياه كحركة وتحول، لا ينفيان الأصل، بل يساهمان في استمراره كجوهر

قابل للتجديد، ومعنى هذا أن الامتصاص لا يجمد النص الغائب، ولا ينقده، بل يعيد صوغه فقط وفق متطلبات تاريخية لم يكن يعيشها في المرحلة التي كتب فيها، وبذلك يستمر النص غائبا، غير ممحو، ويحيا بدل أن يموت .

3- **الحوار:** فهو أعلى مرحلة من قراءة النص الغائب، إذ يعتمد النقد المؤسس على أرضية عملية صلبة، تحطم مظاهر الاستلاب مهما كان نوعه وشكله وحجمه، لا مجال لتقديس كل النصوص الغائبة مع الحوار، فالشاعر لا يتأمل هذا النص، وإنما يغيره، يغير في القديم أسسه، وبذلك يكون الحوار قراءة نقدية علمية .

هكذا تتسع الرؤية في معرفة حدود الخطاب وتجلياته، ونكتشف قدرة الشاعر على مباشرة الحوار مع نصوص غائبة، ولمعاينة طبيعة القراءة التي مارسها شوقي نقف عند نموذج وهو قصيدة " الله أكبر، كم في الفتح من عجب " [37] التي عارض فيها بائية أبي تمام .

نجد أن قصيدة شوقي قد اشتركت وقصيدة أبي تمام، في 42 مقطعا من 71 بنسبة 59%، وأضاف شوقي سبعة عشر بيتا على قصيدة أبي تمام (واحد وسبعون بيتا فقط) .

الملاحظ أن قصيدة أبي تمام انبنت من سلسلة واحدة، بينما قصيدة شوقي تتركب من سلسلتين يفصل بينهما بياض، وهذا التقسيم من مقتضيات العصر الحديث .

تتباين القصيدتان من حيث الموضوع، وعناصر البنية وتركيبها، إذ أن البنيات الجزئية في قصيدة أبي تمام تتمحور حول الرؤية التحليلية للفرق بين الكلام والفعل (الكتب والسيف) بين الإيديولوجيا والواقع . عمورية والمعركة، والمقارنة بينها وبين غزوة بدر [38] .

أما البنيات الجزئية في قصيدة شوقي، تعتمد المدح من خلال الشبه (بين خالد الترك وخالد العرب)، والحرب والسلم، وتشبيه معارك مصطفى كمال بغزوة بدر، ونشوة العالمين الإسلامي والعربي بالنصر. فهذه العناصر، تختلف في

سياقها من نص إلى آخر، فهي بنيات أساسها النمو والتكامل والانسجام في قصيدة أبي تمام، بينما تعتمد قصيدة شوقي تركيبا ينشأ منه التنافر والتراكم [39].

وكل هذه الفروق تؤكد التبدلات التي حدثت لقصيدة أبي تمام، عندما هاجرت إلى قصيدة شوقي.

تمثل قصيدة شوقي عودة شعرية للماضي، بكل قيمه وجمالياته، وكانت قصيدة أبي تمام ذروة تجربته الشعرية، واكتمالا لعملية التجاوز التي كان يمارسها، وعليه يتضح لنا من التحليل أن أبا تمام " يمارس الحرب داخل النص كما هي خارجه، فهذا العنف والتمزيق والهدم في القصيدة نقل شعري غير مباشر لواقع موضوعي، يتقاطع مع حالاته الجسدية، إنه خرق اللغة والذات والمجتمع [40]

ويقف شوقي في قصيدته على المدح، ووصف المعركة، من خارج الذات، فهو يأتي بنص غائب، ليكون شاهدا على نصه، وبذلك افتقدت قصيدة شوقي ذاك الصراع بين الداخل والخارج، لأن ذات الشاعر كفعالية خلاقة غائبة، إن أبا تمام منتج، بينما شوقي مستهلكا.

نخلص إلى أن المعارضات في الشعر التقليدي صورة من صور المحاكاة، والإعجاب بالقديم وبصياغته الفنية . وهي في معظمها تنتمي إلى العصر العباسي، تستوعب الذاكرة الشعرية لتعيد إنتاجها .

إن قراءة شوقي للنص الغائب، مشروطة برؤية تستند إلى قانون الإجترار لأننا بصدد نص لا يستطيع أن يحاور أو يتجاوز النص الغائب، وإنما يعيد صياغته وبذلك يستمر بشكل آخر ولا يمكن أن تطمس معالمه .

هوامش الفصل الأول الباب الثاني

(1) أدونيس، الثابت و المتحول،ج3،صدمة الحداثة،دار العودة.بيروت. 1983. ص : 35 .

(2) علي المحافظة، الاتجاهات الفكرية عند العرب، الأهلية للنشر، بيروت 1983 ص:3

(3) أدونيس الشعرية العربية، ص : 85.

(4) محمد بنيس ، التقليدية (م . س) ، ص : 32 .

(5) محمد بنيس ، التقليدية (م . س) . ص : 71 .

(6) محمود سامي البارودي، ديوان البارودي، ضبطه على الجارم ومحمد شفيق معروف، المطبعة الأميرية، القاهرة، 1952، ص : 03 .

(7) المرجع السابق، ص : 05 .

(8) محمد بنيس ، التقليدية (م.س)، ص : 80 .

(9) أحمد شوقي، مقدمة الديوان، مجلة فصول، مجلد2، العدد 2، الهيئة المصرية العامة للكتاب، القاهرة ، 1983. ص : 269/267 .

(10) محمد بنيس ، التقليدية (م.س)، ص : 84 .

(11) عبد السلام المسدي، في جدل الحداثة الشعرية، كتاب الشعر ومتغيرات المرحلة، دار الشؤون الثقافية العامة، بغداد ، 1986، ص : 17 .

(12) ابن رشيق، العمدة ،ج1، ص : 121.

(13) يوسف بكار، بناء القصيدة في النقد العربي القديم، دار الأندلس ، ط2، ص : 346 .

(14) نجيب محمد البهبيتي، تاريخ الشعر العربي حتى أخر القرن الثالث الهجري، دار الكتاب العربي، بيروت ، ط3، 1967، ص : 78 .

(15) جمال الدين بن الشيخ، الشعرية العربية ، ص : 191 .

(16) المرجع نفسه ، ص: 191

(17) محمد بنيس، التقليدية (م.س)، ص : 128 .

(18) ابن طباطبا، عيار الشعر، تح طه الحاجري ومحمد زغلول سلام، المكتبة التجارية، القاهرة 1965 ص : 126 .

(19) ابن رشيق العمدة ، (م.س).ص: 215 .

(20) حازم القرطاجني، منهاج البلغاء ، ص : 309 .

(21) محمد بنيس، التقليدية.(م.س)، ص: 131 .

(22) قدامة بن جعفر، نقد الشعر ، (م.س)، ص : 86 .

(23) المرجع نفسه، ص : 90 .

(24) محمد بنيس، التقليدية (م.س)، ص : 131 .

(25) محمد الهادي الطرابلسي، خصائص الاسلوب في الشوقيات منشورات الجامعة التونسية، مجلد عدد 20، تونس 1981، ص : 52 .

(26) أحمد شوقي ، الشوقيات، المجلد الأول، دار الفكر (د.ت) ص : 58/42 .

(27) محمد الهادي الطرابلسي، خصائص الأسلوب في الشوقيات ، ص : 21

(28) المرجع نفسه، ص : 28 .

(29) محمد الهادي الطرابلسي ،(م.س)، ص: 32/31 .

(30) محمد الهادي طرابلسي (م.س)، ص : 39 .

(31) جمال الدين بن الشيخ،(م.س)، ص : 212 .

(32) ابن رشيق العمدة (م.س)، ج1، ص : 286 .

(33) أنظر، أحمد شوقي، الشوقيات ، مجلد 1، ص : 64/63/34/19/18/17 وغيرها .

(34) محمد بنيس، التقليدية .(م.س)، ص: 105 .

(35) تودوروف Poétique p34 ، نقلا عن محمد بنيس ظاهرة الشعر المعاصر في المغرب، دار العودة، ط1، بيروت، 1979، ص : 252 .

(36) محمد بنيس ، ظاهرة الشعر المعاصر، ص : 253 .

(37) أحمد شوقي، الشوقيات مج1، ص : 59 .

(38) محمد بنيس، حداثة السؤال، دار التنوير، المركز الثقافي العربي، ط1، 1985، ص: 105 .

(39) محمد بنيس، حداثة السؤال، ص: 106 .

(40) محمد بنيس، المرجع السابق، ص: 108 .

الفصل الثاني
شعرية الخيــــــال

أولاً - مركزية الذات

إن الممارسات النصية في الشعرية العربية ، سواء أكانت قديمة أو حديثة، تكشف عن تصور يعيد بناء هذه الشعرية ضمن رؤية لها إستراتيجية الإبدال النصي، وممارسة القطيعة بطريقة ضمنية أو علنية، ومن ثم الخروج من خصائص الشفوية إلى جسد الكتابة .

لاشك أن الذات الكاتبة عند الرومانسيين في العصر الحديث، استطاعت أن تكرس فعل الهدم على مستوى الذاكرة والنص .وتعلن عن مسار مغاير للتقليدية. وتؤسس لممارسة نصية تنزع نحو إبدال العلائق بين الإنسان وذاته، الإنسان وعقده الاجتماعي، الإنسان والكون، وضمن شمولية الفعل تظل آثار الاختلاف بارزة على جسد الكاتب والمكتوب.[1]

تكمن جذور الرومانسية في القرن الثامن عشر ، وذلك نتيجة لعملية تطور ممتدة، ومسار من الميول المتشابكة ذات أثر تراكمي، فظهر تصور ضد جعل الشعر(محض فن آلي)[2]. وجاءت حركة الحساسية لتزيح العقل، وتعتمد الحساسية الشعورية في القلب . ومن ثم إستدار القلب الحساس إلى الداخل ليتأمل في ذاته، وقد تبنى هذه النزوع الحركات الدينية، مثل أصحاب الطريقة في إنكلترا وأصحاب التقوى في ألمانيا، وكلا الفريقين يعظم من شأن العاطفة الدينية في ترانيم عبادة متوهجة، ويؤكد على دور الروح الفردية وعلى الرؤيا الحميمة .[3]

وهكذا يتراجع الجسدي أمام العاطفة ويبرز الفردي لذا يقول نوفاليس أن" الشعر في تعبيره عن الخصائص الفردية يتجاوز المعلوم إلى المجهول ، والواضح إلى

المستتر، والثابت إلى العرضي، فهو ينفذ إلى تمثيل مالا يستطيع تمثيله وإلى رؤية مالا يرى ".[4]

فأضمحلال نظام الكلاسيكية المحدثة قاد إلى الرومانسية التي كانت من حيث المبادئ في جملتها معارضة للمبادئ الكلاسيكية .

لذا يعرف فريد ريك شليكل الشعر الرومانسي في القطعة 116 في مجلة آثينا يوم فيقول: "الشعر الرومانسي شعر عالمي تقدمي، وقد قدر له أكثر من محض توحيد أنماط الشعر المختلفة .وربط الشعر بالفلسفة والبلاغة .وعليه أن يمزج ويصهر الشعر والنثر، النبوغ والنقد الشعر الفني والشعر الطبيعي ... بوسع الشعر الرومانسي وحده، مثل الملحمة، أن يكون مرآة العالم أجمع، صورة العصر، وهو يمتلك إمكانية أعلى تطور متعدد المستويات ليس من خلال التوسع الخارجي وحسب، بل من خلال التغلغل الداخلي كذلك، في مجال الفنون يكون الشعر الرومانسي بمنزلة الفهم من الفلسفة، ومنزلة الصفة الاجتماعية والصداقة والحب من الحياة .هو وحده اللامحدود، مثلما هو وحده الطليق تماما، متخذا قانونه الأول أن هوى الشاعر لا يحتمل أي قانون".[5] وكلما كان الشعر فرديا ويمثله الشعور وينشد الحقيقة، كان أقرب إلى صميم الشعر . لذا كانت العلاقة " المتمازجة والمتفاعلة بين الذات والكون، بين المركز والمحيط، هي ما يسم الفردية الرومانسية بالكونية واللانهائية" [6].

لقد نشأت الذات الرومانسية مناقضة تماما، للذات الكلاسيكية، واختطت لنفسها مسارا شخصيا، لذا كانت الحقيقة التي ينشدها الرومانسي ذات طابع ذاتي .

ومن ثم كان من الصعوبة تعريف الأنا الرومانسية وذلك يعود " لتقلباتها وللانهائية حالاتها. وهي بالتالي عصية على الاختزال كما هي عصية على التنميط، أي منفلتة من الحتمية التجريبية، ومن المقولات العقلية التي كانت تسيح الفاعليات الفردية وتخضعها للاستتار والقمع المستمر[7] وهكذا اتخذت هذه الأنا دورا حيويا ومركزيا في الشعر الرومانسي بوصفها مجال إنتاج المعرفة الكلية المشرعة على اللانهائي، من خلال سلطة الحلم، الذي هو بالأساس فردي .

إن الرومانسية الأوروبية ومشروعها الذي يستند إلى رؤية فلسفية شمولية، هاجرت إلى الثقافة العربية الحديثة، ولكنها لم تخترق بنية هذه الثقافة، وظلت الرومانسية العربية مرتبطة بمفهوم الثورة على التقليد، وأعلن النص الشعري العربي الرومانسي عن مسار مغاير للشعر التقليدي، عرف كيف يتوحد في تصور نظري وممارسة نصية يمنحانه حدود الاختلاف عن السائد الشعري" [8].

وعلى الرغم من أن الرومانسية العربية، لم تستطع توسيع مجال الهدم، فإنها أعلنت عن رؤية مغايرة لمفهوم الشعر والشاعر، ووجهت نقدا للنص التقليدي السائد، يقول عباس محمود العقاد في نقده لشعر شوقي فأعلم، أيها الشاعر العظيم، أن الشاعر من يشعر بجوهر الأشياء لا من يعددها ويحمي أشكالها وألوانها. وأن ليست مزية الشاعر أن يقول لك عن الشيء ماذا يشبه وإنما مزيته أن يقول ما هو ويكشف لك عن لبابه وصلة الحياة به، وصفوة القول إن المحك الذي لا يخطئ في نقد الشعر هو إرجاعه إلى مصدره: فإن كان لا يرجع إلى مصدر أعمق من الحواس فذلك شعر القشور والطلاء، وإن كنت تلمح وراء الحواس شعورا حيا ووجدانا تعود إليه المحسوسات كما تعود الأغذية إلى الدم ونفحات الزهر إلى عنصر العطر فذلك شعر الطبع والحقيقة الجوهرية.." [9].

فالعقاد يؤسس لرؤية ومفهوم جديدين للشعر ويطرح مفهوما مغايرا للشاعر، وهذا من منطلق رومانسي يدعو إلى التغلغل الداخلي، والكشف عن الحقيقة التي تنتجها الذات.

وبناء على هذا التصور الجديد يرى العقاد أن في شعر أحمد شوقي " ارتفع شعر الصنعة إلى ذروته، وهبط شعر " الشخصية " إلى حيث لا تتبين لمحة من الملامح و لا قسمة من القسمات التي يتميز بها إنسان بين سائر الناس "[10] ويوضح العقاد تصوره أكثر للشعر محددا الفرق بين شعر " الصنعة " وشعر " الشخصية " في قوله: " إن الشخصية تعطيك الطبيعة كما تحسها هي لا كما تنقلها بالسماع والمجاورة من أفواه الآخرين وهذه هي الطبيعة وعليها زيادة جديدة، تطلبها أبدا لأن الحياة والفن على حد سواء موكلان بطلب " الفرد " الجديد أو النموذج الحادث، أو موكلان بطلب " الخصوص " والامتياز لتعميمه وتثبيته والوصول إلى خصوص

بعد خصوص وامتياز بعد امتياز [11] فالشاعر عند العقاد ينبغي أن يكون له إحساس يمتاز به، ومن خلاله يصور لنا الكون على صورة تناسبه. فإن لم يستطع هذا الشاعر أن ينقل إليك إحساسه بالشيء، كأنما تحسه أول مرة، لما أودعه فيه من شعور، فهو مجرد ناقل وصانع. [12]

وتبعا لذلك أصبحت وظيفة الشعر عند الرومانسيين هي:

1- توفير المتعة للقارئ عن طريق اشراكه في المتعة الوجدانية التي يحس بها الشاعر.

2- الكشف عن الحقيقة في أعمق صورها وأتمها [13].

ما من شك أن العقاد وصاحبيه المازني وشكري قد تأثروا بالرومانسية الإنجليزية، في نظرتها إلى الحياة، وفي موقفها من الشعر وشعراء الجيل السابق. ولكن هذا التأثر لم يكن تأثر تقليد وفناء، وإنما كان لتشابه " في المزاج واتجاه العصر كله (...) ومن تشابه في فهم رسالة الشعر والأدب [14]. وبذلك أصبح الشعر بعد شوقي يعنى بالإنسان و الطبيعة ، لأنه شعر الحياة والحقيقة والخيال .

ثانياً – المتخيل الشعري

إن الذات في الرومانسية العربية تتحقق عبر معرفة الآخر الأوروبي، وهذا يفرض بحثا متجددا في حالات تجربة الفرد مع ذاته .وبذالك يبني الحلم خطابه الفردي المتوجه نحو الخيال.، باعتباره حرية الذات .

إن الذات العربية في العصر الحديث، كانت تبحث عن انعتاقها و مسارها الشخصي، وهكذا اتخذ النص الشعري الرومانسي العربي، الخيال أداة استراتيجية في الممارسات النصية المختلفة . ويختلف الخيال في معناه بين التقليدية و الرومانسية، فهو عند التقليديين مرتبط بسلطة العقل، فيما هو عند الرومانسيين مناهض لهذا العقل .

إن نظرية الخيال في مستواها الأدبي، على نحو ما نجدها في التراث النقدي، وعلى نحو ما تمثلها الاحيائيون، هي صياغة نظرية تفسر ماهية الشعر ووظيفته، معتمدة على أساسين متداخلين، أولهما معرفي وثانيهما أخلاقي [15].

ومعنى هذا أن هناك فصلا حادا بين الذات والموضوع في الشعر التقليدي، وتصبح الذات في إطار هذه المعرفة، مجرد مستقبل لما يحدث،وتعمل مخيلة الشاعر في إطار الخيال المتعقل على أن تستخلص من صور الذاكرة ما يلائم الغرض وتطرح ما زاد على ذلك.."[16].

ومن ثم نلحظ أسبقية استعمال مصطلح "التخييل" في النقد والبلاغة والشعرية العربية، إذ أن العرب القدماء فهموا الشعر باعتباره عملية تخيلية، تتم في رعاية العقل .

بمعنى أن الشاعر يأخذ من القوة المتخيلة مادته الجزئية، ثم يعرضها على عقله، أو يتركها لما أسماه حازم بالقوة المائزة والقوة الصانعة، القوة الأولى تميز ما يلائم الموضع والنظم والأسلوب بما لا يلائمه، والقوة الثانية تتولى العمل في ضم بعض أجزاء الألفاظ والمعاني والتركيبات النظمية إلى بعض[17] .

فالتخييل - إذن - عملية ايهام موجهة، تفضي بالمتلقي إلى إتخاذ سلوك معين معروف قبلا، وهو يستخدم بمعنى التشكيل وقد يطال عملية التأليف الشعري كلها، بحيث لا يقتصر على التصوير أو علاقة الصورة بالواقع، ومن هنا تصبح كلمة تخييل مرادفة للمحاكاة بالمعنى الواسع [18].

وهجرة مصطلح التخييل من الفلسفة إلى حقل الشعرية والبلاغة، أوجد لنفسه نفس الحقل الذي نشأ فيه فلسفيا، حيث أدرج البلاغيون والنقاد العرب التخييل ضمن سياقهم النظري في فهم غاية ووظيفة الشعر، فكانت " الخصيصة غير المعرفية للشعر تجد في الكذب ما يقابلها، كما أن خصيصة المعقول والمحسوس في التخييل عثرت على صفتها التامة في الوضوح، وهما معا يستهدفان القارئ أساسا.." [19]

وعلى الرغم من أن التقليديين استندوا إلى التراث العربي ونظرياته النقدية والبلاغية، فإنهم أحدثوا إبدالا في مصطلح التخييل، وجاءوا بمصطلح الخيال، منذ البارودي الذي يرى أن الشعر لمعة خيالية .

وتحدث شوقي عن الخيال باعتباره تحليقا، وهذا التشبيه بحركة الطائر أو البراق، تعني أن "الخيال صورة أخرى لعالم الوقائع، قد يتباعد عنها كما يتباعد

الطائر أو البراق عندما يحلق بعيدا عن الأرض، لكنه سيعود إليها حتما، سواء تباعد في تحليقه أو قرب.." [20]

ومن النادر أن نجد واحدا من الشعراء التقليديين يتجاوز هذا المفهوم في التراث العربي إلى الخيال في التصور الصوفي المسكوت عنه، واللا مفكر فيه.

إن الشعر خيال، على اعتبار أنه خصيصة النص الرومانسي، الذي يرتبط بمعطى خارجي هو الحقيقة، بعملية داخلية تعيد تأليف المعطى الخارجي.

وقد ترتب عن التصور الرومانسي مفهوم مغاير للخيال لذا يرى وليم بليك أن عالم الخيال "هو عالم الأبديةوأن القوة الوحيدة التي تخلق الشاعر هي الخيال أو الرؤية المقدسة، وإن الصورة الكاملة التي يبدعها الشاعر لا يستخلصها من الطبيعة، وإنما تنشأ في نفسه وتأتيه عن طريق الخيال.." [21] .

هذا التصور الجديد للخيال، كان نتيجة تحولات إيجابية في فهم طبيعة الفن، والثورة على رأي أرسطو الذي يعرف الشعر بأنه فن المحاكاة. وقد تعرضت هذه النظرية لإنتقادات ومراجعة في الفكر الأوروبي، إبتداء من توماس هوبز[22] الذي يقول إن " الخيال والذاكرة شيء واحد، يختلفان في التسمية لأسباب مختلفة"[23].

ويفسر داريدان الإنشاء الشعري في الأساس الذي عبر عنه هوبز، فيقول: " لذلك يكون من أول النعم في خيال الشاعر الإبتكار الحق ، أو إيجاد الفكرة، وثانيها التصور أو التنويع الذي يستنبط أو يشكل تلك الفكرة، وثالثها فن القول، أو فن إظهار تلك الفكرة وتزويقها، فحيوية الخيال تبدو في الابتكار، والخصوبة في التصوير، والدقة في التعبير.[24]. واستطاعت الرومانسية ترسيخ قيمها الجمالية ومفاهيمها النقدية، واهتمت أساسا بملكة الخيال وأعطتها عناية فائقة في دراسة الشعر .

وتتبلور نظرية كولردج في الخيال على وجهها الأكمل في كتابه" سيرة أدبية"، الذي نشر عام 1817، حيث يرى" أن الخيال له القدرة على الوصول إلى الوحدة المنطوية وراء الظواهر الحسية، وهذا الموقف من الخيال يرتكز في عملية الخلق على الشعور، وعلى أن الحقيقة لا يدركها العقل إلا بالحدس والخيال،

وعليه فهو يميز بين شعر الموهبة وشعر النبوغ على أساس التمييز بين التصور والخيال، فالتصور عملية ترابط، والخيال عملية خلق "[25].

ويقسم كولردج الخيال الحقيقي إلى نوعين: خيال أولي وخيال ثانوي، فالخيال الأولي هو القدرة التي تتوسط بين الإحساس والإدراك، وهو القوة الحيوية التي تجعل الإدراك الإنساني ممكنا، أما الخيال الثانوي فهو يشبه الأولي في نوع الوظيفة التي يؤديها، ولكنه يختلف عنه في درجة ونمط فعله، والفرق الأساسي بين هذين الخيالين أن الأولي غير إرادي، في حين يتصل الثانوي بالإرادة الواعية [26].

فالخيال في هذا التصور، قوة قادرة على الخلق والتوحد، وهو قوة تركيبة سحرية، في النص الشعري، ومن الواضح أن التلخيص العابر لا يمكنه أن يعطي هذه النظرية الجمالية الدقيقة ما تستحق .

لقد تحرر الخيال عند الرومانسيين العرب من سلطة المنطق، وأصبح هاجسا مركزيا في بناء النص الشعري، وأتخذ مسلكا مغايرا لما هو سائد .

وعليه يعرض جبران خليل جبران لرؤيته للخيال في كتابه " دمعة وابتسامة " من خلال نص عنوانه " ملكة الخيال " يقول فيه " دعوتك أيها الأنسي وأنا ربة مسارح الخيال وحبوتك المثول أمامي وأنا مليكة غابة الأحلام فاسمع وصاياي وناد بها أمام البشر، قل أن مدينة الخيال عرس يخفر بابه مارد جبار فلن يدخله إلا من لبس ثياب العرس قل: هي جنة يحرسها ملاك المحبة فلا ينظرها سوى من كان على جبهته وسم الحب . هي حقل تصورات أنهاره طيبة كالخمر وأطياره تسبح كالملائكة وأزهاره فائحة العبير فلا يدوسه غير ابن الأحلام، خبر الأنس بأني وهبتهم كأسا يفعمها السرور فهرقوها بجهلهم فجاء ملاك الظلمة فملأها من عصير الحزن فجرعوها صرفا وسكروا قل، لم يحسن الضرب على قيتارة الحياة غير الذين لمست أناملهم وشاحي ونظرت أعينهم عرشي فأشعيا نظم الحكمة عقودا بأسلاك محبي ويوحنا روى رؤياه بلساني، ولم يسلك دانتي..مراتع الأرواح بغير أدلتي، فأنا مجاز يعانق الحقيقة، وحقيقة تبين وحدانية النفس وشاهد يزكي أعمال الآلهة .قل إن للفكرة وطنا أسمى من عالم المرئيات لا تكدر سماءه غيوم السرور، وإن للتخيلات رسوما كائنة في سماء الآلهة تنعكس على مرآة النفس

ليعم رجاؤها بما سيكون بعد إنعتاقها من الحياة الدنيا. وجذبتني مليكة الخيال نحوها بنظرة سحرية وقبلت شفتي الملتهبتين وقالت:قل : ومن لا يصرف الأيام على مسرح الأحلام كان عبد الأيام.." [27].

لجأنا إلى هذا الاستشهاد المطول، حتى نتبين كيف يقدم جبران رؤيته للخيال من خلال ممارسته النصية، بعيدا عن التنظير الفلسفي، وإنما ينطلق من تجربة ذاتية أساسها الخيال، فهو يصور مشاهد للعذارى ينشدن، ويضربن على قيثارات من العاج، ويشاهد مليكة ظهرت من بين الأغصان الزاهرة، واستوت على العرش، فهبط إذ ذاك سرب حمام [28].

والمتأمل في هذا النص، يدرك أن جبران يدخلنا تجربة مدهشة، وإن شئت يأخذ بأيدينا لنتعرف على مدينة الخيال، والتي هي عرس يخفر بابه مارد جبار، وهي جنة يحرسها ملاك المحبة، وهي أيضا حقل تصورات أنهاره طيبة كالخمر وأطياره تسبح كالملائكة وأزهاره فائحة كالعبير.

فالمعجميات التي يستخدمها جبران تستدعي بعضها بعضا " حيث العرس كاحتفال أرضي يأخذ بعدا سماويا له الجنة والملائكة والمحبة، وفي هذا البعد السماوي يتحدد الخيال كتصورات من عالم سماوي، حيث المجاز يعانق الحقيقة، وحيث يكون للأفكار و طن أسمى من عالم المرئيات" [29]. تشكل هذه التواردات فيما بينها صورة للخيال كمجاز هو الحقيقة . والذين يدخلون مدينة الخيال (العرس، الجنة، الحقل)، هم أولئك المريدين من أنبياء وشعراء (أشعيا، ويوحنا المعمدان، ودانتي). ومن استراتيجية الهدم، التي يمارسها جبران على مستوى الرؤيا والممارسة النصية، يكرس مفهوم " الشاعر النبي " والتجربة الحية هي مصدر لإدراك العالم المليء بالأسرار والأحلام، فهذا التصور يقترب من التجربة الصوفية العربية، حيث أنها" تجربة تجافي العقل والمنطق والقياس، فيأخذ فيها (الخيال) وظيفة معرفية لها الكشف والتجلي، بل الخيال هو أساس المشاهدة لأنه برزخ بين المجرد والمحسوس وبدونه تبطل التجربة الصوفية، ويقتصر فهمنا عن إدراك النبوة وأسرار الكون." [30].

يعتبر كتاب " الخيال الشعري عند العرب "، لأبي القاسم الشابي بداية تحول في تحديث الشعر العربي، وطرح رؤية مغايرة تستند بالأساس إلى مفهوم الخيال الشعري ودوره في إنتاج النص، ويحدد الشابي منهجه في البحث فيقول: " إنما أريد أن أبحث في الخيال من ذلك الجانب الذي يتكشف عن نهر الإنسانية الجميل الذي أوله لا نهاية الإنسان، وهي الروح و اخره لا نهاية الحياة، وهي الـلـه. أريد أن أبحث في الخيال عند العرب من ذلك الجانب الذي تتدفق فيه أمواج الزمن بعزم وشدة، وتتهزم فيه رياح الوجود المتناوحة مجلجلة داوية جامحة، وتتعاقب عليه ظلمات الكون وأضواؤه، وأصباح الحياة وإمساؤها، ذلك الجانب الذي يستلهم ويستوحي، ويحيا ويشعر ويتدبر ويفكر، أو بكلمة مختصرة إنني أريد أن أبحث عند العرب على ما سميته خيالا شعريا أو خيالا فنيا.." (31)

يضع الشابي تصوره للخيال في ضوء المعرفة الرومانسية الأوروبية دون أن يصرح بها، فيقول:

1- إن الخيال ضروري للإنسان لابد منه و لاغنية عنه، فهو ضروري لروح الإنسان ولقلبه ولعقله وشعوره، لأن الخيال نشأ في النفس الإنسانية(32) .

2- إن أصل اللغة هو المجاز، لأن الإنسان الأول كان يستعمل الخيال في جمله وتراكيبه، ومن ثم فالأساطير والاعتقادات ذات صلة بنوعية اللغة التي يستخدمها الإنسان وهي نتيجة "هذا المجهود الخيالي العظيم الذي يبذله الإنسان لإرواء نفسه، وهو يحسب أنه الحق الأزلي الذي لا ريب فيه، وإلا فهل كان يطمئن إليه ويقيم له فروض العبادة وهو يعلم أنه من زخرف الخيال الشارد ووحي الأوهام المعربدة "(23).

ونلحظ أن الشابي يؤسس لنقله في المفاهيم والممارسة وبناء على ما تقدم نجده يقسم الخيال إلى قسمين :

- **القسم الأول :** يتمثل في إدراك سرائر النفس وخفايا الوجود، وهو يجسد اندماج الفلسفة بالشعر، والفكر بالخيال، ويسميه بـ(الخيال الفني) لأن فيه تنطبع النظرة الفنية التي يلقيها الإنسان على هذا العالم الكبير، ولأنه

أيضا يضرب بجذوره إلى أبعد غور في صميم الشعور لذا يطلق عليه (الخيال الشعري) [34].

- **القسم الثاني:** خيال يعبر به الإنسان عن ذات نفسه حين لا يجد لها مساغا في الحقيقة، ثم تطور فكان منه هذا النوع الذي نعرفه والذي ألفت فيه كتب البلاغة على اختلافها.

ويسميه (الخيال الصناعي) لأنه ضرب من الصناعات اللفظية، ويسميه أيضا بـ (الخيال المجازي) لأنه يستخدم المجاز، سواء قصد منه الإنسان المجاز ومفهومه في العصر الحديث، أم لم يقصد منه كما عند الإنسان القديم [35].

وينطلق الشابي من موقف ضدي وواضح إزاء الخيال الصناعي، الذي يتناول المجاز والاستعارة والتشبيه، لأن هذه المباحث في نظره جامدة وجافة ونفسه لا تحفل بها [36].

إن الشابي الشاعر والمنظر، يغزو السائد، وينتقد النص السالب، سواء أكان قديما أو حديثا، لأنه لايتضمن ذلك المجهود الخيالي العظيم الذي حدده في مسامرته، لذا فهو يدعو إلى " ألا ننظر إلى الأدب العربي كمثل أعلى للأدب الذي ينبغي أن يكون (...) بل يجب أن نعده كأدب من الآداب القديمة التي نعجب بها ونحترمها ليس غير، أما أن يسمو هذا الإعجاب إلى التقديس والعبادة والتقليد، فهذا مالا نسمح به لأنفسنا لأن لكل عصر حياته التي يحياها. ولكل حياة أدبها الذي تنفخ فيه من روحها القشيب " [37].

فهذه الرؤية تجاه الأدب العربي لها مرجعيتها، وهي تتجه إلى المركز لهدمه، على اعتبار أن العصر الذي يحياه الشابي، " يتطلب أدبا جديدا، نضيرا يجيش بما في الأعماق من حياة وأمل وشعور " [38].

لذا يرى أن كل ما أنتجه الذهن العربي في مختلف عصوره، ليس له من الخيال الشعري حظ ولا نصيب وسبب ذلك أن الروح العربية تتصف بخصيصتين هما : الخطابية والمادية [39]. وقد استمرتا عبر أزمنة مختلفة من تاريخ الأدب العربي.

إن إعادة قراءة الشعر العربي في كتاب الشابي " الخيال الشعري عند العرب، أكدت على أن الشعراء الرومانسيين العرب، كانوا يبحثون جديا عن نص لا يمثل المشترك والإجماع، وإنما يعبر عن الذات والجسد معا، وعلى الرغم من انتصار الشابي للخيال الشعري، إلا أنه لم يستطع أن يكتشف الخيال الصوفي في التجربة الصوفية العربية، ومن ثم كانت قرأته أسيرة النموذج الثقافي السائد، الذي لا يكف عن استبعاد هذه التجربة اللا مفكر فيها، وتكريس مفاهيم الرومانسية الأوروبية .

ثالثاً - الممارسات النصية

إن الصوت في الشعر الرومانسي، هو قبل كل شيء صوت فردي جدا، ومن ثم يجب أن نحلله بشكل فردي، لهذا ثمة عوامل عدة شجعت بشكل واضح تطور الشعر الغنائي في الرومانسية، وأول تلك العوامل وأهمها " المفهوم الجديد للخيال كقوة خلاقة محولة، جوهرية في العملية الفنية "[40]

لذا قامت الرومانسية الأوروبية على تمجيد الغنائية، بعبارة أخرى لم يعد الشعر الغنائي في الثقافة الأوروبية، "سوى جنس من الأجناس غير السردية وغير الدرامية، فهو بالتالي جنس وفي الحقيقة شكل ..."[41]

وبذلك تبنت الرومانسية الأوروبية التقسيم الثلاثي (الغنائي، الملحمي، الدرامي) إذ حل النظام الجديد، محل القديم سواء أكانت الثلاثية الأفلاطونية (السردي، المزدوج،الدرامي) أو ثنائية أرسطو (السردي، الدرامي) ويرى جيرار جينيت أن " باتو وشليجل يتفقان ظاهريا(وضرورة) في الاعتراف بأن " الأحاسيس " المعبر عنها في القصيدة الغنائية، إما أن تكون متصنعة أو أصلية . وبالنسبة لباتو يكفي أن تكون الأحاسيس متصنعة حتى يكون الجنس الغنائي بكامله خاضعا لمبدأ المحاكاة (ولنذكر بأن المحاكاة عند باتو وفي التراث الكلاسيكي لا يعني التصوير المطابق للأصل . وإنما هو حالة من الخيال وبالتالي: حاكى =ماثل) أما بالنسبة لشليجل فيكفي أن تكون الأحاسيس أصلية حتى يخرج الجنس الغنائي

عن مبدإ المحاكاة، وبالتالي يفقد هنا المبدأ دوره " كمبدإ وحيد " وبهذه الطريقة يتغير مجرى " شعرية " بأكملها مثلمايتغير مجرى " جمالية " بأكملها"[42] .

ان الغنائية - بوصفها جنساً - هي مصطلح جمالي أوروبي ، انتقل من أوروبا إلى خارجها.

ويرى محمد بنيس " أن الانقلاب في الشعر الأوروبي؛ من الملحمي و المسرحي قديما، ثم المسرحي في المرحلة الكلاسيكية التي يمثلها المسرح الكلاسيكي الفرنسي بتفوق معترف به، إلى الغنائية في المرحلة الرومانسية وما بعدها، هو مالم يفطن له شعراء التقليدية العربية"[43].

لذا نجد أحمد شوقي في ممارسته النصية، خاصة مسرحياته، لم يأخذ أصول الأدب المسرحي عن كاتب واحد، ولا عن مذهب بعينه، بل جمع بين عدة اتجاهات غربية، وأضاف إليها أخرى شرقية غربية [44] وعليه لم يكن شوقي يفرق أجناسيا بين ما هو غنائي ودرامي، لأنه على حد قول مندور " لم يكن يستطيع التحلل من طبيعته الغنائية أو من تراث قومه، أو يهمل عاملا قويا في نجاح مسرحياته أو يغض عن مزاج ذويه.." [45]

ويستند مندور في تحليله للشعر العربي إلى الغنائية، منطلقا من شعرية شوقي فيقول: "ومن المعلوم أن للرجل العربي،بل للرجل الشرقي عامة،خصائص تميزه عن الرجل الغربي،فالعربي محمول بفطرته على التأمل الروحي والنظر الأخلاقي.كما أن غذاءه الروحي كان الشعر الغنائي حتى ليخيل إلينا بمطالعة كتاب الأغاني وهو موسوعة بخصائصه الفنية المعروفة فحسب ، بل كان يلحن فعلا على ضروب الموسيقى ونغماتها.." [46] .

هكذا نرى أن لقاء الرومانسية العربية، بالرومانسية الأوروبية، قد أدى إلى إعادة قراءة الشعر العربي القديم من قبل الرومانسيين العرب، ومن ثم فرصة " لإعادة ترتيب شجرة نسب الشعر العربي الحديث، وهو يكتشف الموشحات التي تخلى عنها التقليديون العرب، ويكتشفون غيرها حتى وصل بهم الاستقصاء إلى الشعر الصوفي.." [47] .

يمكن القول بناء على ما تقدم من تصور، أن نصوص الرومانسية العربية، متعددة في الممارسة النصية، وهذا التعدد متأت من فعل الخروج الذي هو نتيجة للخيال، وبما أن الخيال يهدف أساسا إلى الحقيقة، أي حقيقة التجربة الإنسانية، وبذلك لم يعد الشعر، من هذا المنظور، يصدر عن مفهوم الكذب، وإنما يكشف عن حقيقة الداخل، الذي هو بؤرة الخيال الشعري، وهذا الموقف يستدعي الشاعر النبي، الذي يكون في إنتاج نصه رائيا، حتى يصبح نصه حديثا .

وتفضي بنا هذه المقدمات إلى قراءة النص الشعري الرومانسي، في الشعر العربي الحديث، من خلال التحولات التي تنفرد بها هذه النصوص التي لا تخضع " للنمط الأولي، بل تختار نموذجا مغايرا، شجرة نسبه تعود إلى الموشح، إلا أنه، مع الرومانسية العربية، خضع لإبدال قواعد لعبة عناصره مما أدخله حركية عليه كشكل قديم "[48] .

ويؤكد محمد بنيس [49] تحليله لبنية المتن الشعري الرومانسي العربي، على أن عملية الإفراغ والإبدال تظهر من خلال ما يلي :

1- **غياب الاستهلال :** ينعدم بيت الاستهلال في الممارسة النصية الرومانسية العربية، على عكس القصيدة التقليدية، وإحلال المقطع بكامله محله. وحذف هذا العنصر أعطى للقصيدة حركية، وانبثق عن هذه الممارسة المقطع كبنية قاعدية هي أساس النص بكامله .

ونتبين ذلك من مثال شعري لأبي القاسم الشابي :

ليت شعري
! أي طير

يسمع الأحزان تبكي   بين أعماق القلوب
ثم لا تهتف في الفجر   برنات النحيب

بخشوع، واكتئاب؟

* * *

لست أدري

أي أمر

أخرس العصفور عني / أترى مات الشعور

في جميع الكون، حتى / في خشاشات الطيور؟

أم بكى خلف السحاب ؟(50)

2- الإدماج: تعرض البيت الشعري، في الممارسة النصية الرومانسية العربية، لإبدال تخلى فيه الشاعر شيئا فشيئا عن تقسيم البيت إلى شطرين، وأصبح البيت على هذا النحو:

أيها الليل الكئيب !

أيها الليل الغريب !

من وراء الهول، من خلف نقاب الظلمات

في خلاياك تراءت لي أحزان الحياة

هاأنا أرنو فألفيك كجبار حطيم

ساكنا، جللك الحزن، وأضناك الوجوم (51)

خروج الرومانسية العربية، على نمطية النص التقليدي، هو خروج على الذاكرة وخصائصها النصية، والعودة إلى الموشح، وإعادة بنائه، "يعضد إمكانية الخروج على البيت الأب، لبناء نص له تجاوبه وتكامله الداخليان"(52).

وعليه ينتفي التماثل بين النصوص المتعددة في الشعر الرومانسي العربي .لأن الإبدالات التي لحقت البناء النصي، مست أكثر من عنصر في القصيدة النمطية .

لقد مارس الشاعر الرومانسي العربي، عدة أشكال شعرية لخرق صرامة القصيدة النمطية، وتجاوز الشعر التقليدي، حيث نجد " الشعر الحر" الذي يعتمد فيه الشاعر تنوع القافية والوزن، و" الشعر المرسل " حيث أن القصيدة فيه تبنى على وحدة البحر مع تحرير القافية، وهذه الأشكال استخدمها شعراء جماعتي " المهجر " و " أبوللو" .

وعرفت الرومانسية، بإختراق الحدود بين الشعر والنثر، وهدم الحوجز بين الأجناس الأدبية، ويؤكد جبران خليل جبران هذا المسعى، على صعيد الممارسة

الكتابية، إذ أنه يؤسس لنص منطلقه الرؤيا، التي يعرفها بأنها " تلك الرؤيا، تلك البصيرة، ذلك التفهم الخاص للأشياء الذي هو أعمق من الأعماق وأعلى من الأعالي .." [53]

فالرؤيا كشف وإبداع، وهكذا يتكون المعنى في الرؤيا، غامضا ومدهشا، ويصح أن نسمي جبران بأنه رؤيويا، ويخترق العالم المحسوس، ويمارس فعل الجنون بحثا عن عالم غريب وبعيد.

ويلح جبران على ضرورة تغيير طريقة التعبير، لأن " في كل شاعر شيئا يجعله فريدا، عنصرا فرديا فيه، هو ينبوع نتاجه الخلاق وتعبيره الحق" [54] . وهذا مكان يعيه جبران حيث يقول :" أعرف أن لدي شيئا أقوله للعالم، شيئا مختلفا عن أي شيء آخر" [55]. وهذا القول مرتبط بالرؤيا التي تحدثنا عنها سابقا، ومرتبطة أيضا بتغيير اللغة، حيث يحدد جبران إستراتيجية ممارسته الفنية في نص له، موقفة من اللغة والكتابة بعنوان " لكم لغتكم ولي لغتي" يقول : "لكم من اللغة العربية ما شئتم ، ولي منها ما يوافق أفكاري وعواطفي.

لكم منها الألفاظ وترتيبها، ولي منها ما تومئ إليه الألفاظ ولا تلمسه، ويصبو إليه الترتيب ولا يبلغه .

لكم منها جثث محنطة باردة جامدة، تحسبونها الكل بالكل، ولي منها أجساد لا قيمة لها بذاتها، بل كل قيمتها بالروح التي تحل فيها .

لكم منها محجة مقررة مقصودة، ولي منها واسطة منقلبة لا استكفي بها، إلا إذا أوصلت ما يختبئ في قلبي إلى القلوب، وما يجول بضميري إلى الضمائر.

لكم منها قواعدها، وقوانينها اليابسة المحدودة ولي منها نغمة أحول بها رناتها ونبراتها وقراراتها إلى ما تثبته رنة في الفكر، ونبرة في الميل وقرار في الحاسة .

لكم منها العروض والتفاصيل والقوافي، وما يحشر فيها من جائز وغير جائز ولي جدول يتسارع مترنما نحو الشاطئ فلا يدري ما إذا كان الوزن في الصخور التي تقف في سبيله أم القافية في أوراق الخريف التي تسير معه .

لكم منها القواميس والمعجمات والمطولات، ولي منها ما غربلته الأذن، وحفظته الذاكرة، من كلام مألوف مأنوس تتداوله ألسنة الناس في أفراحهم وأحزانهم .

أقول لكم إن لغتكم ستصير إلى اللاشيء.

أقول إن السراج الذي جف زيته لن يضئ طويلا.

أقول إن الحياة لا تتراجع إلى الوراء .

أقول إن خشب النعوش لا يزهر ولا يثمر .

أقول لكم إن ما تحسبونه بيانا ليس بأكثر من عقم مزركش وسخافة مكلسة .

أقول لكم، إنه لا ينقضي هذا الجيل إلا ويقوم لكم من أبنائكم وأحفادكم جلادون .

أقول لكم إنما الشاعر رسول يبلغ الفرد ما أوحاه إليه الروح العام، فإن لم يكن هناك رسالة فليس هناك شاعر.

أقول لكم، إن النظم والنثر عاطفة وفكر، وما زاد على ذلك فخيوط واهية وأسلاك متقطعة.".
(56)

هذا البيان يتوجه إلى الذات الكاتبة،فهو يكشف عن نظرة مغايرة للسائد،وعملية خلق للغة، لذايقول جبران " ففي اللغة العربية خلقت لغة جديدة داخل لغة قديمة،كانت قد وصلت حدا بالغا من الكمال،لم أبتدع مفردات جديدة بالطبع بل تعابير جديدة واستعمالات جديدة لعناصر اللغة.."
(57)

فهو يتجاوز باللغة من مرحلة التواصل والإفهام، إلى مرحلة الكشف والخلق، وضمن هذه النظرة أصبحت الكتابة عند جبران هي مناهضة للتقليد، ومحو للحدود الفاصلة بين الشعر والنثر، وتجسد هذا الإلغاء في كتابه " دمعة وابتسامة " الذي جمعه نسيب عريضة سنة1914 حيث نتأكدأن جبران يبتعد عن الخطابية، وينغمس في العذاب والبحث والتطلع، وتبعا لذلك، لم يعد الشعر منحصرا في القصيدة الموزونة، المقفاة، وإنما أصبح رؤيا ورسالة وهذه الرؤيا تحتضن موقفه من الشعر والكتابة. تنفتح الممارسة النصية لدى جبران على

قصيدة النثر، باعتبارها نسق كتابة يؤرخ للذات الكاتبة، ويفيد من قراءاته للكتاب المقدس، وللقرآن الكريم أيضا، ودون شك أن مرجعيته الشعرية العربية، قد أفادته في مغامرته النصية.

إن بحث جبران " في بناء البيت غير منفصل عن انشغاله بمعجم غريب عن معجم الشعر التقليدي يندمج أساسا ضمن بحثه عن إيقاع مغاير يعطي للقصيدة إيقاعها الشخصي الذي يؤرخ لذات كاتبة لا يمكن أن تتماهى مع الذوات الأخرى"(58) .

وهذا ما جسده في نص " تحت الشمس " (59) فالعنوان يضع الذات على المكشوف، ويقدم رؤيا من داخل هذه الذات، التي تعلن عن لحظة تأمل .

والقراءة الأولية لهذا النص تبين أنه تركيب من أربعة مقاطع، ذات بناء دائري مفتوح .

1- يا روح سليمان السابحة في فضاء عالم الأرواح .

2- أنت تعلمين الآن أن في هذه الحياة معنى لا يخفيه الموت .

- أنت تعلمين الآن أن الحياة ليست كقبض الريح .

- أنت تعلمين الآن أن للحماقة والشر والظلم أسبابا جميلة .

- أنت تعلمين أن الحزن والفقر يطهران القلب البشري .

- أنت تعلمين الآن أن النفس سائرة نحو النور قهرا من عقبات العمر .

3- أنت ندمت على بثك روحا يضعف محبة الحياة الحاضرة .

4- يا روح سليمان الساكنة في عالم الخلود .

يخضع نص جبران لقانون التكرير، في بناء البيت والنص معا، وهذا القانون يستوعب حركية ومسار النص، إذ أن التكرير يحدث إيقاعه الخاص، الذي يختلف جذريا عن النمطية العروضية. ويفتتح النص بالنداء (يا روح) ويغلق بالنداء أيضا (يا روح سليمان) .

وهذه الروح في بداية النص سابحة في عالم الأرواح، بينما في نهاية النص تسكن عالم الخلود، إن مسار النص ينبني على ضرورة المعرفة، والتي لا تدرك إلا بعد انعتاق النفس من كل ما هو ترابي . ونلحظ في النص ثنائيات (عالم

الأرواح/ عالم الخلود، الحياة/ الموت، الحزن/ الفرح، القنوط/ الأمل) .ويغلب على النص أيضا أساليب متعددة، تنبثق جنبا إلى جنب، لتزيد في فعالية حركية النص.(لقد تركت وراءك هذا الكلام المنبثق من الضعف والقنوط/أنى للبشر تلك المعرفة التي لا تدرك إلا بعد إنعتاق النفس/ ونحن لا نرى جمالا إلا بظواهر الحكمة/ وعاقلتنا القاصرة لا ترى شيئا حريا بالوجود إلا اليسر والفرح/ ويميت الشغف بالحياة الآتية/ونحن لم نزل مصرين على حفظ أقوالك/أوحي إلى محبي الحكمة ألا يسلكوا سبل القنوط والجحود) .

إن ذات الشاعر هي مركز القصيدة، ومن ثم ينتفي الغرض، وينتفي البيت بشكله العروضي، ويتأسس بيت شعري، له صفة الإندفاع والتقدم إلى الأمام، إن جبران في إنتاجه الشعري متعدد الشكل، فهو ينهض بالشكل المركز، ويعتمد الإيقاع، أي إيقاع الذات، وبذلك يتجه نحو الإيحاء، فالحضور الحي لجبران في نصه يجعله يمارس فعل الهدم، وبذلك تكون البداية، بداية الرؤيا وبداية الكشف، وبداية القول .

كانت القصيدة العربية، لضرورات إنشادية وتواصلية، تبنى على وحدة البيت، الذي هو "حيز مقطعي من حيث هو سلسلة من الكلام الملفوظ، ولكنه في حقيقته الفنية، فضاء صوتي يستحيل إلى فضاء موسيقي"(60).ومن ثم ألح النقاد العرب القدماء على " البيت " لأنه بداية التقصيد والقصد، ولهذا إهتموا بالمطلع بوصفه أول ما يقع في السمع من القصيدة، وبالمقطع لأنه قفل المطلع، فهو آخر ما يبقى من القصيدة في الأسماع، وهذا الاهتمام متأت من الاعتناء ببناء البيت سواء في مقدمة القصيدة، أو في خاتمتها، فالبيت في القصيدة التقليدية ذو بنية تامة، بينما نجد البيت في بناء القصيدة في الشعر الرومانسي العربي، يخرج على البنية العروضية النمطية، التي تكرس مفهوم البيت التام الذي يقوم على الشطرين، وهو منته من حيث الوزن والنحو والمعنى، ولهذا كانت الممارسة النصية الرومانسية العربية، تعيد بناء النص الشعري وفق مفهوم المقطع، على اعتبار أن " المقطع وحدة دالة من بين وحدات الخطاب، وهو في الوقت نفسه دال من بين دواله تتألف فيه مجموعة من الأبيات وتنفصل به غيرها داخل الخطاب " (61).

فالمقطع في الممارسة النصية الرومانسية، يحل محل البيت إذ أن النص، في هذه الحالة، يندفع في بنائه من المقطع الذي هو دال من بين دوال أخرى تسهم في بناء النص الشعري، ومن ثم يكون الاختلاف جوهري بين " البيت" و " المقطع " على أن سيادة المقطع في الرومانسية العربية، لا يعني أنه لا توجد بها نصوص تقوم على تكرير البيتية النمطية، مثلما كان الحال في النص التقليدي.

ونستطيع أن نقرأ الشابي والتحول الذي أحدثه في الشعر العربي الحديث، في ضوء ما جاءت به الرومانسية من جماليات، ونتبين أن النص الشعري في ديوانه" أغاني الحياة " يختلف في شكله عن النص التقليدي، فالشابي يكتشف الموشح الذي أغفله التقليديون العرب في شعرهم، ويعيد بناءه، ويدخل عليه تغييرات تتناسب ودعوة التجديد التي كان يدافع عنها .

ويحدث أبو القاسم الشابي تحولا في قوانين البيت الشعري حيث أنه يعيد بناء المكان النصي، بوصفه دالا من دوال بنية دلالية النص، وسنتتبع هذه التغييرات من خلال أمثلة متعددة ومختلفة.

الشكل الأول: قصيدة النجوى

قف قليلا أيها الساري القمر! واصطبر
يا سميري! في أويقات الكدر والضجر
واسقني من جدول النور البديع قدحـا
علني افهـم هينـوم الربيـع إن صحا[62]

يتكون النص من ستة عشر سطرا على الرمل وكل سطر قسمان أولهما شطر تام معلول بالنقص:

فاعلاتن فاعلاتن فاعلن

والثاني تفعيلة واحدة تارة سالمة (فاعلاتن) وأخرى مصابة (فاعلات أو فاعلن)، أما القوافي فهي متنوعة، فهذا النص يهدم طبيعة البيت المتعارف عليها .

الشكل الثاني: قصدة في الظلام

رفرفت في دجية الليل الحزين زمرة الأحلام
فوق سرب من غمامات الشجون ملؤها الآلام

* * *

شخصت، لما رأت، عين النجوم بعثة العشاق
ورمتهـا من سماهـا برجـوم تسكب الأحراق[63]

* * *

يتألف النص من ستة مقاطع مثناة، على الرمل، وكل سطر قسمان احدهما شطر تام، وإن كان مصابا(فاعلاتن فاعلاتن فاعلات) والآخر جزء من شطر(فاعلاتن فاع)، أما القوافي فهي مختلفة.

الشكل الثالث: مأتم الحب

ليت شعري !
أي طير
يسمع الأحزان يبكي بين أعماق القلوب
ثم لا تهتف في الفجر برنان النحيب
بخشوع ، واكتئاب ؟[64]

يتشكل النص من ستة مقاطع على الرمل، كل منها يبنى إيقاعيا بهذا الشكل، مع ما قد يلحقه من زحاف أوعلة:

فاعلاتن
فاعلاتن
فاعلاتن فاعلاتن فاعلاتن فاعلاتن
فاعلاتن فاعلاتن فاعلاتن فاعلاتن
فاعلاتن فاعلاتن

لاشك أن هذا النص يلغي وحدة البيت العروضي الذي عرفناه في القصيدة التقليدية، ويكرس شعرية الخيال، التي تذهب بعيدا في رحلة البحث عن نص مغاير، وما من شك أن الشابي الذي أعاد النظر في مفهوم الخيال واشتغاله، كان يدرك أن الشعر العربي الحديث، بحاجة إلى رؤية تخلخل السائد، وتعيد قراءة المنسي في التراث العربي، خاصة الموشحات، وتغيير الحساسية الفردية والجماعية، وينبغي التوكيد، هنا، على أن الرومانسية العربية، حققت تفردها، وتجاوزها، وتخطيها للتقليدية، وأرخت لذات لا تتماهى في الآخر سواء أكان العربي القديم أو الغربي، وعلى الرغم من إنجازها هذا، فإنها بلغت حدودها تاريخيا ونصيا .

هوامش الفصل الثاني الباب الثاني

(1) محمد بنيس،الشعر العربي الحديث،الرومانسية العربية،دار توبقال للنشر ط1، المغرب،1990ص:07 0
(2) ليليان / فرست ، الرومانسية ، المصطلح النقدي ، مج1 ترجمة عبد الواحد لؤلؤة ، المؤسسة العربية للدراسات والنشر ، ط2 ، بيروت ، 1983 ص : 191
(3) المرجع السابق . ص : 200 .
(4) محمد غنيمي هلال ، الرومانتكية ، دار العودة ،بيروت . 1973 . ص : 55 .
(5) ليليان، فرست ،الرومانسية ، (م ، س) ، ص : 223 / 224 .
(6) محمد بنيس ، الرومانسية العربية ، (م ،س) ، ص : 21 .
(7) المرجع نفسه . ص : 20 .
(8) المرجع السابق.ص:07.
(9) عباس محمد العقاد وإبراهيم عبد القادر المازني، الديوان، ط3، مطابع دار الشعب،القاهرة،ص:21/20.
(10) عباس محمود العقاد،شعراء مصر وبيئاتهم في الجيل الماضي،نهضة مصر،القاهرة، 1963،ص:149.
(11) المرجع السابق، ص : 150 .
(12) المرجع السابق: ص: 161/157 .
(13) محمود الربيعي، في نقد الشعر، دار المعارف، القاهرة، 1967، ص: 118/117 .
(14) عباس محمود العقاد ، شعراء مصر ، (م ، س) ، ص : 190 .
(15) جابر عصفور، الخيال المتعقل، دراسة في النقد الإحيائي، الأقلام، عدد11، وزارة الثقافة والاعلام، بغداد، 1980، ص: 52 .
(16) المرجع السابق، ص: 53 .
(17) جابر العصفور، مفهوم الشعر، دار التنوير، ط3، بيروت 1983، ص: 160 .
(18) أنظر الفت الروبي، نظرية الشعر علن الفلاسفة المسلمين،دار التنوير،ط1، بيروت،1983،ص:117.
(19) محمد بنيس، الرومانسية العربية،(م.س)، ص: 125 .
(20) جابر عصفور، الخيال المتعقل(م.س)، ص: 61.
(21) زكي العشماوي، قضايا النقد الأدبي، دار النهضة العربية ، بيروت1979، ص : 53 .

(22) رل.بريت، التصور والخيال، المصطلح النقدي، مج2، ترجمة عبد الواحد لؤلؤة، المؤسسة العربية للدراسات والنشر، ط1،بيروت،ص:192.

(23) المرجع السابق، ص: 196 .

(24) المرجع السابق، ص: 198/197 .

(25) رل.بريت، التصور والخيال،(م.س)،ص: 239 .

(26) المرجع نفسه، ص : 242/241.

(27) جبران خليل جبران، دمعة وابتسامة، دمشق، (د.ط)و (د.ت)، ص: 66/65 .

(28) المرجع السابق، ص : 64 .

(29) محمد بنيس، الرومانسية العربية(م.س)، ص: 119 .

(30) محمد بنيس(م.س)، ص: 132 .

(31) أبو القاسم الشابي، الخيال الشعري عند العرب، الدار التونسية للنشر، ط2، تونس 1983، ص : 28 .

(32) المرجع السابق، ص : 18 .

(33) المرجع السابق، ص : 20/19.

(34) أبو القاسم الشابي(م.س)، ص: 26.

(35) المرجع السابق، ص : 27/26 .

(36) المرجع السابق، ص: 27 .

(37) المرجع السابق، ص : 106 .

(38) المرجع السابق، ص : 105 .

(39) المرجع السابق، ص : 122 .

(40) ليليان ر.فرست، الرومانسية(م.س)، ص : 234 .

(41) يرار جنيث ، مدخل لجامع النص ، ترجمة عبد الرحمان أيوب ، دار توبقال للنشر ، ط2 ، المغرب ، 1986 ، ص : 36 .

(42) جبرار جبنيث ، (م.س) ، ص: 49 .

(43) محمد بنيس، مساء لة الحداثة، دار توبقال للنشر، ط1، المغرب، 1991، ص: 36 .

(44) محمد مندور، مسرحيات شوقي، مكتبة نهضة مصر ومطبعتها، ط3، القاهرة، د.ت،ص: 19 .

(46) المرجع السابق، ص: 29.

(46) محمد مندور ، (م.س) ، ص: 12/11 .

(47) محمد بنيس، مساءلة الحداثة، م.س، ص : 36 .

(48) محمد بنيس، الرومانسية العربية ، م.س، ص : 85 .

(49) المرجع السابق، ص :86/85 .

(50) أبو القاسم الشابي، أغاني الحياة، دار صادر، ط1، بيروت، 1996، ص : 62 .

(51) أبو القاسم الشابي ، (م.س)، ص : 97 .

(52) محمد بنيس (م.س) ، ص : 78 .

(53) صايغ توفيق،أضواءجديدة على جبران،منشورات الدار الشرقية، بيروت، 1966، ص:195، نقلاعن أدونيس،صدمة الحداثة (م.س)،ص:168

(54) صايغ توفيق، (م.س)، ص: 190، عن أدونيس (م.س)، ص : 197 .

(55) المرجع السابق، ص : 235، عن أدونيس، ص: 196 .

(56) حلمي مرزوق، تطور النقد والتفكير الأدبي الحديث، دار النهضة العربية، بيروت، 1983، ص : 247/246، وأنظر محمد بنيس، الرومانسية العربية(م.س) ، ص : 60/59 .

(57) صايغ توفيق، (م.س)، ص : 33 عن أدونيس (م.س)، ص : 205 .

(59) محمد بنيس ، (م.س)، ص : 100 .

(59) بران، دمعة وابتسامة، (م.س)، ص : 61 / 62 .

(60) عبد السلام المسدي، في جدل الحداثة الشعرية ، (م.س)، ص : 17 .

(61) محمد بنيس، الرومانسية العربية (م.س)، ص : 71.

(62) أبو القاسم الشابي، أغاني الحياة، ص : 41 .

(63) (م.س)، ص: 48 .

(64) (م.س)، ص: 62 .

الباب الثالث
الشعرية المعاصرة

الباب الثالث
الشعرية المعاصرة

الفصل الثالث : شعرية الكتابة

الفصل الأول
شعرية القصيدة

أولاً - مساءلة المصطلح

تثير قراءة الشعر العربي المعاصر، أسئلة أولية في مساره، مرتبطة بإعادة بناء الإشكال المتعلق بهذا الشعر، خاصة ذلك الانشغال الذي يتولى قراءة المصطلح النقدي للشعر المعاصر، في الثقافة العربية .

إن هذا النص الشعري المعاصر، يتكرس في الواقع الشعري العربي بفعل التعدد والاختلاف في ممارسته، ويعلن عن قوانينه الخاصة به، التي يمكن أن نختبرها، ومن ثم نحدد الأسس النظرية، التي تسيج هذه التجربة .

لقد اختلف جميع النقاد على التسمية: الشعر الحر، الشعر المعاصر، الشعر الحديث، الشعر الجديد. وسبب هذا الاختلاف، يعود إلى اختلاف المرجعيات، والتصورات الضابطة لمفهوم هذا الشعر . إن رصد المصطلح يجعلنا ندرك الإبدالات التي حدثت في مسار الشعرية العربية، من التقليدية مرورا بالرومانسية، إلى الشعر المعاصر، الذي يمثل ممارسة نصية، تتصف بالاختلاف والمغامرة. على اعتبار أن الشعر العربي لما بعد الحرب العالمية الثانية، أصبح يبحث عن فضاء تتجسد فيه الحداثة .

تعرف نازك الملائكة الشعر الحر، بأنه " ظاهرة عروضية قبل كل شيء . ذلك أنه يتناول الشكل الموسيقي للقصيدة ويتعلق بعدد التفعيلات في الشطر، ويعنى بترتيب الأشطر والقوافي، وأسلوب استعمال التدوير والزحاف والوتد وغير ذلك مما هو قضايا عروضية بحتة .. "[(1)] .

لقد هيمن على تصور نازك الملائكة الشعري، موقف يستند إلى ثلاث مرجعيات أساسية هي:

1- التسمية التي انطلقت منها، وهي " الشعر الحر" الذي لم تشر إلى انتسابه للشعر الغربي الحديث، رغم أنها في مقدمة ديوانها " شظايا ورماد " تقول "

إنه (الشعر الحر) النتيجة المنطقية لإقبالنا على قراءة الآداب الأوروبية ودراسة أحدث النظريات في الفلسفة والفن وعلم النفس ، والواقع أن الذين يريدون الجمع بين الثقافة الحديثة وتقاليد الشعر القديمة أشبه بمن يعيش اليوم بملابس القرن الأول للهجرة .. "[2] وفي كتابها " قضايا الشعر المعاصر " وضعت لهذا الشعر الذي وصفته بأنه " حر " محددات ، رفضها كثير من مجايليها .

2- العلاقة بالتراث التي تحددت عندها في بعدين : لغوي وعروضي .

3- المفهوم الرومانسي للشعر ، وبناء القصيدة على رؤية وموقف رومانسيين [3]

وبناء على هذا نجد نازك الملائكة تصف الشعر الحر بثلاث مزايا مضللة :

1- الحرية البراقة التي تمنحها الأوزان الحرة للشاعر ، والحق أنها حرية خطرة، فتتحول الحرية إلى فوضى كاملة .

2- الموسيقية التي تمتلكها الأوزان الحرة ، فهي تساهم مساهمة كبيرة في تضليل الشاعر عن مهمته . إنها سعلاة الشعر الحر الخفية ، وفي ظلها يكتب الشاعر أحيانا كلاماغثا مفككا دون أن ينتبه ، لأن موسيقية الوزن وانسيابه يخدعانه ويخفيان العيوب . وعلى هذه الصورة تنقلب موسيقية الأوزان الحرة وبالا على الشاعر .

3- التدفق ، وهي مزية معقدة تفوق الميزتين السابقتين في أغلب الأوزان الحرة ، فإنما يعتمد الشعر الحر على تكرار تفعيلة ما مرات يختلف عددها من شطر إلى شطر . وهذه الحقيقة تجعل الوزن متدفقا مستمرا . [4]

وتربط نازك بين الشعر الحر بوصفه ظاهرة عروضية، والدلالة الاجتماعية، وذلك في أربعة عوامل :

1 - النزوع إلى الواقع

فهي ترى أن الأوزان الحرة ، تتيح للفرد العربي المعاصر ، أن يهرب من الأجواء الرومانسية إلى جو الحقيقة الواقعية التي تتخذ العمل والجد غايتها العليا .

وقد تلفت الشاعر إلى أسلوب الشطرين فوجده يتعارض مع هذه الرغبة عنده لأنه من جهة، مقيد بطول محدود للشطر وبقافية موحدة لا يصح الخروج عنها، ولأنه من جهة أخرى حافل بالغنائية والتزويق والجمالية العالية . (5)

فالشاعر المعاصر في ممارسته للشعر الحر، في تصور نازك، يتحرك ويندفع للتعبير عن مشكلات عصره، و" يخلق لنفسه أسلوبا أكثر حرية.. " (6) . وهكذا ترى أن النظرة الاجتماعية تتبين " في حركة الشعر الحر جذور الرغبة في تحطيم الحلم والإطلال على الواقع العربي الجديد دونما ضباب ولا أوهام . " (7) .

2- الحنين إلى الاستقلال

فهي تؤمن أن الشاعر الحديث، يجب أن يثبت فرديته باختطاط سبيل شعري معاصر، يصب فيه شخصيته الحديثة التي تتميز عن شخصية الشاعر القديم . انه يرغب في أن يستقل ويبدع لنفسه شيئا يستوحيه من حاجات العصر . يريد أن يكف عن أن يكون تابعا لامرئ القيس والمتنبي والمعري ، وهو في هذا أشبه بصبي يتحرق إلى أن يثبت استقلاله عن أبويه فيبدأ بمقاومتهم . ويعني هذا أن لحركة الشعر الحر جذورا نفسية تفرضها، وكأن العصر أشبه بغلام في السادسة عشرة يرغب في أن يعامل معاملة الكبار فلا ينظر إليه وكأنه طفل أبدا"(8) .

ولكن نازك تحد من اندفاع الشاعر الحديث، لحرقة الاستقلال ، لأن بعض الناشئين " قد ظنوا أن الأوزان القديمة عاطلة على القيمة." (9) . وهذا يعني أن العقوق الذي يمارسه الشاعر الحديث، لا يستدعي قتل الأب عند نازك الملائكة .

3- النفور من النموذج

فهي تعرف أولا النموذج وهو " اتخاذ شيء ما وحدة ثابتة وتكرارها بدلا من تغييرها وتنويعها " (10). وبناء عليه تقر أن الفكر المعاصر عموما، يجنح إلى النفور من (النموذج) في الفن والحياة. وهذا الواقع أدى إلى ضرورة الخروج على النظام السائد، ولذلك " ثار الشاعر المعاصر على أسلوب الشطرين وخرج إلى أسلوب التفعيلة، وبات يقف حيث يشاء المعنى والتعبير"(11) لذا كانت حركة الشعر الحر

استجابة لهذا الميل في العصر إلى الخروج على فكرة النموذج اتساقا تاما[12] وهذا يعني أن ينجو الشعر الحر من حدود النموذج كما تعرفه، ولكنها تقع في المحظور، لأنها تنتج " النموذج " نظريا ونصيا، عندما تعرف الشعر الحر عروضيا.

4- إيثار المضمون

إن الشاعر المعاصر يعيش في عصر يبحث عن الحرية، ولأن الحياة المعاصرة لا تسير على نمط واحد ، لذلك وجد الشاعر نفسه محتاجا إلى التعبير عن هذا الواقع الجديد .

ومال الشاعر المعاصر، إلى العناية بالمضمون، حتى يتخلص من القوالب الشكلية والصناعية.

وتوضح نازك الملائكة هذه القضية قائلة " وكانت حركة " الشعر الحر " أحد وجوه هذا الميل لأنه في جوهره ثورة على تحكيم الشكل في الشعر، إن الشاعر الحديث يرفض أن يقسم عباراته تقسيما يراعي نظام الشطر، وإنما يريد أن يمنح السطوة المتحكمة للمعاني التي يعبر عنها ونظام الشطرين، كما سبق أن قلنا متسلط يريد أن يضحي الشاعر بالتعبير من أجل شكل معين من الوزن، والقافية الموحدة عن عبارات تنسجم مع قافية معينة ينبغي استعمالها، ومن ثم فإن الأسلوب القديم عروضي الاتجاه، يفضل سلامة الشكل على صدق التعبير وكفاءة الانفعال، ويتمسك بالقافية الموحدة ولو على حساب الصور والمعاني التي تملأ نفس الشعر"[13] .

إن مفهوم نازك الملائكة للشعر، يقوم على الثبات، فهي تبني النص الشعري الحر، على أصل ثابت الخصائص، لذلك فالقصيدة، من وجهة النظر هذه ، تبحث عن أصول أرسخ تشدها إلى الشعر العربي القديم .

وينتقد جبرا إبراهيم جبرا نازك الملائكة في دراستها للشعر الحر، فيقول إن " دراسة نازك الملائكة لقضية الشعر الحر مليئة بالمآخذ التي تفقد دراستها قيمتها المتوقعة . وهذا يؤدي بنا إلى الخلط الذي ترتكبه الناقدة ، كالكثير من غيرها، في التسميات الأساسية لقضية الشعر الحديث، فهي تسمي الشعر الموزون المقفى دونها ترتيب، والذي يتفاوت عدد التفاعيل في أبياته بالشعر الحر. وواقع

الأمر أن الشعر الحر لا يمكن أن يتقيد بهذه القيود كلها ويسمى اعتباطا حرا[14] بعد أن يحدد جبرا مفهومه لهذا الشعر، والذي يسميه بالشعر الحديث، ينتقد مفهوم نازك للشعر الحر، وخلطها الواضح في إدراك طبيعة المصطلح الغربي، الذي سكتت عنه في كتابها قضايا الشعر المعاصر " ويشرح مفهوم الشعر الحر، كما عند الغرب، فيقول " إن الشعر الحر، ترجمة حرفية لمصطلح غربي هو Free Verse بالإنجليزية وVerslibre بالفرنسية. وقد أطلقوه في الغرب على شعر خال من الوزن والقافية كليهما . انه الشعر الذي كتبه ولت ويتمان وتلاه فيه شعراء كثيرون في آداب أمم كثيرة [15] ، وحتى ندرك طبيعة النقد الموجه لنازك الملائكة، ينبغي أن نضبط الأسس المرجعية والنظرية التي تستند إليها في مفهومها للشعر الحر .

1- فهي تعرف الشعر الحر بالعروض

2- أسبقية المعنى في بناء القصيدة، وهو ما يوضحه رأيها في السطوة المتحكمة للمعاني.

3- اللغة الشعرية متعدية ، وهو ما تقودنا إليه الخصيصة التعبيرية ، لأن الشاعر غايته التعبير لا جمالية ظاهرية [16]

لا شك أن نازك الملائكة، تنتصر للمفهوم الكلاسيكي للشعر الحر، الذي هو "سلسلة من الأبيات التامة ولكنها ذات طول متفاوت وقوافيها مركبة بطريقة متنوعة(كما عند لا فونتين وموليير)[17] وبناء على هذا نجد أن نازك وضعت القصيدة العربية، في أنساق مغلقة، وهذا ما حمل نوعا من التقويض لمعنى التحديث وإنجازه عندها .

وانطلاقا من هذا، يحيلنا يوسف الخال على وجهة نظر، مخالفة لنازك الملائكة، قائلا "إن للشعر خصائص ليست للنثر، هذه الخصائص الإيقاع، وهو يجري على وزن تقليدي، في القصائد التي يتوخى أصحابها نظمها على الوزن التقليدي، كما يجري على وزن ذاتي مستحدث ينبع من عبقرية الشاعر وموهبته الفنية، وأن هذا الوزن الذاتي المستحدث قد يكون على أشكال إذا شئنا تصنيفها وقعت في ثلاثة :

أولا: الشعر المتحرر من القافية وهو ما يسمونه بالـ Blank Vers (وهو ما حاول الزهاوي مثلا ، استحداثه في الشعر العربي) .

وثانيا: الشعر الحر، هو ترجمة ما يسمونه Vers Libre بالفرنسية أو Free Verse بالإنجليزية ، وهو أيضا ما اقتبسته المؤلفة وأنكرت على جبرا إبراهيم جبرا استعماله، استعمالا صحيحا، أي بتحريره من أي وزن تقليدي، لا استعماله مزيفا كما استعملته هي، وهو أيضا الأسلوب الذي انتهجه محمد الماغوط، مثلا في ديوانه " حزن في ضوء القمر " الذي تعتبره المؤلفة نثرا لا شعر فيه.

وثالثا: قصيدة النثر او ما يسمونه بالفرنسية poém en prose وبالإنكليزية prose poém وهو شكل يختلف عن الشعر الحر في آداب العالم ،بأنه يستند إلى النثر ويسمو به إلى مصاف الشعر (فيما يستند الشعر الحر إلى الشعر التقليدي ومن هنا التزامه الأشطر شكلا) [18] .

إن يوسف الخال في نقده هذا، يصف الشعر ويحدد عبقرية الشاعر وموهبته الفنية، فهو يضع المفاهيم في إطارها الصحيح ضمن مرجعياتها الغربية ، بعيدا عن أي تأويل كما فعلت نازك الملائكة والأكيد في سياق هذا التحليل، أن يوسف الخال يؤسس لمفهوم مغاير يرتبط جوهريا بروح العصر ، وعليه فهو يوجه نقدا للشعر اللبناني قائلا : " إن الشعر اللبناني الحاضر شعر عربي تقليدي ، وهو شعر متخلف عن هذا العصر ، إنه في كلتا الحالتين شعر غير حديث إن هذا الشعر لا يختلف في خصائصه الجوهرية عن الشعر العربي التقليدي ..." [19]

فالخال لا يقف على نوع الشعر في لبنان بقدر ما يكشف عن الممارسة النصية التي يصف نصها بأنه "متخلف عن هذا العصر" أي أنه ذو مرجعية ماضوية، وانه " غير حديث " ما زال يصدر عن عقلية اجترارية، وليست حداثية .

وعلى أساس هذا المفهوم الحديث للشعر يقول يوسف الخال " نشأت حركة شعرية ثورية في الشعر العربي، لحقت بالشعر المعاصر في آداب الشعوب الأخرى، وأعطت نتاجا أصبح للمرة الأولى عالمي الصفة بل عالمي المستوى أيضا [20]

يتضح مما سبق أن الخال يكرس مفهوم الشعر المعاصر بدلا من الشعر الحر على اعتبار أن الشعر العربي استطاع اللحاق بالشعر المعاصر في الآداب الأخرى، وهذا يعني أن الشعر العربي وسع من مفهومه لفعل التحديث وارتبط أكثر بروح العصر .

ويعرف أدونيس الشعر الحديث في مقال له بعنوان " محاولة في تعريف الشعر الحديث " في مجلة " الشعر "العدد 11، السنة الثالثة، 1959. وأعاد نشره في كتابه" زمن الشعر" بعنوان "الكشف عن عالم يظل في حاجة إلى الكشف " إذ أنه يعرف هذا الشعر بأنه " رؤيا. والرؤيا، بطبيعتها، قفزة خارج المفهومات السائدة، هي إذن تغيير في نظام الأشياء وفي نظام النظر إليها، هكذا يبدو الشعر الجديد، أول ما يبدو، تمردا على الأشكال والطرق الشعرية القديمة فهو تجاوز وتخط يسايران تخطي عصرنا الحاضر وتجاوز للعصور الماضية، إن له بهذا المعنى حقيقته الخاصة، حقيقة العالم الذي لا يعرف الذهن التقليدي أن يراه لكن الذي يراه الشاعر ويكشف عنه، فعاداتنا الفكرية وحاجاتنا العملية تحول بيننا وبين رؤية الحقيقة أو الواقع إلا من خللها، والشاعر لا يرضى بالمعنى الذي تضفيه العادة الإنسانية على الأشياء، مهما كان مفيدا ويبحث لها عن معنى ومن هنا ينفصل عن التقليد والعادة ويصبح دوره في أن يوقظنا ويخلصنا من الأفكار المشتركة الضيقة[21]

يحمل هذا المفهوم تصورا حديثا للشعر فهو رؤيا وتجاوز وتخط وهو تخطي عصرنا الحاضر، وتجاوز العصور الماضية . ومن ثم فهو في قطيعة مع التقليد، ويصبح دور هذا الشعر الحديث، أن يوقظنا ويخلصنا من الأفكار المشتركة الضيقة ، ومن هذا النموذج .

ويحدد أدونيس الأسس المرجعية للشعر الحديث فيما يلي :

أولا التمرد على الذهنية التقليدية : الذي بدأه الشعراء القدامى إنضاجه وإيصاله إلى أقصى ما تنتجه التجربة الشعرية دون أي نوع من أنواع الخضوع للتقليد . فلا يتم التجديد بالعودة إلى التقليد أو بالتلاؤم مع أشكاله الشعرية ، بل

إن في ذلك انفصالا عن الحاضر، وتقييدا للحساسية وخيانة للواقع.التقليد ثبات والحياة حركة، فمن يبقى في التقليد يبقى خارج الحياة.

ثانيا تخطي المفهوم القديم للشعر العربي : وأعني بذلك تخطي ما فيه من قيم الثبات وأشكاله من جهة ومن جهة ثانية تخطي معناه بالذات، المعنى الذي حدد بأنه " كلام موزون مقفى " ومن ثم تخطي الثقافة الفنية النقدية التي نشأت حول هذا المفهوم وتخطي مصاحباتها جميعا .

ثالثا : تخطي المفهوم الذي يرى في الشعر العربي القديم: وثوقية جمالية ونموذجا لكل شعر يأتي بعده أو مقياسا له ،أو أصولا له أخيرة [22] .

إن قراءة الشعر المعاصر بهذا التصور هي استقصاء لقضايا الابدلات النظرية و النصية في الشعرية العربية قديمها وحديثها، والشعرية الإنسانية، لاشك أن أدونيس في مفهومه للشعر يتخلى عن قيم الثبات وأشكالها، ويحرر النص والشاعر من سلطة الخطابة والبعد الواحد، ويفتح الشعر على فضاءات السؤال، والتعدد، والاحتمال .

ثانياً - بيان الحداثـــة

أسس الشعر العربي مشروع حداثته في العصر الحديث، وهو يبحث عن أفق مغاير وأسئلة يؤرخ به لرؤيا تحمل انشطارها الداخلي. وهي بهذا المعنى تؤشر لابتداء تتهدم فيه قيم الثبات، ويتغير نظام الأشياء، وكذلك نظام الرؤية إليها .هكذا يبدو الشعر الحديث، يبحث عن حداثة شعرية مغايرة، تتخلص من كل شيء مسبق وبما أن الشعر الحديث رؤيا، تقوم على الكشف، فإن من خصائصه الغموض، لأن اللغة هنا ، لغة إيحاءات وبذلك يصبح هذا الشعر الحديث نوعا من " السحر لأنه يهدف إلى أن يجعل ما يفلت من الإدراك العقلي، مدركا "[23] .فهي إذن لغة خلق ، وليست لغة تعبير .

إن الشعر الحديث من هذا المنظور، يتجه نحو الحداثة، بوصفها ذلك الوعي الضدي للزمن، لأن الحداثة على حد تعبير كمال أبوديب تعني " التغيير بوصفه حركة تقدم إلى أمام، وذلك سر مأساتها، فكل تقدم هو انفصام عن ماض.

ومن هنا كان وعي الحداثة لنفسها بوصفها انفصاما .والانفصام دائما فعل توتروقلق ومغامرة "[24]، فهذا المسار أدى إلى انهيار المركز، انهيار رؤيا الجماعة، ومن ذلك نفهم أن الشعر الحديث متعدد الدلالات، فهو صراع ضد النمذجة"[25]

لقد شكلت الحداثة في مشروع أدونيس التنظيري هاجسا مركزيا ،لأنه استطاع أن يعلن عن موقف لا مفكرفيه في مفهومه للشعر فهو عنده " نبوة ورؤيا وخلق، فالشعر هو هذا البحث الذي لا نهاية له :" [26]

وفي ضوء هذا التصور يفهم أن التراث ينبغي أن ينظر إليه من زاوية مختلفة فيقول " لابد للشاعر العربي المعاصر، من أن يتخطى قيم الثبات في تراثه الشعري القديم، بخاصة ومن تراثه الثقافي بعامة، لكي يقدر أن يبدع شعرا في مستوى اللحظة الحضارية التي يعيشها .

وكما أنه من الطبيعي أن لا يرى من أشكال التعبير الشعري قيما نهائية، فمن الطبيعي أيضا أن ينظر إلى تراثه الحضاري من هذه الزاوية .هكذا يصبح التراث العربي، شعرا وثقافة،جزءا من الحضارة الإنسانية. ولا معنى لهذا التراث إلا بقدر ما يندرج في هذه الحضارة، وبقدر ما هو إنساني، وبقدر ما يقوم على الحرية والبحث.ولا يلتمس الشاعر العربي المعاصر ينابيعه في تراثه وحده،وإنما يلتمسها في هذا الكل الحضاري الشامل"[27]

فالثبات عند أدونيس هو التقليد ،تقليد بلاغة السلطة، أما المتحول فهو الابتداع و الإبداع والخروج على هذه السلطة. فالشعر من منظور حداثي أدونيسي، لا علاقة له بالواقع فهوا انفصال، وحيز لخلخلة اللغة والأشكال السائدة . إنه تمرد على الساكن ،ورؤيا للكشف ، وتصدع الأنا . ويصوغ أدونيس في "بيان الحداثة " نظرية واضحة لأسس الحداثة وأوهامها السائدة . يبدأ أدونيس حديثه عن الحداثة بتبديد أوهامها والتي لخصها في خمسة أوهام: المغايرة/ الزمنية/ المماثلة/ الشكل النثري/استحداث المضمون[28].

ويعترف أدونيس بوجود حداثة عربية في الشعر "نشأت في مناخ أمرين مترابطين: إكتناه اللحظة الحضارية الناشئة واستخدام اللغة، أي التعبير بطريقة جديدة تتيح تجسيدا حيا وفنيا لهذا الإكتناه[29] وبناء على هذا، يضع مخططا

أوليا،لمعنى الحداثة الشعرية العربية وخصوصيتها، فهي على الصعيد النظري العام، طرح الأسئلة حول كل شيء، وتكون الأجوبة من حركة الواقع نفسه . وهي على الصعيد الشعري، الكتابة التي تضع العالم موضع تساؤل مستمر. وتضع الكتابة نفسها موضع تساؤل مستمر .

لذلك يعترف أدونيس بأن الحداثة الأوروبية، هي التي أدت به إلى أكتشاف الحداثة العربية في الشعر، إذ يقول " أحب هنا أن أعترف أيضا، أنني لم أتعرف على الحداثة الشعرية العربية من داخل النظام الثقافي العربي السائد وأجهزته المعرفية، فقراءة بودلير هي التي غيرت معرفتي بأبي نواس، وكشفت لي عن شعريته وحداثته . وقراءة رامبو و نرفال و بريتون هي التي قادتني إلى اكتشاف التجربة الصوفية بفرادتها وبهائها . وقراءة النقد الفرنسي الحديث هي التي دلتني على حداثة النظر النقدي عند الجرجاني ، خصوصا في كل ما يتعلق بالشعرية وخاصيتها اللغوية - التعبيرية "[30]

ويتساءل محمد بنيس إنطلاقا من السؤال المركز التأسيسي: ماهي الحداثة الشعرية العربية؟

فهويرى أن هذا السؤال هو رحم الأسئلة، حيث ينشبك تاريخ الحداثة بسماتها: سواء كانت نصية أم حساسية نوعية، أم رؤية للعالم [31] . لذا يوضح بنيس الحداثة الشعرية العربية في سيرورتها التاريخية من تعريفات ثلاثة :

- الأول: حداثة في الإمتداد التاريخي منذ البارودي إلى الآن، أو منذ ما اصطلح على نعته بشعر " النهضة "ومعناه أن الحداثة ظاهرة تاريخية، نشأت مع البارودي

- الثاني: يؤالف بين الحداثة كظاهرة تاريخية، وبين جملة من الخصائص النصية التي شملت عناصر وبنية الشعر العربي مع مجيء الشعر المعاصر. وهذا التعريف يركز على الامتداد التاريخي كما يركز على عنصر " الرؤيا " كمكون من مكونات النص الحديث .

- الثالث : وهو أميل إلى حصر الحداثة في الشعر الاوروبي، و اعتبار ما انتج منذ شعر "النهضة " إلى الآن، بعيدا عن أن يستوعب الحداثة أو يستنطقها في الممارستين التنظيرية والنصية [32] .

وتعلن الحداثة الشعرية عن بيانها ونصها ومسارها، من خلال خطين متقاطعين: خط البداية والتأسيس، وخط المحو والهدم[33] لاشك أن الحداثة تجسيد للتصدع، بفعل السؤال والمغامرة في التغيير، لكسر سلطة النموذج، وإعادة المعنى إلى الأشياء والعالم.

ويرى بنيس في تحديد سمات الصراع بين أنماط الحداثة" أن التقليد الشعري، منذ ما يسمى بعصر " النهضة " إلى الآن لم يحس بأي تصدع داخلي، بل إن موقف البارودي وشوقي من الشعر السائد في مرحلتهما، انطفأ نهائيا فيما بعد، وقد تخلى التقليد عن لهب الفعل الشعري، ومن ثم فهو لا يسأل إطلاقا "[34]

وعن كيفية حدوث الإحساس بالتصدع في الشعرية العربية، يرى بنيس أن " اللحظة الأولى لهذا الفعل كانت مع الرومانسية العربية، خاصة جبران ومطران، مدرسة الديوان. حيث طرح الاول مفهوم " الجديد " بينما الثاني مفهوم "العصري " أما مدرسة الديوان فأتجهت نحو "الإنساني، المصري، العربي "[35] .

أما اللحظة الثانية، فإن الإحساس بالتصدع فيها أوسع وأشمل، وهذه اللحظة انبثقت مع الشعر المعاصر فالحداثة بهذا المعنى، ليست محايدة، وإنما هي مشاكسة فهي حركة نحو العمق، غوصا في مجاهيل داخلية انفتحت فجأة أمام الإنسان وغدت مصدرا للغوايات التي لا تقاوم[36] إن تصدع الأنا، الذي تحدثنا عنه سابقا، هو مظهر من مظاهرة التصدع في المعرفة التي هي انعكاس العالم في الوعي. وقد تم تفكيك الذاكرة: وإعادة قراءتها وفق منظور الحداثة وإعادة صياغتها، وتحريرها من المكبوت .

ولذلك ألح منظرو الحداثة على التجربة باعتبارها اسقاطا للتجريد وسلطة النموذج، ومن ثم فإن "تجربة التصدع، ليست قائمة على مستوى الموضوعات والمواقف الجمالية وحسب (الغربة، سقوط الأب، التشيؤ، وغير ذلك)، بل تتمثل في النص على مستوى البنية الجمالية والعناصر المكونة، يشكل حالة فروقية،

بدء من استخدام الكلمة استخداما يحرفها عن دلالتها المعجمية، إلى الصورة القائمة على التضاد والحركة أو المتعددة القراءات، إلى الفسحة بين الأنا الكاتبة، والأنا المماثلة في النص، وصولا إلى انفصام، المتكلم إلى أنا ولا أنا[37].

ومن هذا التنازع بل التصدع، تنبعث التجربة الشعرية متوترة، قلقلة، غامضة .

ولم تعد التجربة " اجتهادا في إثبات هوية داخل سياق حضاري، مثلما كانت تجربة النهضة أو الإحياء. وإنما أصبحت اختراقا لهذه الهوية وتفتيتا لها، ومعاندة للعالم وتحطيما له"[38].

وهذا يعني أن مفهوم التجربة يحمل معنى المخاطرة ، على اعتبار أنها سفر إلى أقصى ما يمكن وهذا التصور يستدعي فعل الاختراق .فالتجربة " لا تتحقق إلا في النص، ولكن دلالتها كعبور للخطر، هي ما يمنح الفعل الشعري خصيصة لا تنطبق بسهولة على الممارسات النصية الأخرى، لأن الفعل الشعري عندها يتحول إلى تجربة فريدة [39]

وهذا الإنصات للتجربة ، في منظور الحداثة ، يخرج الشعر والممارسة النصية من مجال التعبير، إلى مجال المخاطرة .لذلك يتأسس الشعر المعاصر على التجربة بوصفه مخاطرة في مواجهة الموت .

ثالثاً - بناء القصيدة

إن استراتيجية التحول في الشعر العربي الحديث، والابدالات النصية التي حدثت، تؤكد أن القصيدة في الشعر المعاصر، أصبحت هي المهيمنة بدلا من البيت يتضح لنا ذلك في " أن بحث الشعراء المعاصرين عن مسكن حر، انتقال من البيت إلى القصيدة [40].وبذلك يتحول البيت، ضمن هذه الرؤية إلى دال من دوال بناء القصيدة، وأولية القصيدة في بناء النص على البيت، لا يلغي البيت، بل يلغي استقلال البيت ، وتصوره كوحدة متكيفة بذاتها "[41]

إن البيت التقليدي ، ذوبنية تامة ، فهو منته من حيث النحو والمعنى والوزن، بينما البيت في الشعر المعاصر ، ذوبنية ناقصة ، تكتمل بإكتمال تجربة القصيدة

وزمنها ،إن إعادة بناء القصيدة في الشعر العربي المعاصر ، متلازمة مع إعادة بناء البيت ، ولكنه أخذ في مساره عدة مفاهيم وأشكال بحسب المرجعية التي يستند إليها .

إن تعريف نازك الملائكة للشعر الحر، بأنه شعر " ذو شطر واحد ليس له طول ثابت، وإنما يصح أن يتغير عدد التفعيلات من الشطر إلى شطر ويكون هذا التغيروفق قانون عروضي." [42] ترتب عنه أن البيت في الشعر الحر، هو شطر يقوم على وحدة التفعلية، وتساوي وتوازي التفعيلات بين جميع أبيات القصيدة، مثلماكان الأمر في الشعر التقليدي. وعليه فهي لم تكن تعي أن " انتقال صفحة الشعر في حداثتنا من الواحدية إلى التعددية، جلب معه بناء مغايرا لكل من البيت والقصيدة على السواء [43] .فالشاعر يمارس حرية التأليف الايقاعي، حيث " لم يعد للبيت التقليدي وجود، أو لنقل إنه لم يعد للنظام التقليدي للبيت تحكم ،بعد أن كسر هذا الإطار المصمط، وترك مفتوحا لاحتمالات كثيرة، أعني لأشكال مختلفة من النظام، لا نعرف على وجه التحديد أي شكل منها سيأخذ البيت[44]. وعليه يرى عز الدين إسماعيل انطلاقا من هذه الممارسة النصية لم نعد نسمي البيت بيتنا ، بل صرنا نسميه " سطرا من الشعر " [45]

وهكذا يسمى عز الدين إسماعيل " البيت " في الشعر المعاصر ب" السطر " دون أن يولي أهمية لكيفية انتقال " السطر " من حقل النثر إلى حقل الشعر .

ويعرف هذا " السطر الشعري " في القصيدة الجديدة، سواء أطال أم أقصر، بأنه "سطر غير محدود وغير خاضع لنظام معين ثابت"[46] .ويشير إلى أشكال البيت الشعري والابدالات التي حدثت له فيقول:" وكل من يتتبع أشكال التحديد والتطور في موسيقي شعرنا المعاصر يستطيع في يسرأن يحدد ثلاث مراحل أساسية:

المرحلة الأولى: هي مرحلة " البيت " الشعري ذي الشطرين المتوازيين عروضيا، الذي ينتهي بقافية مطردة في الأبيات الأخرى. وفي هذا النوع من البيت الشعري تتمثل كل القيم الجمالية الشكلية التقليدية التي عرفها الشعر العربي منذ البداية .

المرحلة الثانية : هي المرحلة التي فتتت فيها البنية العروضية للبيت واكتفى منها بوحدة واحدة من وحداتها الموسيقية هي " التفعيلة "، تقوم وحدها في السطر أو تتكرر في عدد غير منضبط في بقية السطور. وهذه المرحلة هي مرحلة " السطر " الشعري .

المرحلة الثالثة: فهي مرحلة متطورة عن المرحلة السابقة ، ويمكن تسميتها بمرحلة "الجملة الشعرية"[47] .

فالبيت ومفهومه في الشعر العربي، مربعدة إبدالات من الشعر الجاهلي، إلى الشعر العباسي، ومن الموشح إلى الشعر المعاصر، لكن الحداثة في الشعر المعاصر، تجاوزت البنية السمعية للبيت التقليدي، ورسخت بيتا له بنية المكتوب. "إن قتل البيت الحر للبيت الأب لا يعني إلغاء البيت، بل يعني أساسا إبدال بيت ببيت آخر"[48] .وإذا كانت وحدة البيت في القصيدة التقليدية قد أستبدلت بوحدة القصيدة في الشعر المعاصر، فإن المكان النصي يتدخل في بناء القصيدة ، بعيدا عن تأثيرات الذاكرة ، والعروض .

فالشعر إذن هو بحث دائم عن أشكال لانهائية، على اعتبار أن الشكل " هو حياة تتحرك أو تتغير في عالم يتحرك أو يتغير ، فعالم الشكل هو كذلك عالم تحولات .. "[49]

إن القصيدة الحديثة عندما كسرت النظام التقليدي، أنشأت نظاما داخليا ينتمي إلى القصيدة نفسها، وهي على مستوى الممارسة النصية انتقال من لغة التعبير إلى لغة الخلق، ومن النموذجية إلى البنية الخاصة التي تحقق فيها خصوصية التجربة. ومن ثم ندرك أن " كل نص جديد يكسر النص القديم، فيصبح ما لدينا، لا مجرد عدد النصوص، التي لا يمكن في نموذج اختصارها في نموذج ، بل سلسلة من النصوص المتولدة ـ المتوالدة داخليا غير القابلة للاختصار في نموذج"[50]

قلنا فيما سبق أن الشعراء المعاصرين سعوا إلى بناء مسكن حر ، في القصيدة. لذا نجد بعض النقاد يتعرفون على هذا المكان، حيث تقدم نازك

الملائكة هيكل القصيدة في ثلاثة أنواع: الهيكل المسطح/ الهيكل الهرمي/ الهيكل الذهني. وتوضح سبب اختيارها لهذه التسميات، في شرحها لهذه الهياكل.

1) **الهيكل المسطح**

وهو هيكل يخلو من الحركة والزمن. وقصائده تدور حول موضوعات ساكنة. إن شاعر الهيكل المسطح، يلجأ عادة إلى أساليب أخرى يخلق بها الحركة فيسد الفراغ. ويصل إلى ذلك التعويض باستعمال الصور والتشبيهات والعواطف، ومن هذا التعويض نشأ الشعر الغنائي الذي اغتنى به الأدب القديم[51]

2) **الهيكل الهرمـــــي**

الفرق الأساسي بين قصائد هذا الهيكل، وقصائد الهيكل المسطح، أن الشاعر هنا يمنح الأشياء بعدها الرابع، بدلا من أن توصف الأشياء وهي ساكنة. ومن هذا يبدوأن نقطة الارتكاز في القصائد الهرمية لابد وأن تتضمن "فعلا " أو " حادثة " لا مجرد شيء جامد يحتل حيزا من المكان وحسب . وتمر القصيدة بفترة عرض ثم ذروة تتجمع فيها القوة وتتوتر، ثم تنحل العقدة وتنتهي القصيدة بالسكون[52]

3) **الهيكل الذهني**

ونحن الآن بازاء النوع الثالث الذي سنسميه بالإطار الذهني، ونحن نعزله عن النوعين الآخرين لأنه يقدم عنصرالحركة على الأسلوب الفكري، فبدلا من أن يستغرق التحرك زمنا، نجد الحركة لا تستغرق أي زمن، لأنه حركة في الذهن، يقصد بها بناء هيكل فكري، وهذا النوع يكثر في شعر شعراء المهجر جبران ونعيمة وأبي ماضي[53] وهذه الأشكال التي أحصتها نازك الملائكة، لايمكن أن نعتبرها الأشكال السائدة في الشعر المعاصر ، وإنما اجتهدت بحسب مفهومها للشعر الحر، ومرجعيته العروضية، في رصد بعض الممارسات النصية.

ويحدد عز الدين اسماعيل معمارية الشعر المعاصر، من مبدأ أن مفهوم " القصيدة " قد تغير، فلم يعد عملا " إضافيا " وإنما صارت عملا صميما شاقا، يحتشد له الشاعر بكل كيانه(54).

ومعنى هذا أن الشاعر المعاصر قد أكتشف عدة أطر للقصيدة كان آخرها على حد قول إسماعيل، إطار القصيدة الطويلة، وقد تطورت هذه القصيدة في الاتجاه الدرامي.

ويفرق عز الدين إسماعيل بين القصيدة الطويلة والقصيدة القصيرة وهذا الاختلاف يثير مشكلة الغنائية .نحن نسمي القصيدة القصيرة في العادة غنائية، وهي تجسم موقفا عاطفيا أو بسيطا. وتعبر مباشرة عن حالة أو الهام غير منقطع(55)

أما القصيدة الطويلة، كما يعرفها هربرت ريد، هي قصيدة تربط بمهارة بين كثير من تلك الحالات العاطفية ، وإن كان من الواجب هنا أن تصحب المهارة فكرة عامة واحدة هي في ذاتها تكون الوحدة العاطفية للقصيدة(56) وبهذا يدخل عنصر أساسي في طبيعة العمل الشعري هو التعقيد، في تحديد الطول والقصر، فالقصيدة الطويلة، تعتمد الفكرة حتى تكون القصيدة بنية حية، ومن ثم فإن مفهوم التعقيد يصعب تحقيقه في الحيز المحدود .

أما القصيدة القصيرة، فهي بسيطة، وإن كانت غنائية، فإنها تختلف عن القصيدة الغنائية التقليدية، فالقصيدة القصيرة في الشعر المعاصر، " ينتظمها خيط شعوري واحد، يبدأ في العادة من منطقة ضبابية ثم يتطور الموقف في سبيل الوضوح شيئا فشيئا حتى ينتهي إلى أفراغ عاطفي مملوس ." (57)

وقد تنوعت أشكال البنية في القصيدة القصيرة المعاصرة، وهي في نظـــر عز الدين إسماعيل ثلاث أشكال :

- القصيدة الدائرية المغلقة / القصيدة المغلقة المفتوحة / القصيدة ذات الشكل الحلزوني .

1) **القصيدة الدائرية المغلقة :**

هذا البناء يجعل القصيدة كأنها دائرة مغلقة تنتهي حيث يبدأ وهو يوهم بترابط الجزيئات ترابط ا عضويا حيا ، يؤكد تجاوب هذه الأجزاء وتولد بعضها بعض وانعكاس بعضها على بعض في ترادف كاشف وعلى هذا النحو يتحقق بناء القصيدة من حيث هي تحقيق موضوعي لهذه التجربة، تجربة استكشاف الشاعر لأبعاد ذلك الشعور الذي تبلور في نفسه ، وانطلاقا من هذه التجربة يحلل - عز الدين إسماعيل - هذا البناء المتعلق أساسا بالجانب النفسي للشاعر ، إذا نلحظ أن القصيدة عندما تتحرك في الظاهر الموضوعي إلى أمام ، في الوقت الذي يكون الشاعر فيه أخذ يتحرك نفسيا إلى خلف ، ويظل يتحرك إلى خلف مستكشفا لنفسه ، ولنا أبعاد ذلك الشعور، حتى يستنفذها ، وعند ذاك يكون قد أتم الدورة وعاد إلى حيث بدأ [58] .

2) **قصيدة الشكل المغلق المفتوح :**

وهي تتفق في كل شيء مع الشكل الدائري، ولكنها تختلف عنه من حيث النهاية، فالشاعر في هذا الشكل لا يتم دورته الشعورية، وإنما ينتهي في القصيدة إلى نهاية غير نهائية، أي تبقى مفتوحة، وهي تعبير عن إحساس الشاعر بال نهائية التجربة، ومعمارية هذه القصيدة أبسط كثيرا من معمارية القصيدة السابقة، إذا أن الشاعر هنا يتحرك في اتجاه شعوري ممتد في خط مستقيم ، وقد تتعرج القصيدة في شكل موجات متلاحقة ، كل مقطع في القصيدة موجة وكأنه ذو امتداد لا نهائي [59]

3) **قصيدة البناء الحلزوني :**

تتضمن القصيدة ذات البناء الحلزوني موقفا شعوريا واحدا، وإذا كان متعددا يجب أن يكون متجانسا ينكشف بعدا بعد آخر، وفي نقطة الانطلاقة الأولى، يدور الشاعر دوراته ليؤلف دورة كاملة، لا تنغلق على نفسها، وإنما تسلم ذاتها إلى دورة ثانية وثالثة، وبنية القصيدة على هذا النحو تشبه السلك الحلزوني ،

الذي يبدو لنا في النظرة الأفقية إليه ، مجموعة من الحلقات المستقلة ، لكنها في الحقيقة مترابطة ويربط بينها الموقف الشعوري الأول ، فكل دائرة تنتهي بذاتها إلى نهاية القصيدة ، فالبداية والنهاية تكونان تجريديتين بينما جسد القصيدة تجسيميا[60] .

لقد جسدت حركة الشعر الحديث، انهيار المركز، انهيار الأنموذج، وانهيار الإجماع، وأسست لحساسية ولغة جديدتين وأشكالا متعددة .

وبذلك خطى بدر شاكر السياب بالقصيدة العربية في الشعر المعاصر، خطوة في اتجاه الحداثة، حيث أخرج الشعر العربي من حاله رومانسية ، إلى تجربة لها أفق، ونص يعلن عن بيانه الشعري الجديد، ومن ثم أدرك السياب أن بناء القصيدة " على التفعيلة لم يكن إلا تطويرا خارجيا، قادما من عملية التأثر بالنموذج الذي يقدمه الأدب الغربي[61] ، وعليه راح يبحث عن بناء مغاير للقصيدة، فكانت البداية تحمل في داخلها، وعيد بضرورة تجاوز النص السائد، وبذلك بدأ صوت السياب الشعري ينهض بعملية الفعل الشعري، الذي يبحث عن القصيدة المركبة، وهي القصيدة الطويلة التي تجسدت في قصيدة " أنشودة المطر "[62] .

يتبلور بشكل واضح في " أنشودة المطر " الرمز التموزي، وهذه التجربة الشعرية هي جزء من محاولات السياب السابقة خاصة في (الأسلحة والأطفال - حفار القبور - المومس العمياء)[63] .

تتبني قصيدة " أنشودة المطر " على علاقة مركزية تنشأ بين صوت الشاعر والرمز الذي يستدعيه (عشتار) التي يتحول النص في حضرتها إلى قداس ابتهالي، وتمثل هذه العلاقة دائرة مركزية أولى يتحلق حولها حشد من الدوائر المتتابعة .

فنلمح في الدائرة الثانية الأم التي ماتت والطفل يهذي قبل ان ينام . ونرى في الدائرة الثالثة (العراق الذي يذخر الرعود والبروق) .. حتى كأن القصيدة سلسلة من التموجات الدائرية التي تقود الواحدة منها إلى الأخرى على نحو انسيابي تلقائي[64] .

عندما نصغي لـ" أنشودة المطر " نتبين أن مسارها البنائي مر بثلاثة مستويات نصية متداخلة،
أولها الرمز الأسطوري التموزي، الذي يصرح به الشاعر، وإنما ندركه من افتتاح القصيدة، الذي يشبه
الابتهال :

عيناك غابتا نخيل ساعة السحر

أو شرفتان راح ينأى عنهما القمر

عيناك حين تبسمان تورق الكروم

وترقص الأضواء ..كالأقمار في نهر (65)

وفكرة اليباب والخصب، والموت والميلاد، تيمات أساسية في شعرية السياب، حيث أفاد من
عناصرها الأسطورية في بناء قصيدة تمنحه طاقة صلبة، في استلهام الموروث وتوظيفه لتغيير الواقع
القسري المفروض .

ولهذا يقول السياب في رسالة ليوسف الخال في 4 / 4 / 1961 " إنني اعتقد بان بعث
الإنسان بعد موته هو أكبر انتصار له على الفناء والعدم ." (66)

واستطاع السياب في " أنشودة المطر " وفي شعره ان يعبر عن فكرة القحط بالخصب، والموت
بالميلاد، ضمن رؤية حداثية تتجاوز نص الأسطورة، لخلق أسطورة النص. فهو لا يرجع إلى الماضي من
أجل أن تسكن القصيدة فيه، وإنما يعيد بناء ذلك الماضي ، والذي هو جزء من الذات الكاتبة ، ليبني
من خلاله عالما شعريا ، تتجدد فيه الحياة ..

وهذا الرمز يبدأ بعشتار، ثم يتحول إلى الأم ، وهي الوجه الآخر لعشتار، ثم يأتي التحول
الآخر في الرمز، وهو العراق . ويقود هذا التحول إلى الذاكرة ورمزها " الخليج".

أما المستوى الثاني الذي ينهض ببناء القصيدة فهو صوت الشاعر، أو الذاكرة، حيث نلحظ أن
" أنشودة المطر " تعتمد على تفاصيل جزئية، وهي جزء من تجربة الشاعر الشخصية، ولكن هذه
التفاصيل هي التي تسهم في تطور مسار القصيدة من حركة إلى أخرى ، وتتشابك هذه التفاصيل مع
الرمز :

1- كنشوة الطفل إذا خاف من القمر

2- وكركر الأطفال في عرائش الكروم

3- ودغدغت صمت العصافير على الشجر

4- كأن طفلا بات يهذي قبل أن ينام

بأن امه التي أفاق قبل عام . [67]

5- تسف من ترابها وتشرب المطر

6- كأن صيادا حزينا يجمع الشباك

ويعلن المياه والقدر . [68]

7- واسمع القرى تئن والمهاجرين

يصارعون بالمجاذيف وبالقلوع

عواصف الخليج منشدين

8- وكم ذرفنا ليلة الرحيل من دموع . [69]

9- ومنذ ان كنا صغارا كانت السماء

تغيم في شتاء

ويهطل المطر [70]

10- وما تبقى من عظام بائس غريق

من المهاجرين ظل يشرب الردى

من لجة الخليج والقرار [71]

11- وفي العراق ألف أفعى تشرب الرحيق

من زهرة يربَها الفرات بالندى [72]

إنها تداعيات الذاكرة والتداعيات " محكومة بعاملين : الصوت الإبتهالي الذي يشكل محطات القصيدة ، والإشارات القادمة من إيقاع المطر . التي تضبط مفاصلها . الذاكرة ليست حرة. إنها محكومة بهذين العاملين . لذلك فهي حين تستطرد. لا تخرج على المقدمات التي استدعت هذه الاستطرادات. تضيئها وتعطيها ملامح إنسانية محددة.." [73]

والمستوى الثالث هو الإيقاع، إذ أن " أنشودة المطر " اعتمدت في بنائها على إيقاع خاص بها، ينبع من داخلها. وعلى الرغم من أن السياب قد استخدم تفعيلة

الرجز، لكنه يخلصه من طابعة الوزني الإكراهي. وبذلك تبدأ القصيدة مغامرة خاصة بالإيقاع وفيه .

في " أنشودة المطر " يلعب الرمز دورا مركزيا في حركية الإيقاع، حيث ان ظاهرة التضاد بموجبها يتحول النص إلى حركة تستوعب في صلبها مفارقات الحياة ، تشمل هذه الظاهرة جميع العناصر المكونة للنص [74] مثال عن تضاد الألفاظ:

الموت ـــــــ الميلاد

الظلام ـــــــ الضياء

الجوع ـــــــ المطر

الأم ـــــــ عشتار

أيضا تضاد الصورة :

صورة الأطفال في الكروم ـــــــ صورة العبيد في الحقول

الخليج يطرح المحار ـــــــ الخليج يطرح عظام بائس غريق

إن هذا التضاد يحدث في بنية القصيدة حركة إيقاعية متميزة ، ترفد الوزن والقافية، ويتحولا إلى دال من دوال النص. وهناك عنصر إيقاعي آخر، هو التكرير، الذي يأخذ وظيفة بنائية، أساسها المناداة على الدوال الأخرى البنائية للنص الشعري المعاصر .

ومن تم كانت كلمة " مطر " دال إيقاعي، يكسر بنية البيت التقليدي، وينأى بالقصيدة عن التماثل والعجز كما كانت التقليدية تكرس هذا المفهوم . وهذا التكرير في مسار القصيدة .

يختلف من حركة إلى أخرى يأتي في ثلاث مرات، وبعضها مرتين فقط .

ودغدغت صمت العصافير على الشجر

أنشودة المطر ...

مطر ...

مطر ...

مطر ...[75]

* * *

وكم ذرفنا ليلة الرحيل ، من دموع

ثم اعتللنا - خوف أن نلام - بالمطر ...

مطر ...

مطر ...[76]

إن كلمة "مطر" تقوم بدور بنائي، بفعل التكرير الذي يمنح النص بناء إيقاعيا متجددا، وعليه يؤسس الشعر المعاصر قانونه . سواء على مستوى البيت أو الإيقاع .

إن السياب في " أنشودة المطر "يتوجه نحو قصيدة أساسها الماء، الذي هو محو متصاعد لسلطة التقليد، وبحث مستمر عن إيقاع خاص، من خلال تجربة الموت والميلاد، والقصيدة الحديثة في الشعر المعاصر، هي مخاطرة، ومواجهة الموت والفناء .

ومن هنا، يذهب السياب بعيدا في شعرية القصيدة، ليتجاوز مفهوم الشعر الحر، الذي نادت به نازك الملائكة، ويفتح فضاءات عدة للشعر العربي ورؤى جديدة من أسئلة الحداثة.

هوامش الفصل الأول الباب الثالث

(1) نارك الملائكة . قضايا الشعر المعاصر ، ط7 ، دار العلم للملايين ، بيروت 1983 . ص : 69 .

(2) نازك الملائكة . مقدمة ديوان " شظايا ورماد " مجلة:مجلة: الآداب، العددان 3 و 4 بيروت. ص: 87.

(3) ماجد السامرائي، نازك الملائكة : هذا المدى الشعر الكبير ، المرجع السابق ، ص : 22

(4) نازك الملائكة . قضايا الشعر العصر ، (م ، س) . ص : 41 .

(5) المرجع السابق . ص : 56

(6) المرجع السابق . ص : 56 .

(7) المرجع السابق . ص : 57

(8) المرجع السابق . ص : 57 /58

(9) (م ، س) . ص : 58

(10) (م ، س) . ص : 58 .

(11) (م ، س) .ص : 60 .

(12) (م ، س) . ص : 60 .

(13) (م ، س) ، ص : 63 .

(14) هاشم ياغي . الشعر الحديث بين النظر والتطبيق ، ط1 ، المؤسسة العربية للدراسات والنشر ، بيروت ، 1981 . ص : 24 .

(15) المرجع السابق ، ص : 24

(16) محمد بنيس ، الشعر المعاصر ، (م ، س) ، ص : 29 / 30 .

(17) المرجع السابق . ص : 30/ 31

(18) يوسف الخال، الحداثة من الشعر، دار الطليعة، ط1، بيروت 1978، ص: 45/44 .

(19) كمال خيربك، حركة الحداثة في الشعر العربي المعاصر، المشرق للطباعة والنشر والتوزيع ، ط1 ، بيروت: 1986، ص:67.

(20) يوسف الخال ، (م .س) ، ص:14 .

(21) أدونيس، زمن الشعر ، ط3 دار العودة ، بيروت ، 1983 ، ص:09.

(22) أدونيس (م،س) .ص:38 .

(23) أدونيس، زمن الشعر (م، س) ، ص:17 .

(24) كمال أبوديب، الحداثة، السلطة، النص. مجلة فصول.ج 1 .مج 4، العدد3 ، السنة 1984. ص:35.

(25) المرجع السابق .ص:41 -

(26) أدونيس ، زمن الشعر . (م.س) .ص:43 -

(27) أدونيس . (م.س) . ص:42

(28) أدونيس ،فاتحة لنهايات القرن . دارا لعودة ط 1 بيروت . 1980 ص:313

(29) المرجع السابق . ص : 325 ،

(30) أدونيس الشعرية العربية دار الآداب ،ط1 ، بيروت 1985 ص : 86/ 87

(31) محمد بنيس، حداثة السؤال دار التنوير، بيروت المركز الثقافي العربي، الدار البيضاء ، ط1 ، المغرب - 1985 ص: 133

(32) المرجع السابق ،ص: 133، 139

(33) المرجع السابق . ص:139-

(34) المرجع السابق . ص: 143 .

(35) (م – س). ص: 143-

(36) كمال أبوديب .(م.س). ص:45

(37) خلدة سعيد ، الحداثة أو عقدة جلجامش ،مواقف ، ع: 51/ 52 بيروت 1984 ص: 36.

(38) إبراهيم روماني الغموض في الشعر العربي الحديث ، ديوان المطبوعات الجامعية (د.ط) ، الجزائر 1991 صك120.

(39) محمد بنيس الشعر المعاصر ز(م،س) .ص:240

(40) محمد نبيس الشعر المعاصر (م.س) زص:75

(41) المرجع السابق ، ص: 108

(42) نازك الملائكة ، قضايا الشعر المعاصر .(م.س) . ص:78/77

(43) محمد بنيس الشو المعاصر (م.س) . ص : 111

(44) عز الدين إسماعيل، الشعر العربي المعاصر دار العودة، ط3، بيروت 1981 ص: 83/82

(45) المرجع السابق ص:83

(46) عز الدين إسماعيل (م.س) ص : 66

(47) المرجع السابق .ص: 79 .

(48) محمد بنيس الشعر المعاصر .(م س) .ص: 115

(49) أدونيس ، زمن الشعر ، (م ، س) ،ص : 94

(50) كمال أبو ديب ، الحداثة ، السلطة ، النص ، (م.س)، ص: 46 .

(51) نازك الملائكة ، قضايا الشعر المعاصر .(م.س)،ص : 241 / 242 .

(52) المرجع السابق ،ص : 246 / 247 .

(53) المرجع السابق . ص 257 / 258 .

(54) عز الدين إسماعيل . الشعر العربي المعاصر (م ، س) . ص : 241

(55) المرجع السابق ، ص : 246

(56) (م ، س) ، ص : 246

(57) (م ، س) . ص : 251 .

(58) المرجع السابق . ص : 255 / 257 .

(59) المرجع السابق ، ص : 259 .

(60) المرجع السابق ص : 260 .

(61) إلياس خوري، دراسات في نقد الشعر، دار ابن رشد ، ط2 ، بيروت 1981 ص : 28 .

(62) بدر شاكر السياب ، أنشودة المطر ، ط2 ، دار العودة ، بيروت ، 1981 . ص : 162 / 169 .

(63) المصدر السابق . ص : 251 / 231 / 197 .

(64) محمد لطفي اليوسفي، في بنية الشعر العربي المعاصر. سراس للنشر، ط . تونس، 1985. ص:34

(65) السياب . (م . س) . ص : 162 .

(66) عبد الرضا علي، الأسطورة في شعر السياب، دار الرائد العربي، ط2 ، بيروت، 1984. ص: 149.

(67) السياب . (م . س) . ص : 163 .

(68) المصدر السابق . ص : 164 .

(69) المصدر السابق . ص : 166 .

(70) المصدر السابق . ص : 167 .

(71) المصدر السابق . ص : 168 / 169 .

(72) المصدر السابق . ص : 169 .

(73) إلياس خوري (م . س) . ص : 42 .

(74) محمد لطفي اليوسفي . (م . س) . ص : 37 .

(75) السياب . (م . س) . ص : 163 .

(76) (م .س) . ص : 166 / 167 .

الفصل الثاني
شعرية النص

أولاً – الشعر والنثر

تقيم الشعرية العربية حدا فاصلا بين الشعر والنثر، وهذا الفصل يرتكز على مفهوم الشعرية الشفوية، التي ظلت لصيقة بالوزن والإنشاد والسماع، كمعيار مطلق، يفرق بين الشعر والنثر .

لذلك كان تعريف الشعر في الثقافة العربية يتسم بالصرامة والحدود فهو عند قدامة بن جعفر قول موزون مقفى يدل على معنى [1] ويرى ابن رشيق أن الشعر يقوم بعد النية على أربعة أشياء "وهي: اللفظ، والوزن، والمعنى، والقافية "[2] .

وهذه العناصر أصبحت مقياس الشعرية، وتفرعت عنها شعريتان، إحداهما مع إثبات الوزن والمعنى، والأخرى تشترك مع الأولى في تعريف الشعر بالوزن والقافية، إلا أنها تضيف إليهما التخييل، ويظهر الفرق في تعريف أبي محمد القاسم السجلماسي إذا يقول: "إن الشعر هو الكلام المخيل المؤلف من أقوال موزونة متساوية، وعند العرب مقفاة ، فمعنى كونها موزونة: أن يكون لها عدد إيقاعي، ومعنى كونها متساوية هو أن يكون كل قول منها مؤلف من أقوال إيقاعية، فإن عدد زمانه مساو لعدد زمان الآخر، ومعنى كونها مقفاة هو : أن تكون الحروف التي يختم بها كل قول منها واحدة (.....) والتخييل هو المحاكاة والتمثيل، وهو عمود الشعر "[3] .

إن هذا التعريف يتطابق وتعريف ابن سينا للشعر [4] لأنه يجعل من التخييل سمة جوهرية، تكسب القول صفة الشعرية ويليه في الأهمية الوزن فالقافية .

ونجد مفهوما مغايرا للشعر، على أنه في الأصل نثر أضيفت إليه عناصر أخرى، وهذا ما عبر عنه ابن طباطبا بقوله " فإذا أراد الشاعر بناء قصيدة مخض المعنى الذي يريد بناء الشعر عليه في فكره نثرا، وأعد له ما يلبسه إياه من الألفاظ التي تطابقه والقوافي التي توافقه والوزن الذي يسلسله القول عليه .."[5] .

ومن ثم كانت المفاضلة بين الشعر والنثر، على أساس الإضافة، لا على أساس التمايز الجوهري انطلاقا من البناء ككل، وهذا التفاضل السطحي بدأ في التراجع بعد تكريس الكتابة .

وقد ترتب عن قراءة النص القرآني نقلة في صياغة نظرية النظم، التي مهدت للنقلة من الشفوية إلى الكتابة، واتجهت الدراسات العربية، بشكل أو آخر، إلى المقارنة بين النص القرآني والنص الشعري صحيح أنها كانت تهدف أساسيا، إلى إقامة الفرق بين النصين مؤكدة على تفوق النص القرآني لكن، صحيح أيضا أنها في الوقت ذاته ، وبفعل المقارنة نفسها كانت - وربما دون أن تقصد- تجعل من النص القرآني نموذجا أدبيا جديدا يقابل النموذج الجاهلي ويتخطاه .." [6].

ويمكننا القول أن النص القرآني اضطلع بأهم أدواره خطورة في تلوين قراءتهم للحدث الشعري، إنه نوع من النثر يشترك مع الشعر في الكثير من خاصياته "[7].

ومن ثم يصبح الانشغال بالشعر ورصد قوانينه الفاعلة في بنائه، هو انشغال بالنثر، على اعتبار أن الشعرية تقع في النثر وتتجلى في الشعر على أشدها. فالعلاقات القائمة بين الشعر والنثر قائمة على نوع من التنافر والتجاذب في الآن نفسه " [8].

ولقد أثار أبو حيان التوحيدي قضية المفاضلة بين الشعر والنثر وجاء بحجج أبي عابد الكرخي، في تفضيل النثر على الشعر " إن النثر أصل الكلام والشعر فرعه، والأصل أشرف من الفرع والفرع أنقص من الأصل لكن لكل واحد منهما زائنات وشائنات، فأما زائنات النثر فهي ظاهرة لأن جميع الناس في أول كلامهم يقصدون النثر، وإنما يتعرضون للنظم في الثاني بداعية عارضة وسبب باعث وأمر معين، ومن شرف النثر أيضا أن الكتب القديمة والحديثة النازلة من السماء على ألسنة الرسل بالتأييد الإلهي مع اختلاف اللغات كلها منثورة مبسوطة، متباينة الأوزان متباعدة الأبنية، مختلفة التصاريف لاتنقاد للوزن ولا تدخل في الأعاريض، ومن شرفه أيضا ان الوحدة فيه اظهر، وليس كالمنظوم

داخلا في حصار العروض وأسر الوزن وقيد التأليف مع توقي الكسر واحتمال أصناف الزحاف.." (9) .

إن هذا الرأي يخترق السائد، ويخلخل القناعات المترسخة، فهو ينتصر للنثر ويحدد وظيفة وشكل كل من الشعر والنثر، وهذا الإعلاء من شأن النثر، أدى فيما بعد إلى بلورة مفهوم جديد عن الكتابة التي يتداخل فيها النثر والشعر .

ولقد ظهرت الكتابة كخطاب له سمات مشتركة مع الشعر في الكتابات الصوفية وخاصة ابن عربي حيث أصبحت الكتابة شعر ونثر في آن. وعليه فإن الشعرية صفة لا ماهية للقول الشعري فهي تلحق بالكلام وتندس في النثر وتجعل الحدود الفاصلة رجراجة". (10)

ورغم محاولات تجاوز عيار الوزن والقافية، فإن الفارق الجوهري بين الشعر والنثر، في الثقافة العربية هو الوزن، وسبب إلحاح العرب على الوزن، يرجع لكونه يعمق الإيقاع ويرفده، وله دور تمييزي، ومن جهة النظر الشكلية يميز جان كوهين، بين الشعر والنثر، مستبعدا في أن الشعر نثر يضاف إليه الوزن، إنه يرى الشعر نقيضا للنثر، فهو يحتويه على نحو ما، فالشعر مثله مثل النثر يؤلف خطابا، لكن النثر والشعر، يتميزان داخل اللغة كنمطين مختلفين من الرسائل وعليه تتعارض الرسالتان بدورهما سواء في المادة أو في الشكل، وذلك على مستويي العبارة والمحتوى معا." (11)

وعليه فالنظم عند جان كوهين لا يوجد، إلا كعلاقة بين الصوت والمعنى فهو إذن بنية صوتية دلالية (12) ومن هذه العلاقة يقيم كوهين الفصل بين الشعر والنثر، فالشكل الشعري، ليس عناصر مستقلة بذاتها، وإنما هو بنية تختلف، بل تناقض بنية النثر الخطية (13) .

ويركز كوهن على طبيعة العلاقات النحوية في الشعر، وخصوصية البنية، ويرى أن " الصوت في النظم دليل كما هو في النثر، غير أن دلالته عسيرة الإدراك (14) لذا يؤكد أن الإيقاع موجود في النثر، وبين نثر موقع ونظم موقع لا نكاد نرى أية فوارق (15) .

فالكتابة الشعرية دائرية على المستوى الصوتي، وخطوطية على المستوى المعنوي، وعن طريق تداخل هذين المستويين (الإيقاعي/الدلالي) تتحقق الموزاة بينهما، ويتعذر دراسة مستوى بمعزل عن الآخر وبذلك ندرك أن الشعر ليس وزنا ومعنى، بل هو ممارسة لغوية ، وحدث مدهش في الكلام .

وضمن هذه الرؤية يتحدث رومان ياكبسون عن وظائف اللغة ومنها الوظيفة الشعرية " إن استهداف الرسالة بوصفها رسالة والتركيز على الرسالة لحسابها الخاص هو ما يطبع الوظيفة الشعرية للغة، ولا يمكن لهذه الوظيفة أن تدرس دراسة مفيدة إذا ما أغفلنا المشاكل العامة للغة، ومن جهة أخرى يتطلب التحليل الدقيق للغة أن نأخذ جديا بعين الاعتبار الوظيفة الشعرية، ولا تؤدي كل محاولة لاختزال دائرة الوظيفة الشعرية إلى الشعر، أو لقصر الشعر على الوظيفة الشعرية إلا إلى تبسيط مفرط ومضلل، وليست الوظيفة الشعرية هي الوظيفة الوحيدة لفن اللغة، بل هي فقط وظيفته المهيمنة والمحددة، مع أنها لا تلعب في الأنشطة اللفظية الأخرى سوى دور تكميلي وعرضي، ومن شأن هذه الوظيفة التي تبرز الجانب الملموس للدلائل أن تعمق بذلك الثنائية الأساسية للدلائل والأشياء، وبالإضافة إلى ذلك، لا يمكن للسانيات، وهي تعالج الوظيفة الشعرية، أن تقتصر على مجال الشعر"(16). إن ياكسبون يعمم الوظيفة الشعرية على الشعر والنثر معا، ومن ثم ينفي اختزال هذه الوظيفة في الشعر .

وتستوعب الثقافة العربية الحديثة هذه التحولات، وتستبعد المفهوم التقليدي الذي يفصل بين الشعر والنثر على أساس الوزن، ولا يهتم بالوظيفة الشعرية، لذا يرى أدونيس " أن تحديد الشعر بالوزن تحديد خارجي سطحي، قد يناقض الشعر، إنه تحديد للنظم لا للشعر، فليس كل كلام موزون شعرا بالضرورة وليس كل نثر خاليا ، وبالضرورة من الشعر .." (17) .

ويطرح أدونيس استخدام اللغة مقياسا أساسيا في التمييز بين الشعر والنثر ، وبذلك يحدد الفروق الجوهرية في خصائص بناء النثر والشعر فيما يلي :

1- إن النثر إطراد وتتابع لأفكار ما، في حين أن هذا الاطراد ليس ضروريا في الشعر.

2- أن النثر ينقل فكرة محدودة ، ولذلك يطمح أن يكون واضحا ، أما الشعر فينقل حالة شعورية ، أو تجربة ، ولذلك فإن أسلوبه غامض ، بطبيعته .

3- إن النثر وصفي تقريري ، ذو غاية خارجية معينة ومحدودة ، بينما غاية الشعر هي في نفسه فمعناه يتجدد دائما بحسب السحر الذي فيه ، وبحسب قارئه ، [18]

هذا يعني أن الفرق الجوهري بين النثر والشعر ليس الوزن، وإنما طريقة التعبير، أي كيفية استخدام اللغة، من الأسلوب الوصفي التقريري، إلى الأسلوب الغامض، الذي يعبر عن موقف شعوري .

وهكذا نجد النقد العربي القديم يقيم الحد، بين الشعر والنثر على أساس عنصر واحد من عناصر البناء الشعري، بينما النقد المعاصر، يبحث عن الشعرية وخصائصها في النثر والشعر معا .

ثانياً – هجرة النص

لقد أدخلت الرومانسية العربية، إبدالات على مفهوم الشعر، وأسست لأشكال تعبيرية مثل الشعر المرسل، والشعر المنثور، الذي يعتبر أحد مراحل الوعي الفني، في إيجاد فضاء مشترك بين النثر والشعر، ومن ذلك نتبين أن هناك محاولتين تجديديتين في الشعر العربي الحديث:

الأولى: تتخطى الركن الأول في القصيدة التقليدية، وهو القافية (وكرست هذه المحاولة الشعر المرسل) .

الثانية: تتخطى الركنين معا، وهما (الوزن والقافية)، وهو الشعر المنثور. [19]

والملاحظ أن كلا من المحاولتين كانتا تخطيا للجانب الشكلي، ولقد أدى التعامل مع الوزن والقافية، بحرية تامة إلى التداخل بين مفهومي الشعر المرسل والشعر المنثور.

لقد استطاع جبران أن ينهض بالنص الشعري العربي، من عمق التحولات، التي طرأت في عصر النهضة، وكان جبران في خضم هذه التحولات، يبحث عن رؤية جديدة، ونص جديد، ومن ثم كان الشعر المنثور، هو بيان التحول الأول في الشعرية العربية ؛

ونحن أيضا أمام نقلتين في الشعر العربي المعاصر ، وفي رحم تاريخي واحد، وهما:

1- انتقال الشعر العربي من (الشعر الحر) إلى (القصيدة الحديثة) .

2- الانتقال من (الشعر المنثور) إلى (قصيدة النثر) . [20]

وما يهمنا هنا، هو تحديد مسار النقلة الثانية، لأن تمييز هذه النقلة ضروري جدا، حتى نفهم القوانين الداخلية، التي ساعدت على تطور الشعر العربي الحديث من القصيدة إلى النص .

يخلط التقليديون في فهم هذا التحول، على مستوى الرؤى والبنيات، فهم لا يميزون بين الشعر المرسل والشعر المنثور، وبين الشعر الحر والشعر المنثور أو بين قصيدة النثر والشعر المنثور .

ما من شك أن هناك فروقا بين هذه الأشكال، حيث أن (الشعر المنثور) يقوم " على بث دفقة من الحيوية، والحركة الداخلية، في مناخ اللغة، والتأليف الإيقاعي ما بين المفردات، فإن (قصيدة النثر) تقوم على تحويل علاقات اللغة، وتغييرها، ومنحها دلالات جديدة، إنها تطمح إلى إنجاز لغة جديدة، وشعر جديد [21] .

يتضح مما سبق، أن رفض سلطة التقليد، قد أنجز " غنائية شعرية نقلت الشعر العربي من (الكلاسيكية) إلى (الرومنتيكية)، ومن (الشعر الكلاسيكي) إلى (الشعر المنثور) ومن (شعر العقل) إلى (شعر الرؤيا) [22]

لقد أحدث ديوان ولت ويتمان (أوراق العشب) تأثيرا كبيرا في الأوساط الأدبية، إذ أنه أول من أوجد مفهوم (قصيدة النثر) ومن أمريكا، انتقلت التسمية إلى أوروبا عموما وإلى فرنسا خصوصا، لقد لعبت مجلة " شعر " دورا تاريخيا في

تغيير مفهوم وبنية الشعر، من خلال طرحها لشكل تعبيري جديد هو " قصيدة النثر " .

وكان أدونيس هو أول من استخدام هذا المصطلح وذلك في مقال له بعنوان : محاولة في تعريف الشعر الحديث " نشر بمجلة " شعر " صيف 1959، حيث يقول: " إن تحديد الشعر بالوزن تحديد خارجي سطحي، قد يناقض الشعر، إنه تحديد للنظم لا للشعر، فليس كل كلام موزون شعرا بالضرورة، وليس كل نثر خاليا بالضرورة من الشعر، إن قصيدة نثرية يمكن بالمقابل، أن لا تكون شعرا، ولكن مهما تخلص الشعر من القيود الشكلية والأوزان ومهما حفل النثر بخصائص شعرية .. تبقى هناك فروق أساسية بين الشعر والنثر"[23] .

وعمق أدونيس فهمه لقصيدة النثر، حيث شرح مفهومها، ومبررات كتابتها، وشروط هذه الكتابة، في مقال له بعنوان " في قصيدة النثر " نشر في مجلة " شعر " شتاء عام 1960، وفي نفس العدد الذي نشرت فيه مقالته ، نشر قصيدة نثرية عنوانها " مرثية القرن الأول "، وهي بمثابة بيان شعري جديد، إضافة إلى المقالة ، التي قدم فيها قصيدة النثر .

وصدرت لأنسي الحاج مجموعة من قصائد النثر عنوانها "لن" سنة1960، وقد قدم الحاج لمجموعته هذه، بمقدمة شبيهة بمقالة أدونيس، واعترف بأنه اعتمد على كتاب سوزان برنار " قصيدة النثر من بودلير حتى أيامنا "

إن مجموع المفاهيم التي جاء بها أدونيس وأنسي الحاج حول " قصيدة النثر " كانت كافية، من حيث صياغة نظرية ، تجيب عن أهم الأسئلة المطروحة حول هذه القصيدة، ومن تلك الأسئلة نجد: لماذا قصيدة النثر؟ وكيف تكون ؟ وكانت الإجابة خاصة من قبل أدونيس. وترتب عن رؤية الرفض والتمرد، بعض المفاهيم الأولية، التي تكرس قصيدة النثر، هي:

1- إن قصيدة النثر شكل شعري "مستقل" عن الأشكال الشعرية الأخرى ، و " منقطع " عنها جميعا ، موزونة كانت أم غير موزونة .

2- إن قصيدة النثر ليست مجرد " تطور " أو " تجديد " في الحركة الشعرية ، بل هي "ثورة جذرية" على ما سبقها من الأشكال الشعرية ومفاهيمها .

3- إن قصيدة النثر أرقى أشكال الكتابة الشعرية بالنسبة للشعراء الذين يمارسونها [24]

وهذا يعني أن ليس للشعر في قصيدة النثر شكل نهائي مطلق، فهي مغامرة نصية في عوالم اللغة المتعددة . ومن تم كانت الرغبة في تكسير الثابت والبحث المستمر عن المجهول والمدهش، فكانت التسمية " قصيدة النثر" تكسير لما هو متعارف عليه، في تحديد مفهوم الشعر، وتكريس مفهوم الشعرية والتي هي إمكانات مفتوحة الأبعاد، وما يجب الانتباه إليه في تسمية " قصيدة النثر " هو تحديد الجانب الدلالي من أية قصدية مكتفية بذاتها، وهذا الأمر غير مطروح على مستوى اللغة الفرنسية مثلا، ففي هذه اللغة تسمى القصيدة Poème وهذه التسمية مشتقة من الشعر Poésie وهو ما يجنب المفهوم الالتباس المنهجي الذي قد يشوش على دلالة الترابط الاشتقاقية "[25] . لكن في الثقافة العربية نجد تقابلا لا اشتقاقا اسميا ، إن الدال قصيدة " ليست مشتقة من مجالها المعرفي الشعر ، كما هو الشأن في اللاتينية وما تفرع عنها ، بل أخذت من دال آخر له دلالة مقصدية تحيل إلى ناحية كمية للشعر." [26]

إن ابن رشيق يعرف القصيدة بقوله قيل إذا بلغت الأبيات سبعة فهي قصيدة، ولهذا كان الابطاء بعد سبعة غير معيب عند أحد من الناس، ومن الناس من لا يعد القصيدة إلا ما بلغ العشرة وجاوزها، ولو ببيت واحد[27]، ومصدر قصيدة هو قصد، من المجرد الثلاثي "قَصَدَ " ومعناه التوجه إلى الشيء المقصود، ويقال قصدَّ الشاعر، بمعنى أطال .

إن مفهوم القصيدة يتجه مرة نحو العدد الكمي في إنتاج الشعر، ومرة نحو الغرض الشعري، حيث يقال هذا بيت القصيدة وهو البيت الذي يشتمل على غرض الشاعر، وغايته من القصيدة، والخلاصة التي يجب أن نصل إليها هي "تنقيح دلالة قصيدة عند إضافتها إلى دال نثر، وحصرها في جوهر العملية الشعرية، لتكون معبرة عن روح الشعر، وحده الأقصى في تفجير اللغة واستكناه الرؤيا والابتعاد عن الدلالة القصدية التي تنحو نحو الغرض، حتى يصبح مدلول قصيدة نثر هو غرض النثر، أي تلك النثرية الفجة" [28].

إن قصيدة النثر، هي نص يتوغل في شعرية مفتوحة تستفيد من الإمكانات التي توفرها الأجناس الأدبية المختلفة. لقد حاولت سوزان برنار في كتابها " قصيدة النثر من بودلير حتى أيامنا " أن تحدد سياق تطور هذا النص الشعري، وقد وجدت أن قصيدة النثر، قامت أساسا على مبدأ مزدوج هو: إرادة التحرر من المواضعات الشعرية المقررة، والبحث عن عناصر شعر جديد داخل النثر [29].

إن مفاهيم الناقدة الفرنسية سوزان برنار عن قصيدة النثر، هي التي وضعت تطورا مستقلا عن الشعرية التقليدية ومفاهيمهما للشعر، فهي بعد تحليلها لمسار قصيدة النثر تصل إلى نتيجة، هي أن مفهوم القصيدة ضرورة جوهرية لقصيدة النثر، حيث يسمح بتعريفها كشكل وكعالم من العلاقات، وبالتالي تمييزها عن بقية الأنواع الأخرى للنثر الأدبي والنثر الشعري على حد سواء .

فكان نتيجة ذلك قطبان: أحدهما فوضوي هدمي والثاني تنظيمي فني وهذه القطبية التي تحكم قصيدة النثر في كافة درجات تنظيمها تجعل من هذه القصيدة تستفيد من النثر وتفرض عليه تنظيما فنيا يجعله كلا " مفردا: و "منعقدا " في آن واحد .

إن الشعر المعاصر، من حيث التصور يقوم أساسا على التجريب والتعدد، ومن ثم فهو يعلن عن شعريات تقدم مفاهيم حديثة للقوانين البنائية للقصيدة، وهو ما يؤكد وجود أنساق شعرية متعددة والانخراط في نسبية تمكن الشاعر الحديث من خوض المخاطرة في التجريب، والانتقال من تطور أحادي إلى تطور تعددي ومن شكل مغلق إلى شكل مفتوح .

ولكي نفهم وندرك التحديد الدلالي لقصيدة النثر، ينبغي أن نضع هذه القصيدة في مجالها المعرفي المغاير، وهو المجال النصي، " لأن قصيدة النثر تراكم نصي لحركة الحداثة الشعرية ساهم إلى جانب تراكمات نصية أخرى، في إعادة تحديد مفهوم النص، وهو إنجاز متقدم للبلاغة المعاصرة التي تنطلق من استراتيجيات مختلفة [30]، وباستحضار تحديد رولان بارت للنص، ندرك ما يلي "

1- في مقابل العمل الأدبي المتمثل في شيء محدد نقترح مقولة النص، والتي لا تتمتع إلا بوجود منهجي فحسب، وتشير إلى نشاط وإلى إنتاج، وبهذا لا يصبح النص مجربا كشيء، يمكن تمييزه خارجيا، وإنما كإنتاج متقاطع، يخترق عملا أو عدة أعمال أدبية .

2- النص قوة متحولة تتجاوز جميع الأجناس والمراتب المتعارف عليها لتصبح واقعا نقيضا يقاوم الحدود وقواعد المعقول والمفهوم .

3- يمارس النص التأجيل الدائم، واختلاف الدلالة، فهو تأخير دائم فهو مبني مثل اللغة لكنه ليس متمركزا ولا مغلقا،إنه لا نهائي، لا يحيل إلى فكرة معصومة بل إلى لعبة متنوعة ومخلوعة.

4- النص يتكون من نقول متضمنة وإشارات وأصداء للغات أخرى وثقافات عديدة، تكتمل فيه خريطة التعدد الدلالي، وهو لا يجيب عن الحقيقة وإنما يتبدد إزاءها .

5- إن وضع المؤلف يتمثل في مجرد الاحتكاك بالنص، فهو لا يحيل إلى مبدأ النص ولا إلى نهايته ، بل إلى غيبة الأب مما يمسح مفهوم الانتماء .

6- النص مفتوح نتيجة القارئ في عملية مشاركة لا مجرد استهلاك وهو ما يعني اندماجا بين القراءة والبنية في عملية دلالية واحدة .

7- يتصل النص بنوع من اللذة المشاكلة للجنس ، فهو واقعة غزلية [31].

إن هذه التحديد النظري يضع قصيدة النثر، في المجال النصي الذي يمحو الحدود بين الأجناس ويمارس الاختلاف .وعليه فإن قصيدة النثر تعمل على تدمير ثنائية شعر/نثر، وتسافر في المجهول ، قصد بناء مسكن جديد، داخل اللغة .

إن هجرة النص إلى الثقافة العربية تمت بطرق عدة، منها ما هو متعلق بالشعراء الرومانسيين العرب الذين حاولوا أن يتجاوزوا المنجز الشعري وعملوا على خلق وعي متحرر، وقد انتج هذا الوعي رؤية مغايرة للسائد، وبدأت الرومانسية العربية خاصة من خلال جبران في هدم الحدود بين الشعر والنثر، أو عن طريق شعراء الحداثة العربية في مجلة "شعر" الذين قاموا بترجمة الشعر الأوروبي إلى العربية والتعرف على إنجازات الحداثة الغربية شعريا، ونشر مفاهيم حديثة في

التمييز بين الشعر والنثر .وتجاوز مفهوم الشعر الحر وتأسيس نص جديد هو قصيدة النثر .

والمتأمل في مجلة " شعر " اللبنانية يجد ان شعراء هذا التجمع ينطلقون من رؤية تحاول ان تكون شاملة، فلا تقتصر على المحددات الشعرية، وإنما تتخطاها إلى ماهية الشعر، التي هي اصل هذه المحددات، وتمتد إلى العصر والإنسان والواقع والحياة والوجود، وتنطلق هذه الرؤية من مبدأ جوهري هو "الرفض"[32]

ومفهوم "الرفض" عند شعراء "شعر" مرتبط بمفهومين آخرين هما " الانقطاع " و"البحث عن واقع جديد"، وهو بحث عن الماوراء وما فوق الواقع، وهذا يعني أن السريالية وجدت أرضية في الثقافة العربية، من طريق الشعر الغربي، لذا يقول أدونيس "حين أطلقت هذه التسمية 1960 " قصيدة النثر " التي كانت عنوان دراسة حول هذا المفهوم هوجمت هجوما حادا اتخذ طابعا سياسيا - قوميا، إذ رأى فيها الذين هاجموها، وما زالوا يهاجمونها خرقا لمبدأ الشعر العربي وبالتالي تهديما لتراث اللغة الشعرية العربية لكن على الرغم من ذلك، تكاد اليوم قصيدة النثر أن تكون الطريقة التعبيرية الغالبة " [33].

وتشكل قصيدة النثر في تجمع " شعر " أعلى تجسيدات الرفض، والانقطاع، والتمرد، والبحث عن الواقع الآخر، حقيقة قد تكون التجارب الأولى في كتابة قصيدة النثر العربية، تحاكي ما سماه السرياليون " الكتابة الآلية " حيث الكلمة تخلق الصورة في أثر الصورة .

ولكن فيما بعد استطاعت أن تجد لها جذورا في التراث الكتابي العربي، لذا يؤكد أدونيس " إن قصيدة النثر، هي اليوم قصيدة عربية، بكامل الدلالة، بنية، وطريقة، مع أنها في الأساس مفهوم غربي، وقد أخذت بعدها العربي خصوصا بعد تعرف كتابها على الصوفية العربية فقد اكتشفوا في كتابات النضري خاصة والتوحيدي والبسطامي وابن عربي، والسهروردي، أن الشعر لا ينحصر في الوزن، وأن طرق التعبير، وطرق استخدام اللغة هي جوهريا، شعرية وإن كانت غير موزونة"[34].

إن صلة الصوفية بالشعر، هي من صلة الصوفية بالرؤيا وعليه فإن الرؤيا هي الحلم الذي يؤسس عالما تخييليا، ومن هنا صلته بالشعر .

لذا يعرف أدونيس الشعر الحديث بأنه رؤيا وهذا التصور أتاح له بأن اعتبر التصوف تجربة شعرية وانتهى إلى أن هناك علاقة بين الكتابة الصوفية والشعر الحديث، وخاصة قصيدة النثر، التي أسست لممارسة كتابية، أدت إلى ابدال نصي من مرحلة (القصيدة) إلى مرحلة (النص) .

وهذه التحولات هي " في الصيرورة الداخلية للنص من الجزئي إلى الكلي، ومن المحسوس إلى التخييلي، ومن المعلوم إلى المجهول، ومن الواقع إلى الرؤيا، في أفق لامتناه من جدلية الهدم والبناء، الموت والحياة، الخلود والفناء (أي) جدلية المحو والاكتشاف .." [35]

فالمحو هنا بداية الاكتشاف، اكتشاف الذات وتحريرها واكتشاف الأخر، لأن " الأنا هنا هو الاخر، كلاهما مفتوح على قرينه، متجه إليه في لقاء دائم لكي يزداد وجوده امتلاء، ولكي تكون ابداعيته أكثر عمقا وشمولا وإنسانية " [36].

إن قصيدة النثر هي اللقاء بالاخر، وفي الآن نفسه لقاء بالذات، وهو ما كشف عنه ادونيس في قوله: "حين اقرأ رامبو ومن يجري مجراه، أقرأ شرقي العربي في صوت غربي: الهرب من نظام العقل، والارتماء في حيوية الجسد، وتفجر القوى اللامنطقية كالسحر والحلم والرغبة والخيال، وحين أقرأ ريلكه ومن يجري مجراه أقرأ التصوف العربي، غوصا على ماهية الإنسان، ووحدة وجود، وهشاشة عالم، وحين اقرأ السوريالية أقرأ التصوف العربي، شطحا وإملاء وإنخطافا، وحين اقرأ دانتي وغوته أو لوركا أو غونار إيكلوف، أرى أضواء عربية تتلألأ في الدروب التي تسلكها كتابتهم الغربية، اذكر هذه الأسماء تمثيلا لا حصرا لأقول أن تـأثرهم هنا بالشعرية العربية هو نوع من لقاء الذات والاخر "[37] .

وفي هذا الأفق من العلاقة بين الذات والآخر اكتشفت الشعرية العربية الحديثة التجربة الصوفية، ونصوصها التي ظلت بعيدة عن التأمل والانشغال بها،

إن "الرهان على الذات في إنتاج المعرفة، وتحرير الخيال من عقل أو عقال التقليدية، ثم الوعي بالعلاقة بين الشعر والنثر وإلغاء الحدود بينهما [38] هو جزء من عملية البحث عن الخطاب الصوفي في الثقافة العربية القديمة، فهذا الإنصات انبنى على مساءلة متعاليات هذه الثقافة، وتفكيك بنيتها وينتج عن ذلك اكتشاف اللامفكر فيه واستعادته لكي يكون حاضرا، والاتصال بالآخر، والتعرف عليه وعلى ثقافته خاصة الرمزية والسوريالية، جعلت شعراء الحداثة يكتشفون أن تمثل تجربة الاخر، ليس بالضرورة التماهي فيها أو تقليده، وإنما أن ينتجوا المختلف لذا يقول أدونيس إن " قصيدة النثر كشكل سبقني إليه الآخر، يجب أن أنتج ما يغاير نتاجه وبعامة اقول، حين استخدم طريقة ما من طرق الآخر، لابد من ان اعربها، أن أعطيها سمة لغتي الخاصة، وشخصيتي الخاصة، وأبعاد الرؤيا الخاصة بين رؤياي إلى الإنسان والحياة والعالم.." [39] .

لقد حقق ادونيس اللقاء بين الذات والآخر من تصور المغايرة، وأسس لنص يمحو الحدود بين الأجناس ويذهب بعيدا في الرؤيا .

ثالثاً - بنية النص

إن الخروج من الشكل إلى اللاشكل، هو مغامرة الحداثة الشعرية العربية، ولقد طرح هذا الخروج مفهوم النص في الممارسة الشعرية من منظور الكتابة، ولقد كان هذا التحول يعني الإنتقال من لغة التعبير إلى لغة الخلق ومن لغة التقرير أو الإيضاح إلى لغة الإشارة، من التجزيئية إلى الكلية، ومن النموذجية إلى الجديد ومن " الانفعال بالعام إلى الكشف عنه، ومن المنطق إلى اللاوعي، ومن الشكلية القبلية، إلى أشكال خاصة يفرزها تنامي الرؤيا.." [40] .

وضمن هذه الرؤية يرفض أدونيس ان يسكن النص الحديث في أي شكل من الاشكال فهو جاهد أبدا في الهروب من كل أنواع الإنحباس [41] ، وعليه يرى أن قصيدة النثر خطرة لأنها حرة [42] ، وما على الشاعر إلا البحث عن قوانين جديدة ملائمة لنصه الشعري.

وتحدد سوزان برنار الخصائص الفنية لقصيدة النثر في الآتي :

1- ينبغي أن تكون وحدة عضوية مستقلة ، بحيث تقدم عالما مكتملا يتمثل في تنسيق جمالي متميز، يختلف عن الأشكال النثرية الأخرى، من قصة قصيرة، أو مقال أو رواية مهما كانت شاعريتها، وتفرض إرادة واعية للانتظام في قصيدة .

2- يتعين أن تكون وظيفتها الأساسية شعرية، وهذا يتطلب أن تكون بنيتها اعتباطية أو مجانية، يعني أنها تعتمد على فكرة اللا زمنية، بحيث لا تتطور نحو هدف، ولا تعرض لسلسة أفعال أو أفكار منتظمة مهما استخدمت من رسائل سردية أو وصفية.

3- على قصيدة النثر، أن تتميز بالتركيز والتكثيف، وتتلافى الاستطراد، والتفصيلات التفسيرية فالاقتصاد أهم خواصها، ومنبع شعريتها[43].

ومن هذا التحديد يتبين أن قصيدة النثر، هي خروج عن النظام الشعري المتعارف عليه، وإذا كان هذا النص الشعري، نتيجة إلتقاء النقيضين: الفوضى والتنظيم، فإن الفوضوية هدامة، والتنظيم يؤدي إلى ممارسة حرة، ولكنها ذات تنظيم هندسي، يصدر عن الذات الكاتبة. ويرى أدونيس ان هذا النظام الحر، يشكل وحدة عضوية وهي (الجملة)، التي تقوم مقام (البيت) في القصيدة التقليدية. والحديث عن بنية قصيدة النثر، أمر معقد وعلى الرغم من عدم وضوح بعض المفاهيم المتعلقة بالبناء، فإننا من الممكن ان نتحدث عن شكل مرن له خصوصية التجربة، وقبل ذلك كله الرؤيا. فأدونيس يرى أن قصيدة النثر ذات شكل قبل أي شيء، ذات وحدة مغلقة، هي دائرة، او شبه دائرة، لا خط مستقيم هي مجموعة علائق تنظيم في شبكة كثيفة، ذات تقنية محددة وبناء تركيبي موحد. منتظم الاجزاء، متوازن، تهيمن عليه إرادة الوعي التي تراقب التجربة الشعرية وتقودها وتوجهها[44]، فهي إذن نوع متميز قائم بذاته، فهي شعر يستخدم النثر لغايات شعرية خالصة، ولها قوانين تنتظم فيها، سوى بالمقاطع المنتظمة أو التكرار أو البناء الدائري، وبذلك تخلق قصيدة النثر إيقاعا جديدا، لا يعتمد على الوزن والقافية، وإنما هو إيقاع متنوع ومتعدد يتجلى في التوازي والتكرار

والنبرة والصوت وحروف المد والتجاوز بين الحروف. نخلص مما تقدم إلى أن " الوحدة العضوية " ووحدة " الجملة " و" الإيقاع " قواعد بنائية أساسية في قصيدة النثر .

ويضيف أنسي الحاج في مقدمة ديوانه "لن"(45) شروطا أخرى، وإن كانت قد سبقته في طرحها سوزان برنار، وحددها بثلاثة هي الآتية :

1- الإيجاز (الكثافة) .

2- التوهج (الإشراف) .

3- المجانية (اللا زمنية) .

تتجنب قصيدة النثر في بنائها، الاستطرادات والإيضاحات، والشرح، وكل ما يقودها إلى الأجناس النثرية الأخرى .فقوتها الشعرية تكمن في تركيبها الإشراقي، لأنها ليست وصفا وإنما هي خلق يتجاوز ويتخطى الأشكال المسبقة .

أما المجانية (اللازمنية) فهي أن قصيدة النثر لا تتقدم نحو غاية أو هدف، كالقصة أو الرواية أو أي نوع نثري أخر، ولا تبسط مجموعة من الأفكار أو الأفعال، بل تعرض نفسها ككتلة لازمنية .

ونستخلص مما تقدم ان قصيدة النثر شاملة، متمركزة، مجانية، كثيفة ذات إطار، هي عالم مغلق، مقفل على نفسه، كاف بنفسه، وهي في الوقت ذاته، كتلة مشعة، مثقلة بلا نهاية من الإيحاءات(46) .

ويرى أنسي الحاج أن عناصر الإيجاز والتوهج والمجانية، ليست قوانين سلبية، وليست قوالب جاهزة ، وإنما هي خطوط عامة للأعمق الأساسي : موهبة الشاعر، تجربته الداخلية، موقفه من العالم والإنسان، ومن ثم فليس في الشعر ما هو نهائي(47) .

ويرصد سعيد بوكرامي في مقاله الموسوم ب" البنية والتجلي قصيدة النثر العربية"(48) بعض مكونات البنية الشعرية لقصيدة النثر :

1- بنية الحكاية (السردية): فالحكاية في النص الشعري واحدة من كشوفات الحداثة. وهي هنا ليست تلك التي يعاد سردها شعريا، أو الممكن حدوثها، أو الاحتمالية التي تمد أسبابها إلى الواقع، وإنما الحكاية المبتكرة

الغرائبية، غير الممكن حدوثها، وفي مجال قصيدة النثر يكون هذا المستوى أحد أهم الانتماءات المتبادلة بينها وبين القصة القصيرة، حيث نعتقد أن هذا الشكل من التعبير الشعري قد تولد من القصة وليس من القصيدة الحديثة المعروفة، وحسب أرسطو فالمكان الأولي الذي تنبثق منه الشعرية هو المتن الحكائي، أي تلك الحبكة التي يبتكرها الشاعر، لذلك نجد أن كتاب قصيدة النثر، تغص دواوينهم بالحكايات عن طفولتهم وأحلامهم الصغيرة، والكتابة لديهم كحياة غير متناسقة، متسارعة، متناقضة، لهذا نجد داخل بنية الحكاية: التناقض، عدم الانسجام، الانقطاع في التواصل، الصورة المجزأة، التداخل مع التشكيل، التداخل مع الأجناس الأدبية خاصة القصة القصيرة [49].

2- بنية الاختزال: تعتبر بنية الاختزال من البنيات الأساسية المكونة لقصيدة النثر، إلى جانب التوتر والمجانية، وعليه فهذه القصيدة توظف هذه المكونات في نسيجها إذ تعتمد بخاصة على الاقتصار أو الاختزال أو التقشف في لغتها حتى تبتعد عن الإسهال والإسهاب والتفصيل.

وبنية الإيجاز تفترض صياغة فنية، وتنظيما في بناء الجملة، وجزالة اللفظ، والأصالة في الوصف أي أن تكون خاضعة لنظم مضبوط الصياغة .

فالهدف من بنية الإيجاز ليس الضبط اللغوي بل معرفة العالم، فالعلاقات التي تنشب بين الإبداع والتعبير عن هذا العالم الخارجي، والآخر الداخلي . بتقشف واقتصاد [50]

3- بنية الإحباط: تعد بنية الإحباط الخيط الحزين الذي يجمع عقيق شعراء قصيدة النثر دون استثناء، فالإحباط بالمعاينة (الفقدان، الضياع، التشرد، ...الخ)، هي الصوت الأوضح في النص الشعري الحداثي .

وبنية الإحباط تعد التعبير الفادح عن الضيق من اشكال بالية أولا، وواقع حاد وباتر ثانيا، وعلاقات إنسانية فاترة ثالثا . وهي جزء من تجربة أعمق تنشأ من إيقاع التقابلات والمفارقات والإقصاء والتهميش [51] .

لا شك أن قصيدة النثر، نص متعدد ومختلف، وهذه البنيات ليست كل القصيدة، على اعتبار أن التجربة في شعرية الحداثة تكشف عن أشكال تعبيرية متعددة، تلغي الذاكرة ، وهي لا تحيل إلى أي شيء، بل تحيل إلى ذاتها فقط .

ومن ثم كان تشكل القصيدة الرؤيا، في عالم الباطن، هي تحول الشاعر إلى رائي، في تعامله مع العالم. وبذلك تصبح كل رؤيا هي تغيير لنظام الأشياء، وتحويل لعلاقات الأشياء . ويدخل النص في أشكال غير معروفة، أي في المتاه .

ومن بين النصوص التي تمثل بنية من البنيات المتعددة، لقصيدة النثر، نجد قصيدة "مفرد بصيغة الجمع " لأدونيس، التي يوحد فيها ما بين الرؤيا والفعل، ويسجل سيرته الذاتية في نص شعري يجسد معاناة عصره ويذهب بعيدا في نزعه التجريب ، لتأسيس حالة الكتابة .

إن العنوان بوصفه تعيينا للنص، يتحول إلى رسالة، من المنتج إلى المتلقي. الذي يقوم بقراءة النص وتحولاته، إن هذا التركيب اللغوي " مفرد بصيغة الجمع" يحيل على نظرية وحدة الوجود لدى ابن عربي التي تنهض لديه على الإقرار بأن الـلـه واحد من حيث الذات متعدد من حيث الصفات والأسماء(52)، إن المتخيل الصوفي يفعل فعله في هذا النص، وهذا العنوان تتولد عنه عناوين أخرى: تكوين، تاريخ، جسد، وسيمياء، وبما أن العنوان "إمضاء شخصي يتقدم النص ويؤشر على احتمالاته . فإنه يكشف عما يوجه الممارسة النصية ذاتها لديه، لأن هذه الأخيرة تنبني في تعالق مع العنوان" (53) .

إن أدونيس في نصه " مفرد بصيغة الجمع " يتجاوز الأجناس السائدة، ومن ثم يفتتح النص بـ (التكوين)، فهو يؤسس تكوينه الخاص، من منطلق بدائي أسطوري. ويسمى أنطون مقدسي نص (مفرد بصيغة الجمع) بأنه (قراءات في سفر الجسد) أو (رحلة في أقاليم الجسد وتحولاته) أو (سفر تكوين الجسد) (54) .

يقول أدونيس :

ليس لجسدي شكل

لجسدي شكل لعدد مسامه /

نخلع أشكالنا

نتبادل أشكالنا

نعمم نخصص

نفصل نجمل

لا الجسد واحد

لا الجسدان إثنان

وأنا لا أنا

وأنت لا أنت [55]

إن الرؤية الصوفية تتسلل إلى هذا النص ، من خلال العناوين التي يستخدمها وهي متعددة، لأن النص يتحول إلى جسد لا شكل له .

عند قراءة " مفرد بصيغة الجمع " نكتشف أن أدونيس يقوم بكتابة تاريخه الشخصي من خلال ثلاث علاقات مركزية :

1- العلاقة الأولى هي بالأرض، القرية. إنها التاريخ الشخصي الحميم. نكتشف الفتى القروي ، ورحلته ، وصراعه مع الطبيعة .

2- العلاقة الثانية هي بالمرأة الجسد الآخر. المرأة هي الصورة الأخرى للأرض العلاقة بها ممكنة ومستحيلة علاقة الجسد بالجسد وفعل يتحرك .

3- العلاقة الثالثة هي باللغة، الكتابة، الشعر، هنا تصل المعاناة ذروتها، العلاقة باللغة هي علاقة صراع [56] .

إن أدونيس يمارس فعل الخروج ، ويبحث عن فضاء لقصيدته .

لم تكن الأرض جسدا كانت جرحا .

كيف يمكن للسفر بين الجسد والحرج ؟

كيف تمكن الإقامة ؟

187

اخذ الجرح يتحول إلى أبوين والسؤال يصير فضاء

ثم تنطلق في رحلة الكشف من جديد

أخرج إلى الفضاء أيها الطفل

خرج علي ... يستصحب .

شمس البهلول - دفتر أخبار - تاريخا سريا للموت .

يعطي وقتا لما يجيء قبل الوقت .

لما لا وقت له

يجوهر العارض ويغسل الماء (57) .

إننا أمام قصيدة لا تتوقف عند التاريخ الشخصي، بل تتجاوزه في البطل ينهض بعد النوم، أي يبعث من جديد. ونكتشف من مسار النص أنه أدونيس، إله الخصب أي أنه يولد من علاقة تنشأ بين الأرض، الجسد، الجرح، الفضاء، السؤال .

من هنا ندخل في عالم أسطوري ملحمي . حيث أن الشاعر النبي " يجوهر، ويغسل الماء ".هكذا تتغلغل القصيدة " في ما وراء الموت. فإذا هو موت خارق، إنه غير عادي، ذلك ان أدونيس ينهض من العناصر التي تلاشى فيها عندما تستعيد القصيدة لحظة البداية . وتتقدم تبعا لذلك، في شكل دائري"(58) .

ومن ثم ندرك المستويات التي ينبني وفقها النص، حيث أن ادونيس يقسم القصيدة إلى ثلاث حركات متداخلة (رقعة من دفتر أخبار، رقعة من شمس البهلول، رقعة من تاريخ سري للموت .)

فهذه القصيدة حدث تجريبي شعري، وتأسيسي في آن واحد. وتبدو كأنها مجموعة قصائد مستقلة، إنها توهم بذلك، ولكن القصيدة تقوم على التقطيع البنائي الذي يقسم القصيدة من مسارها إلى حركات داخلية ضمن الحركة الكبرى .

هكذا تحيا القصيدة في زمنين الزمن الأسطوري الصوفي في المستوي الأول، والزمن الكتابي في المستوى الثاني، فهذا الزمن يبحث في حركة اللغة، وبذلك يصبح زمن الكتابة في القصيدة " هو النص بعناصره المختلفة، وفي علاقاته

الداخلية إنه الغرق في أدغال الكلمات، وعناصر الإيقاع دون اكتشاف الدلالات [59].

إن الشاعر يغالب اللغة، يفرغها من المعاني المكرورة، ويشحنها بدلالات جديدة في إطار الكتابة الشعرية الجديدة .

أصنع نبضي نسغا لأبجديتي [60]

والشاعر في نصه يجبر اللغة على استعادة عذريتها، قبل أن يعلوها الصدأ .

يمسح الصدأ عن الكلام

ويفجر ماء آخر [61]

وتبقى القصيدة مجموعة محاولات لكتابة نص قد لا يأتي ، فالشاعر يعيش لحظات الوجد، لحظات التجلي . ينكسر فيها الفعل ويعيد تشكيل نفسه .

ما قاله ليس منه

ما يحلم أن يقوله لا تتسع له الكلمات [62]

وهكذا ينفتح النص على ذاته من داخله " ويؤرخ لمسيرته الذاتية ، أي يتأسس ويخبر عن طرائق دارك التأسيس وعداباته "[63]

وتبعا لذلك، يكف النص عن كونه مجرد خطاب، وإنما يتحول إلى كتابة أساسها الفعل، "هذا ما تقوله القصيدة صراحة ، لذلك نراها تتنزل داخل الفعل، وتقوم عليه ، فيصبح حاضرا في كل تفاصيلها، سوى في الصور، أو في العلاقات، من هنا صارت القصيدة منسجمة مع طرحها الأساسي وصار الفعل ركيزتها الأولى،بل أصبح الرابط الذي يشد جميع عناصر بنيتها"[64]

يفيد ادونيس في هذا النص، من تصور الصوفية الوجودي لبداية العالم ، فالعنوان "تكوين " وهو مستوى من مستويات النص، يطرح مسألة النشأة ، التي تتداخل فيها بداية العالم ببداية حياة الشاعر، أي بخروجه إلى الوجود [65] . ومن ثم كان فعل التكوين " كن" هو الفعل الأول في " مفرد بصيغة الجمع " وبناءا عليه يصيح الشاعر :

أصرخ منتشيا

تهدم أيها الوضوح

يا عودي الجميل [66]

ويتبين من بناء القصيدة ان الدور الذي يقوم به الفعل في السياق مختلف كما وكيفا "لأن الأفعال تأتي خلف بعضها على شكل تداعيات، لا واعية أو واعية لتشكل سياقا مختلفا لمعنى التداعي. فالتداعي الحر الذي تقودنا إليه الكتابة الأوتوماتيكية هو تداع لعناصر علاقات تشكل فيما بينها وحدة، أما هنا فالعلاقات نفسها تتداعى، يتخلى الفعل عن الكثير من الأدوار المسبقة ليشكل دورا خاصا. لا يزال بحاجة إلى استكشاف"[67].

يبدو مما سبق أن أدونيس يستعيد كل التجارب في حقل التجربة، فهو يتوغل في الغامض والمجهول، ليؤسس نصا لا يشبه النصوص السائدة وبذلك نلحظ خلو القصيدة "من الثوابت التقليدية التي توحد الكثير من القصائد. لا وجود لمحور إيقاعي جاهز أو شبه جاهز - الوزن والقافية - وجود الكثير من عناصر مصطلح الشعري، الصورة التي تقوم على التشبيه، أو التكرار الذي يقود إلى بعض الثوابت الإيقاعية لكن هذه العناصر، لا تشكل الثابت المركزي الموحد في القصيدة . الثابت هو أكثر العناصر الداخلية التفصيلية، إنه الفعل"[68].

يقوم الفعل عادة على ثلاثة عناصر :

1- عنصر العلاقة : بحيث يقيم الفعل علاقات الأشياء ، يربطها ببعضها خلال الوعي .

2- عنصر الحركة : فالعلاقة التي يعبر عنها الفعل ، هي حركة الأشياء في جدلها . الحركة بهذا المعنى ، انتقال من حالة إلى أخرى .

3- عنصر الزمن : العلاقات والحركة ، هي عناصر تجري في الزمن ، في التعاقب . لذلك يقسم الفعل إلى أزمنة متعددة [69].

وهذه العناصر الثلاثة هي جزء من حركة القصيدة ، وهي في الآن نفسه، عناصر ربط داخل النص ، بحيث تجسد علاقة تحويلية للأشياء ، وبذلك تتداخل

الأفعال ، وتقيم علاقات لا تقوم على متوازيات او متقابلات . فهو انتقال تراكمي . يتخذ من التضاد بين الأفعال ثابته.

وجه يجتمع بحيرة / يفترق بجعا ، صدر يرتعش قبرة / يهدأ لوتسا ، حوض ينفتح وردة/ ينغلق لؤلؤة .

تلك هي أدغال الهجرة ورايات القفر .

وللنهار يدا لعبة وللفلك نبرة المهرج[70]

إن الأفعال هنا، تنهض على التضاد ، تهبط من الوجه إلى الحوض ، (يجتمع/ يفترق / يرتعش / يهدأ / ينفتح / ينغلق) .

ويمكن القول أن الفعل في النص يفجر التناقضات ، ويؤسسها ، ومن ثم يدفع بالحركة باتجاه وحدة الفعل ووحدة النص .

ويقوم الفعل أيضا باستدعاء " نوع من التوالد الذاتي فيستدعي أفعالا تتوافق معه من حيث الصيغة وتختلف عنه اختلافا طفيفا من حيث الدلالة "[71]

آخذك

ثنية ثنية

وأفتتح مسالكي

أتمدد فيك لا أصل

أتدوّر لا أصل

أتسلّك أنتسج لا أصل

أصل من أقاصيك إلى أقاصيك لا أصل

ما بعد المسافات أنت

ما بعد المفازات

أنت أين وهل وماذا وكيف ومتى وأنت لا أنت ؟[72]

يبدأ الشاعر بالأنا وينتهي عند (أنت) ، ويحدث بين أنا وأنت ، تراكم على مستوى الأفعال، انطلاقا من تداعي الفعل، حيث يكشف عن تجربة جديدة (اتمدد/ اتدور/ اتسلك/ أنتسج)، فهذه الصيغة "تفعل" تؤسس داخل النص معنى منفتح ، بحيث يدخل الفعل في الفعل. إذ أن الفعل " أتمدد " يكمل الفعل " اتدور "

ويشكل في الآن نفسه وجهه الآخر، والفعل "أتسلك" يعني جدلا "أنتسج " ويكمله. والفعل " أصل " يحتوي على نقيضه " لا أصل " ويكمله[73] .

وفي إطار هذه الحركة يبرز الفعل النقيض ، فيأتي الفعل في القصيدة إلى جانب نقيضه في لحظة واحدة .

أمحو وجهي / أكتشف وجهي

نمحو تاريخنا / نكتشف تاريخنا [74]

يتضح مما سبق أن " مفرد بصيغة الجمع " قصيدة بنيتها الأساسية الفعل . فهو يستوعب مسارها الكلي . وبذلك نكتشف ان النص يتنزل داخل الفعل " وينفتح الفعل بالمقابل، ويتسع ليحتضن النص وجميع حركاته . هذا ما يفسر تراكم الأفعال في صيغة المضارع والأمر. لا سيما أن الأمر يأتي عند الانفتاح على رؤيا صوفية ، إنه زمن الرؤيا التي لا تقاس بمقاييس الزمن المتعارف وبذلك يلحق بالمضارع حتى لكأنه شطره الذي لم ينجز بعد ، وتصبح القصيدة عبارة عن حركة تجري في الحاضر " [75]

إن قصيدة " مفرد بصيغة الجمع" تؤكد أنها نص ليست له احتمالات وصيغ جاهزة،

فهو نص يقوم أساسا على الحركة ، ويكسر الثبات ، ويفتح التناقض، المعني على تأويله، لذلك تقودنا القصيدة إلى لحظة الانشطار ، ثم الانفجار ومن ثم تؤسس القصيدة إيقاعها الخاص من داخل حركة الفعل .

نمحو تاريخنا / نكتشف تاريخنا

يمحو وجهه / يكتشف وجهه

هذا التوازي أو التناقض في بناء الجملة الشعرية هو اساس الإيقاع في هذه القصيدة .

ويبرز التكرار في القصيدة من خلال تكرار اللازمة :

لم تكن الأرض جسدا كانت جرحا

كيف يمكن السفر بين الجسد والجرح

كيف تمكن الإقامة ؟

اخذ الجرح يتحول إلى ابوين والسؤال يصير فضاء

أخرج إلى الفضاء أيها الطفل[76]

فهذه اللازمة تمكن القصيدة من العودة إلى لحظة البدء التي تجسد بعدها الإيقاعي.

إن الشاعر أدونيس يحشد طاقته الإبداعية ليمارس فعل التخطي والتجاوز، ويهدم كل اشكال الثابت ويدخل المغامرة والمجهول ، فيكسر إسمه مثلا على البياض .

أ و ر ف ي و س

أ د و ن ي س[77]

ويأتي بالفراغ كعنصر إيقاعي، ويوظف علامات الترقيم والرموز الرياضية، فالرؤيا هي التي تهيأ الفضاء النصي، وبذلك يفرق محمد جمال باروت[78] بين القصيدة - الرؤيا والقصيدة - الشفوية، حيث يرى أن الفرق الأساسي من حيث التقنية، فالأولى تنبني على اللغة بوصفها ميدان تحولات الرؤيا، بينما الثانية تنبني على الكلام، وأن القصيدة - الرؤيا ذات أبعاد متعددة، والقصيدة الشفوية ذات بعد واحد . وهذا يؤدي إلى أن القصيدة الشفوية خيطية أي أنها مبنية على نسق فكرة واحدة ، في حين ان قصيدة - الرؤيا ، شبكية، أي مبنية على عدة انساق وهذا الاختلاف بين البنيتين يؤدي حتما إلى اختلاف الحساسية الفنية، إذ أن القصيدة الرؤيا توغل في رؤيتها فتنجز تحولات اللغة في البعد الدرامي .

بينما نجد القصيدة الشفوية تعتمد الغنائية والتفاصيل اليومية الجزئية، وفي الكثير من الأحيان تقع في وظائف النثر الثلاث (الإخبار، الوصف، التقرير) .

وهذا يعني أن قصيدة النثر، تسلك في بنائها مسلكين مختلفين، قصيدة أساس بنيتها الرؤيا، بحيث تتخلى عن كل عناصر الشفوية والتقليدية، قصيدة أخرى تنقل وظائف النثر إلى الشعر ، في بنيتها .

إن " مفرد بصيغة الجمع " هي قصيدة - رؤيا، تقوم على الهدم ، وترسي كتابة جديدة موغلة في التجريبية .

هوامش الفصل الثاني الباب الثالث

(1) قدامة بن جعفر ، (م ، س) ، ص : 15

(2) ابن رشيق العمدة ، ج1 ، (م ، س) ،ص : 119 .

(3) أبو محمد القاسم السلجماسي ، المنزع البديع في تجنيس أساليب البديع، تقديم وتحقيق علال الغازي مكتبة المعارف، الرباط ، 1980، ص:218.

(4) ينظر أرسطو طاليس، فن الشعر ، (م،س) ص: 161 .

(5) ابن طباطبا ، عيار الشعر ، (م.س) ، ص:11 .

(6) أدونيس الشعرية العربية (م.س) ص:36 .

(7) محمد لطفي اليوسفي ، الشعر والشعرية ، (م.س) ، ص:47.

(8) المرجع السابق ، ص:47.

(9) أبو حيان التوحيدي، الامتاع والمؤانسة، ج2 تحقيق أحمد أمين، أحمد الزين، منشورات مكتبة الحياة، بيروت (ب.ت)،ص:133/132 .

(10) محمد لطفي اليوسفي ، (م ، س) ، ص : 239

(11) جان كوهن، بنية اللغة الشعرية، ترجمة محمد الولي ومحمد العمري، ط1 ، المغرب، 1986 ، ص : 28 .

(12) المرجع السابق ، ص 52 .

(13) المرجع السابق ، ص : 34 .

(14) المرجع السابق ، ص : 96 .

(15) المرجع السابق ، ص : 54 .

(16) رومان ياكبسون ، قضايا الشعرية ، ترجمة محمد الولي مبارك حنون، ط14 المغرب ، 1988، ص: 31 / 32.

(17) أدونيس، مقدمة للشعر العربي، دار العودة ، ط3 ، بيروت - 1979 . ص : 112 .

(18) (م،س) ص : 112 .

(19) ينظر، محمد جمال باروت،الشعر يكتب اسمه، منشورات اتحاد الكتاب العرب، دمشق،1981،ص:27.

(20) المرجع السابق ، ص : 45 .

(21) المرجع السابق ، ص : 48 .

(22) المرجع السابق ،ص : 42 .

(23) أدونيس ، زمن الشعر ، (م ، س) ، ص : 16 .

(24) سامي مهدي ، أفق الحداثة وحداثة النمط ، دار الشؤون الثقافية العامة ، بغداد ، 1988، ص : 87 .

(25) عبد العزيز بومسهولي، قصيدة النثر والشعريات اللاعمودية ، مجلة تافكوت العدد 1، السنة 1996، ألمانيا ، ص:78 .

(26) المرجع السابق . ص : 78 .

(27) ابن رشيق العمدة ، ج1 ، ص : 121 .

(28) عبد العزيز بو مسهولي ، قصيدة النثر والشعريات اللاعمودية ، (م.س) ، ص:79 .

(29) سامي مهدي ، (م.س) ص:142 .

(30) عبد العزيز بومسهولي ، قصيدة النثر ، (م.س) ص:92 .

(31) صلاح فضل ، بلاغة الخطاب وعلم النص ، سلسلة عالم المعرفة ع: 164. الكويت ، ص: 231 .

(32) سامي مهدي ، (م.س)، ص:91 .

(33) أدونيس ، سياسة الشعر ، دار الأداب ط2 ن بيروت ، 1996 ، ص: 73 .

(34) المرجع السابق ، ص:76 .

(35) محمد جمال باروت ، الشعر يكتب اسمه، (م.س) ، ص:133.

(36) أدونيس (م.س) ، ص: 70 .

(37) المرجع السابق ص:71/70 .

(38) خالد بلقاسم ، أدونيس والخطاب الصوفي ، دار توبقال، ط1 ، المغرب 2000 ، ص: 58 .

(39) أدونيس ، سياسة الشعر (م.س) ، ص: 75 .

(40) محمد جمال البروت ، الشعر يكتب إسمه ، (م.س) ، ص:53 .

(41) ينظر، أدونيس ، زمن الشعر ، ص:14.

(42) سامي مهدي ، أفق الحداثة، ص:96 .

(43) سوزان برنار، قصيدة النثر من بودلير حتى أيامنا، ترجمة : زهير مجيد مغامس ، بغداد، (ب.ط) 1993. نقلا عن صلاح فضل ، أساليب الشعرية المعاصرة ، دار قباء للطباعة والنشر ، القاهرة ، 1998 ، ص:317 .

(44) ينظر ، سامي مهدي ، أفق الحداثة (م.س) ، ص:97 .

(45) أنسي الحاج ، لن ، دار مجلة شعر ، بيروت (ب.ط) 1960 . ص:05 .

(46) سامي مهدي (م.س)، ص:99 .

(47) أنسي الحاج ، لن ، (م.س) ، ص: 14/13 .

(48) سعيد بوكرامي ، البنية والتجلي قصيدة النثر العربية ، كتابات معاصرة ، ع : 30 ، بيروت ، 1997 ن ص: 102 .

(49) سعيد بوكرامي ، (م.س) ص: 106/105 .

(50) (م.س) ، ص: 106 .

(51) (م.س) ، ص: 106/ 107 .

(52) خالد بلقاسم . أدونيس والخطاب الصوفي (م.س) ، ص:128 .

(53) المرجع السابق ، ص:129 .

(54) أنطون مقدسي ، مقاربات في الحداثة ، مواقف ، ع35 ، بيروت 1979 ص: 14 . نقلا عن محمد جمال باروت (م.س)، ص: 145 .

(55) أدونيس ، مفرد بصيغة الجمع ، دار الآداب بيروت 1988 ، ص: 201 .

(56) إلياس خوري ، دراسات في النقد الشعر ، (م.س)، ص: 72/71 .

(57) أدونيس ، مفرد بصيغة الجمع ، ص:12/11 .

(58) محمد لطفي اليوسفي . في بنية الشعر العربي المعاصر، ص: 104 .

(59) إلياس خوري دراسات في نقد الشعر (م.س) ، ص: 79 .

(60) ادونيس، مفرد بصيغة الجمع ، ص: 347 .

(61) المصدر السابق ، ص: 238 .

(62) (م.س) ، ص: 350 .

(63) اليوسفي (م.س) ، ص: 111 .

(64) اليوسفي (م.س) ، ص: 111 .

(65) أنظر ، خالد بالقاسم . أدونيس والخطاب الصوفي ، ص: 162 .

(66) أدونيس ، المصدر السابق، ص: 282 .

(67) إلياس خوري (م.س) ، ص: 89 .

(68) المرجع السابق، ص:88.

(69) ألياس خوري ن ص: 89 .

(70) أدونيس (م.س) ، ص: 314 .

(71) اليوسفي (م.س) ، ص: 120 .

(72) أدونيس ، المصدر السابق ، ص: 244.

(73) انظر، اليوسفي . (م.س) ، ص: 121 .

(74) أدونيس (م.س) ، ص: 160 .

(75) اليوسفي (م.س) ، ص: 122 .

(76) أدونيس (م.س)، ص:11.

(77) أدونيس (م.س)، ص:101.

(78) محمد جمال باروت (م.س)، ص: 97.

الفصل الثالث
شعرية الكتابة

أولاً - الرؤيا / الكتابة

لقد كان تحول الشعر العربي من الغرض إلى الرؤيا أبرز سمات الحداثة العربية، من هنا فإن كل رؤيا هي تغيير في نظام الأشياء ، وتحويل لعلاقات هذه الأشياء ومن ثم يفرز هذا التغيير لغته الخاصة ، وشكله الخاص .

والرؤيا في منظور الحداثة ليست هروبا من الواقع ، بل هي عملية نفاذ فيه، ويعرف أدونيس الرؤيا في دلالتها الأصلية بأنها "وسيلة الكشف عن الغاية، او هي العلم بالغيب. ولا تحدث الرؤيا إلا في حالة انفصال عن عالم المحسوسات، ويحدث الانفصال في حالة النوم، وتسمى الرؤيا عندئذ حلما، وقد يحدث في اليقظة.."[1] وعليه تتفاوت الرؤيا من رائي إلى آخر، فمنهم "من يكون في الدرجة العالية من السمو، من يرى الشيء على حقيقته ومنهم من يراه ملتبسا، وذلك بحسب استعداده .."[2] .

ففي الرؤيا ينكشف الغيب للرائي، وبقدر ما يكون الرائي بقلبه مستعدا لاختراق عالم الحس أو حجاب الحس، تكون رؤياه صادقة "[3]

فالرائي من خلال الرؤيا يبحث عن واقع آخر، يستقصيه ويكتشفه، يخلق صورة جديدة للعالم، على اعتبار أن العالم يتجدد بالولادة .

وبذلك يتكون المعنى في الرؤيا، مثلما يتكون الجنين في الرحم، لأن ابن عربي يشبه الرؤيا بالرحم [4].

الرؤيا إذن الكشف، عن عالم يتجدد باستمرار، فالرائي هنا يعني ببكارة العالم، ويكون انشغاله بالابتداء. ويتم ذلك في شكل خاطف ، لأن مكان التجدد هو الرؤيا.

ويجيء بالتالي العالم، في حركة مستمرة وتغير مستمر، وبذلك يكون غامضا .

إن الرؤيا جوهريا، هدم وتأسيس، هدم لعالم الحس والثبات، وتأسيس لعالم التغيير والتحول . ويصبح التغير في مجالها ، هو مقياس الكشف .

ويمكن القول أن الغموض في هذه الحالة، ملازم للكشف، وينكشف ذلك الغموض للقارئ له، فيما يشبه الرؤيا. وهكذا تبدأ الرؤيا، تمردا على أشكال سابقة، والدخول في أشكال جديدة . ومن هنا يمكن تعريف الرؤيا بأنها إبداع .

إن آلية التحول من مرحلة (القصيدة) إلى مرحلة (الكتابة)، قد مرت بسلسلة من التحولات في سيرورة النص الداخلية، انطلاقا من جدلية المحو والاكتشاف، ومن المعلوم إلى المجهول. وبذلك تتأسس ممارسة كتابية خارجة عن الشكل المنتهي المعلوم .

ومن هنا ابتدأت الفوارق تظهر على مستوى الممارسة بين الخطابة (الشعر) والكتابة، لأن الخطابة تقتضي، في صميم بنيتها، جمهورا تخاطبه وتعمل على استمالته وإقناعه[5]. ومن ثم كان الإقناع يتطلب الوضوح، والبرهان والدليل. والتأثير يقتضي الصوت وجماله عند الخطيب (الشاعر) ، وكذلك الإلقاء والهيئة وبعبارة أخرى أن يكون مؤثرا بجسده .

ومن هنا " نشأت الضرورة لمحاكاة هذا المثال، في فنون القول الأخرى وفي طليعتها الشعر.." [6] .وهكذا قام الشعر عند العرب على نمط وظيفي ، قوامه التأثير في السامع ، في مناخ ثقافة البديهة والارتجال والوضوح .

وجاء القرآن الكريم برؤية وبقراءة جديدة للإنسان والعالم، وتأسست كتابة جديدة، كانت بمثابة قطيعة مع الجاهلية، على مستوى المعرفي، وعلى مستوى الشكل التعبيري[7].، وبالنص القرآني وفيه، تأسست النقلة من الشفوية إلى الكتابة، ونشأت بتأثير منه، حركة الإنتقال من الشعرية الشفوية إلى شعرية الكتابة، والتي أوجز خصائصها ادونيس في ما يلي:

أولا: مبدأ الكتابة دون احتذاء نموذج مسبق فعلى الشاعر أن يبتدئ شعره ابتداء لا على مثال، ويتضمن هذا المبدأ قول بضرورة نقد العادة باستمرار، لكي يظل الشعر باستمرار، غريبا وجديدا . [8]

ثانيا: اشتراط الثقافة المعمقة الواسعة لكل من الشاعر والناقد . فكتابة الشعر وقراءته تستلزمان معرفة وخبرة ومراسا، ولا تكفي البداهة والارتجال ومجرد المعرفة اللغوية .

ثالثا: النظر إلى كل من النص الشعري القديم، والنص الشعري المحدث، في معزل عن السبق الزمني أو التأخر، وتقويم كل منهما بحسب جودته الفنية في ذاته .

وقد استتبع هذا المبدأ التشديد على عناصر شعرية معينة والتقليل من أهمية عناصر أخرى .

رابعا: نشوء جمالية جديدة، فلم يعد الوضوح الشفوي الجاهلي معيارا للجمال والتأثير، (...) بل نقيضا للشعرية. فالجمالية الشعرية تكمن، في النص الغامض، الذي يحتمل تأويلات مختلفة ، ومعاني متعددة [9].

وهذه الأسس أدت إلى الانتقال من بنية الخطابة إلى بنية الكتابة ، وبدلا من السؤال: كيف أخطب ؟ نشأ السؤال الجديد : كيف اكتب ؟ .

وهذا يعني أن الكتابة تستدعي من الشاعر رؤيا للعالم وأشيائه جديدة، ويترتب عن تلك الرؤيا طريقة تعبير جديدة، لا وجود لها من قبل .ومن ثم نقول أن الكتابة " ليست محاكاة وائتلافا، وإنما هي اختلاف وإبداع"[10] على حد قول أدونيس .

وهذا التحول نحو الكتابة ، أدى إلى الخروج على قواعد الخطابة ، وتأسيس قواعد جديدة.

منها :

1- أن السامع لم يعد ، عنصرا أساسيا في القول .

2- أن الشاعر اخذ يحدث في شعره الخاص ، دون اللجوء إلى معيار خارجي .

3- ان الشاعر يجد جوهره الإبداعي العميق في ذاته ، لا في الخارج ذاته .

4- وحل القارئ محل السامع .

5- إن الكتابة لا تخاطب السامع ، إنما دورها تطرح نصا للقارئ يشاهده ويتأمل فيه ، ليعرف ما لا يعرف [11].

إن أدونيس وهو يتبنى مفهوم الكتابة يحدث قطيعة مع الشعر المعاصر ، فهو يطرح ممارسة نصية ، تبحث عن أفق مغاير ، وإن كانت تستند من حيث الاسس إلى مفهوم الكتابة القديمة في الثقافة العربية ، إذ أن أدونيس في قراءته للآخر الأوروبي ، يحاول دائما تأصيل كل ما هو غربي على مستوى المفهوم أو الممارسة النصية .

وتأتي دعوة أدونيس من اجل " كتابة جديدة " ، ".. في سياق اجتماعي -وتاريخي هو الهزيمة العربية سنة 1967 ، وثورة الطلاب في فرنسا سنة 1968 والثورة الثقافية في الصين ، كما تأتي في سياق شعري ثقافي هوالممارسة النصية الجديدة لأدونيس وصعود الخطاب البنوي في فرنسا " [12]

وهذا يعني ان أدونيس تأثر بالنقد الجديد في فرنسا ، بما لازمه من تحولات في اللسانيات ومدارسها ، وإعادة قراءة اعمال الشكلانيين الروس .

إن مصطلح " الكتابة " ورد في كتاب رولان بارت ، درجة الصفر للكتابة الذي نشر سنة 1953 حيث يرى " أن كل شكل هو أيضا قيمة ، لذلك يوجد بين اللغة والأسلوب مكان لواقع شكلي آخر : هو الكتابة " [13]

وهكذا يتم تعويض مفهوم الأدب بمفهوم اخر ، هو الكتابة ، في النقد الجديد وعليه يرى بارت " أن كل جهد (مالارميه) قد اتجه إلى تحطيم اللغة وهو تحطيم سيكون الأدب فيه بطريقة ما الجثة "[14] .

وانطلاقا من هذا التحول الإبستيمولوجي ، يفرق بارت بين الكلام والكتابة ، فالكلام عنده "لا يعدو كونه ديمومة من الإشارات الفارغة التي تكون حركتها وحدها ، ذات دلالة .

إن كل كلام ينحصر في هذا الإستهلاك للكلمات ، وفي هذا الزبد المحمول دوما إلى أبعد ؛ ولا يوجد كلام إلا حيث تعمل اللغة بوضوح .." [15]

أما الكتابة في مفهومه فهي بعكس ذلك ".. فهي متجذرة دائما في "ما وراء" لغة ، إنها تنمو مثل بذرة ، وليس مثل خط. إنها تبدي جوهرا وتهدد بإفشاء سر ، إنها تواصل مضاد ؛الكتابة تخيف سنعثر إذن في كل كتابة على التباس يحيط بموضوع هو ، في آن ، لغة وقسر ، يوجد في عمق كل كتابة ،"ظرف " غريب عن

اللغة ، هناك ما يشبه نظرة نية لم تعد هي نية اللغة .وبإمكان هذه النظرة أن تكون شغفا باللغة كما هو الحال في الكتابة الأدبية -كما يمكن أن تكون تهديدا بعقوبة مثل ما هو الحال في الكتابات السياسية: عندئذ تكون الكتابة مكلفة بأن تجمع ، دفعة واحدة، بين حقيقة الأفعال ومثالية الغايات .." (16)

وباعتبار الكتابة حرية، فإن اختيار كتابة ما، وتحمل مسؤوليتها، يجعل من الكاتب عندما يختار ما يكتب ، فهو في حالة اختيار وعي ، وليس اختيارا لفعالية . وكتابته هي طريقة في التفكير في الأدب وليست طريقة لنشره" (17)

فالكاتب بالنسبة لرولان بارت، هو من يعمل على امتلاك اللغة في العمق، على اعتبار أن اللغة بالنسبة للكاتب " ما هي إلا أفق إنساني يقيم على البعد ألفة ما، وإن كانت كلها سلبية"(18) ، وإذا كان بارت قد ميز بين الكلام والكتابة، فإنه ميز أيضا بين الأسلوب والكتابة، حيث عرف الأسلوب على النحو التالي: "ومهما بلغ الأسلوب من تهذيب ولطافة، فإنه ينطوي دائما على شيء من الخشونة : إنه شكل بدون مقصد ، ونتاج اندفاع لإنتاج نية، إنه اشبه ما يكون ببعد عمودي ومتوحد للفكر، وتكون ارجاعاته على مستوى بيولوجي وتكون لها علاقة بالماضي، وليس بالتاريخ : فالأسلوب هو "شيء " للكاتب ، هو روعته وسجنه، أنه عزلته. ولأن الأسلوب غير مبال بالمجتمع وإن كان شفافا اتجاهه، ولأنه مسعى مغلق للشخص،فإنه لا يكن قط نتاج اختيار او تفكير في اللغة.." (19).

ويضيف بارت في تعريفه الصارم للأسلوب قائلا: "إن الأسلوب ما هو إلا استعارة، أي معادلة ما، بين النية الأدبية والبنية اللحمية للكاتب .(...) والأسلوب هو دائما سر، وسره هو ذكرى مغلقة داخل جسد الكاتب، (...) ومعجزة هذا التحويل تجعل من الأسلوب نوعا من العملية فوق-أدبية -تحمل الإنسان إلى عتبة القوة والسحر"(20) .

ومن تعيين اللغة واختيارها يفرق -بارت - بين الأسلوب والكتابة " .. اللغة والأسلوب قوتان عمياوان ؛ والكتابة فعل للتضامن التاريخي. اللغة والأسلوب شيئان، والكتابة وظيفة : إنها العلاقة بين الإبداع والمجتمع: إنها اللغة الأدبية وقد

حولها المقصد الإجتماعي وهي أيضا الشكل المقبوض عليه في نيته الإنسانية والموصول نتيجة لذلك بأزمات التاريخ الكبرى"[21].

هذه المفاهيم النظرية هي التي أسست لمفهوم الكتابة عند أدونيس، وقراءته للشعر العربي المحدث والحديث ، والانتقال من الخطابة إلى الكتابة في الثقافة العربية ، وطرحه للكتابة الجديدة ، بديلا عن الشعر المعاصر .

ثانياً – بيان الكتابـــة

يبشر أدونيس بالكتابة كرؤيا وشكل بنائي جديد خارج حدود النمذجة، ويأتي (بيان الكتابة)[22] مجسدا رؤيا المجهول ونفي المعلوم ، ويطرح ملامح الكتابة في النقاط التالية :

1- الإبداع دخول في المجهول لا في المعلوم ، وهذا المبدأ أحد معايير الهدم في الرؤية القديمة ، إلى التفكير والشعر والكتابة .

2- يجب ان تتغير الكتابة تغيرا نوعيا، فالحدود التي كانت تقسم الكتابة إلى أنواع، يجب ان تزول، لكي يكون ، هناك نوع واحد هو الكتابة ، وهو يدعو إلى إلغاء الحدود بين الأجناس الأدبية .

3- يجب ان نخلق زمنا ثقافيا متحركا ، وهذا التغير يؤدي حتما إلى تغيير العلاقة في فعل الإبداع: لا تعود بين الخلاق وتراث سابق ، بل تصبح بين الخلاق وحركة الخلق .

4- يجب أن نكتب ونقرأ ، لا بروح التوكيد على النتاج بحد ذاته ، بل بروح التوكيد على فعل الخلق . بمعنى أن الإنتاج حركة خلاقة ، وصيرورة لا نهائية.

5- يجب أن نكتب ونقرأ فيما نعي وعيا أصيلا أن الثقافة ليست في الشيء القائم المؤسس. وإنما هي فيما يتحرك ، ويؤسس .

6- المعنى هو نتاج الكتابة ، هذا يعني أن الكتابة سؤال لا جواب . وبهذا تكف الكتابة، عن ان تكون خاضعة لبداية معلومة أو نهاية معلومة . وبذلك يتغير

فعل القراءة ، وتسلك سبيل التأمل والسؤال، وتصبح القراءة لا تعنى بخطية القصيدة ، وإنما بفضائها[23] .

يعتمد إذن بيان أدونيس على ثلاثة أسس أساسية هي :

1- إلغاء الحدود بين الأجناس الأدبية

2- النص كفضاء

3- القارئ منتج لا مستهلك[24]

ارتبط مفهوم الكتابة عند أدونيس بثلاثة صفات أساسية ، أولها "الكتابة الجديدة "وثانيها " الكتابة الإبداعية " وثالثتها "الكتابة الشعرية ".

فمفهوم الكتابة الجديدة جاء بدلا من الكتابة القديمة التي يشير إليها أدونيس في الإنتقال من الخطابة إلى الكتابة حيث يقول ان " الثورة الكتابية الأولى التي نشأت في وجه الخطابة ، نثرا وشعرا ، هي كتابة القرآن ، فالقرآن نهاية الإرتجال والبداهة ..[25] .

ويوضح مفهومه الخاص بـ " الكتابة الإبداعية " بقوله " والكتابة بمعنى الإبداعي – الحديث، لم تنشأ إلا في القرن الثامن. وقد وصلت إلى درجة عالية من النضوج والتنوع مع المتصوفة [26]"

فهو هنا، يعطي صفة الإبداعية لكتابات المتصوفة، التي تختلف جوهريا عن الشعر والخطابة . ولها أفق متعدد الإتجاهات ، غير مفكر فيه لحد الآن .

ولهذا نجد أدونيس يركز في تعريفه للكتابة على أنها عمل شاق لا يعرفه إلا من مارسه "[27].وأنها " صناعة الإنشاء "[28] ومن ثم فهي " إنشاء مستمر "[29].

وينتصر أدونيس للأسلوب على حساب الكتابة ، وبذلك فهو يتعارض مع مفهوم بارت للكتابة. والفرق بينها وبين الكلام والأسلوب ، يقول أدونيس: "وبعد نشوء الكتابة ورسوخها ، صار النقاد يتحدثون عن نوعين من الكلام : الشعر والكتابة ،أي الخطابة والكتابة ، باعتبار أن الخطابة صنو الشعر (...) ولا يقصد هنا من الكاتب جانب الصناعة او المهنة، بل جانب الإنشاء ، أي ابتكار أسلوب جديد ومعاني جديدة "[30].

لا شك أن طرح أدونيس للكتابة متأت من مرجعيتين : مرجعية اوروبية من خلال اطلاعه على إنجاز النقد الجديد في فرنسا . ومرجعية عربية اكتشفها بعد صدمة الحداثة وذلك باعترافه في كتابه "الشعرية العربية " إذ يقول : " اعترف بأنني كنت بين من أخذوا بثقافة الغرب.غير أنني كنت،كذلك،بين الأوائل الذين ما لبثوا أن تجاوزوا ذلك، وقد تسلحوا بوعي ومفهومات تمكنهم من أن يعيدوا قراءة موروثهم بنظرة جديدة"[31].

إن ادونيس وهو ينتقل من (القصيدة) إلى (الكتابة الجديدة) يركز على هذه الأسس التي خص بها الكتابة ، لكنه لا يفصل الحديث فيها، من حيث هي اشتغال فضائي، ومن حيث هي توزيع السواد على البياض، انطلاقا من مفهوم الفضاء النصي والمستويان البانيان له ، الخط والبياض والسواد .

ويمكن القول أن محمد بنيس هو من انتبه إلى هذا الإشتغال الفضائي، في كتابه "ظاهرة الشعر المعاصر في المغرب " حيث تطرق لما أسماه بنية المكان، ويشير لعدم احتفال النقاد بهذا المجال البصري، لتحكم التصور التقليدي في قراءة النص الشعري [32].

إن بنيس ينطلق في طرحه لهذه المسألة من أن " النص الشعري ككل، هو كتابة زمان غير منفصل عن المكان، وقد أشار سوسير إلى خاصيتي الزمان والمكان والمرتبطتين بالدال اللغوي "[33]

وبذلك فهو يعطي أهمية لهذا العنصر في قراءة الشعر الحديث ، ويدعو للاهتمام به، وعدم إنكاره، فيقول:" وقد يظهر للبعض أن الأهمية التي نعطيها للمكان في المتن المعاصر بالمغرب، تضخيم لوعي الشاعر المغربي، لأنه ربما كان في رأي هؤلاء لا علم له بما نعنيه، واهتمامات النقاد، لا تشير إلى ذلك، ولكن الانسياق وراء رأي هؤلاء المعارضين يسقطنا في التجني على هؤلاء الشعراء لسببين:

أ- تشكيل المكان موجود ، وهو كما قلنا سابقا نتيجة حتمية لطبيعة تشكيل الزمان .

بـ- لأن بعض الشعراء تجتمع في قصائدهم إيحائية الزمان والمكان ، ولا سبيل إلى إنكارها مهما كانت صلابة المواقف المعارضة لهذا التحليل .." [34].

ويدعم بنيس موقفه بالاشارة الى النقاد المغاربة والاندلسيين الذين تفطنوا لهذا المجال ، وادخلوه ضمن ابواب البديع من القرنين السادس والسابع[35] .

وكذالك تجارب الشعراء الاوروبيين خاصة مالارميه حيث يعتمد قوله "لتنظيم الكلمات في الصفحة مفعول بهي . ان اللفظة الواحدة تحتاج الى صفحة كاملة بيضاء .وهكذا تغدو الالفاظ مجموعة انجم مشرقة .ان تصوير الالفاظ وحده لا يؤدي الاشياء كاملة ،وعليه فالفراغ الابيض متمم .." [36]

ورغم هذا الاحتفال من بنيس ببنية المكان في كتابه السابق الذكر، نجد ان الحيز الذي خص به هذا المجال كان محدودا مقارنة ببنية الزمان .

ولهذا نتبين اكثر الوعي النقدي لمفهوم الكتابة عنده وعلاقتها بالاشتغال الفضائي في "بيان الكتابة" الذي نشره في مجلة الثقافة الجديدة، ع 19،سنة 1981 .

ينتظم البيان في ثلاثة حدود ، كل حد منها يبرز مشروعا في الكتابة كما يتصورها محمد بنيس. يتطرق في الحد الأول لوضعية الشعر في المغرب إذ يقول :

" إن سنـة الشعر في المغـرب هي الإنشاد، وتلك سنته في عموم العالم العربي"[37] ، وهذا هو المبدأ الأول الذي ينبغي تقويضه للدخول في حالة الكتابة، وعليه يرى أنه " لم توجد بيننا صناعة شعرية تتجذر ممارستها[38] وبذلك يطرح السؤال الجوهري : " كيف نستمر في تجريب خارج اللغة والجسد والتاريخ ؟ " [39] ويجيب عن سؤاله : " نحن في حاجة إلى البداية، إنها السلطة التي لا تقوم الكتابة بدونها[40]، ويقر انطلاقا من هذا الاشكال أن الشعر المغربي المكتوب باللغة العربية" لم يستطع طوال تاريخه أن يمتلك فاعلية الإبداع، أي القدرة على تركيب نص مغاير يخترق المغلق المستبد، إلا في حدود مساحة مغفلة إلى الآن، تمت في زمن مختصر، مما عرض غيرها، وهو الأغلب السائد، للمحو الدائم، لتعطيل الانتاج، وهاهو الآن مبعد عن القراءة، منسي بين رفوف بعض المكتبات العامة والخاصة، وقد تحول إلى مادة متحفية، يستشيرها الدارسون في أحسن الأحوال، لا كإبداع، ولكن كوثائق شبه رسمية تساعد على تجلية غوامض مرحلة من المراحل أو ملابسة من الملابسات، وهو عند الاخرين سبب للكسب، يقف عند رغبة ملء

الصفحات البيضاء، وتدنيس براءتها، بما يدعونه من أبحاث ودراسات تكرس تخلفه، كمقدمة ضرورية لتكريس سلطة سياسية لا علقة لها بالابتكار والانعتاق[41] فهذا التحديد لتاريخية الشعر المغربي، الهدف منه، وصف الممارسات النصية، والخروج من الصمت، وتأسيس بداية جديدة في إتجاه تغيير جذري في الممارسة الابداعية، من هذا المنظور يحفل محمد بنيس بالكتابة، كمفهوم معارض، أساسا – للشعر المعاصر و" كرؤية للعالم، لها بنية السقوط والانتظار. هذا الشعر هو الذي يواجه هنا، كرؤية برهن التاريخ على تخاذلها وتجاوزها[42].

إن المواجهة هنا بين مفهومي الكتابة والشعر المعاصر ، إن الكتابة عند محمد بنيس نفي وتجاوز للشعر المعاصر ، على الرغم من أن نصوص هذا الشعر ما تزال فاعلة على المستوى الابداعي، والتاريخ لم يتجاوزها كأشكال بعد ، ومن ثم يتبنى بنيس الكتابة بديلا عن الشعر المعاصر .

وضمن تلك الرؤية يعرف الكتابة بأنها " مشروع جماعي ، تعيد النظر في الجمالي، الاجتماعي، التاريخي، السياسي، ثورة محتملة ضمن الثورة الاجتماعية المحتملة أيضا، لابد للكتابة في المغرب من مغادرة الإطار الضيق ، وتسافر بعيدا بخصوصيتها، علقتها وفرقها.." [43] .

وهذا يعني أن الكتابة مشروع لتغيير مسار الشعر ، وأن البيان الذي يطرحه بنيس يطمح من وجهة نظره ، إلى تأسيس البداية ، ومواجهة الشعر المعاصر ، وهذا معناه " أن نبنين النص وفق قوانين تخرج على ما نسج النص المعاصر من سقوط وانتظار أن نؤالف بين التأسيس والمواجهة.. " [44] ، ومن هذا المفهوم ندخل في الحد الثاني ، لمفهوم الكتابة في صياغة القوانين الجديدة ، ومخالفة النص المعاصر تبرز الكتابة تأسيسا ومواجهة في آن .

وبذلك كانت الكتابة وفق تلك القوانين مغامرة لا بداية لها ولا نهاية، لتغيير مسار الشعر،كما يلي:

1- القاعدة الأولى : الكتابة نفي لكل سلطة ، وبهذا المعنى لا يبدأ النص لينتهي ،ولكنه ينتهي ليبدأ ومن ثم يتجلى النص فعلا خلاقا دائم البحث عن سؤاله وانفتاحه ، تواقا إلى اللانهائي واللامحدود .

2- القاعدة الثانية : النقد أساس الابداع ، والنقد – هنا – أن نلغي القناعة، وتسييد الكائن، إن النقد يحاصر الذاكرة كمرتكز لكل كلام وأصل ، لذا يجب على النقد أن يتوجه للمتعاليات السائدة - وأن يخرب الذاكرة كآلة متسلطة ، تمحو العين التي هي تاريخ كل نص ، وتستبعد التجربة ، والممارسة .

3- القاعدة الثالثة : لا كتابة خارج التجربة والممارسة ، إن الكتابة وهي تعمد إلى نقد اللغة والذات والمجتمع ، تتأسس الكتابة من خلال التجربة والممارسات قبل أي بعد آخر من أبعاد الإبداع ، التجربة والممارسة اختراق الجسد للزمن ، فعل أول لكل تجاوز ، ومن الخطل الحديث عن مادية الكتابة او نقد المتعاليات في غياب التجربة والممارسات كأساس لتغيير العالم .

هكذا تبتعد الكتابة عن قصيدة الذاكرة وقصيدة الحلم ، وتلتصق بالمملوس والمحسوس .

4- القاعدة الرابعة: لا معنى للنقد والتجربة والممارسة .إن هي لم تكن متجهة نحو التحرر، (...) .لا علقة للكتابة بكل نقد عدمي أو فوضوي ، ولا بأي تجربة أو ممارسة تعوق تحويل الواقع وتغييره من وضعه اللانساني الى احتفال جماعي و من ثم لا تحرر خارج رؤية مغايرة للأشياء والانسان ، حساسية مغايرة . إن النص الذي تذهب إليه الكتابة وتدعو إليه ينبثق من خلال مواجهة مغالق النص وتقنيتها ، مجذرا لفعل تحرري على مستوى التجربة والمخيلة والحساسية ، عن الكتابة منشغلة بالتحرر ، داخل النص وخارجه ، [45]

إن فعل التبدل في قوانين بلاغه النص، ضرورة لكل تحول وتحرر، والكتابة دعوة إلى ضرورة إعادة صياغة المكان والزمان ، ومن ثم " تتمازج بنيات الزمان والمكان والنحو في رتق بلاغه الكتابة ، كل منهما مؤثر في الآخر ومفض إلى تركيب كلية النص وتحولاته، لا تأتي هذه البنيات أفواجا أفواجا، ولكنها

جميعها ، تولد في لحظة بياض، حيث تحيا الذات حال إعادة التكوين، وتصبح اللغة برمتها إشكالية، لا التواصل مع القاريء هو المطروح ولكن سؤال البدء[46] .

إن الكتابة - هنا - وهي تستعيد حريتها، تؤكد حضورها، وتعيد بناء المكان وفق قانونها وتملأ البياض بنسق خطي يخترق اللغة المستكينة، في مساحات متعددة وعليه فإن عدم الاحتفاء بالفراغ كما يقول بنيس هو " سقوط في الكتابة المملوءة التي لا تترك مجالا لممارسة حدود الرغبة، إذ أن كل الكتابة مملوءة هي كتابة مسطرة لحد واحد يدعي تملك الحقيقة، يوجد ضمن خط الحياة الميتافيزيقي، ببدايته ونهايته المعلومتين[47] .

لذلك فالكتابة عند بنيس هي احتفال بالفراغ حيث يقول: " .. إن الكتابة دعوة إلى ضرورة إعادة تركيب المكان وإخضاعه لبنينة مغايرة، وهذا لا يتم بالخط وحده، إذا يصحب الخط الفراغ، وهو ما لم ينته له بعض من يخطون نصوصهم بدل اعتماد حروف المطبعة . علقة الخط بالفراغ لعبة ، إنها لعبة الأبيض والأسود، بل لعبة الألوان، وكما أن لكل لعبة قواعدها، فإن الصدفة تنتفي، ومن ثم تؤكد الكتابة على صناعتها وماديتها . "[48]

على ان هذه الكتابة، ببياضها وسوادها، تستلزم اختراق الكلام، الصوت، بالخط الذي ليس حلية ، وإنما هو نسق مغاير يعيد بناء اللغة وتأسيسها .

وبذلك تكون اللغة من حيث هي منطوق زمان ، ومن حيث هي خط مكان، فالكتابة إذن، لا تقوم على البياض والسواد وحدهما، إنما هي فضاءات متعددة ومن هذا تولد الكتابة في لحظة فراغ ، وتمارس الذات تكوينها . لذا يرى بنيس أن الخط يتدخل " لردع المتعاليات من أصولية وانغلاق دائري واستهلاك، تتحرر يدك، عينك، أعضاؤك، كل الاتجاهات تصبح ممكنة.." [49]، وبذلك ينفتح الخط على تاريخيته، يدمر ميتافيزيقيته، ويتبع حركة الجسد ونشوته، وينقل الخط النص من المعنى إلى ما بعد المعنى . [50]

ويدعو بنيس إلى استعادة الخط المغربي، الذي انزاح عن فضاء العين، بفعل الخط المشرقي، ولذلك يقول:" حان الوقت لنمنح النص ابتهاجه، ونسترد ملكيتنا للخط المغربي (...)عودة الخط المغربي تتنصل من كل قطيعة مع الأنواع الأخرى من

الخطوط العربية، ولا مع الممارسات الخطية خارج العالم العربي، لأن الكتابة تنبذ الانغلاق مهما كانت صيغته فيما لا تستسلم لمحو الفرق "[51] .

إن الكتابة بوصفها تقييدا، فهي تحقق فعل القراءة البصرية، وفق قوانين تنتج إمكانيات التأمل والتأويل ، إذن الكتابة فضاء بالدرجة الأولى، وقد أشار إلى ذلك بنيس ولكنه في بيانه يبدو متناقصا ، وغير واضح في مسائل متعلقة بالكتابة وقد يعود ذلك أن هذا البيان جاء في مرحلة تأسيسية لتكريس مفهوم الكتابة في الشعر العربي المعاصر، ومحاولة للاستفادة من الإنجازات العلمية والتقنية بحثا عن بلاغة جديدة ، انطلاقا من فهم جديد للذات والعالم، غير أن بيان بنيس لم يستفد من النظريات الاعلامية والهندسية والبيولوجية، والنظريات السيميوطيقية في معالجة المعطيات النصية .

ثالثاً - فضاء الكتابة

لقد عرف الشعر في كل الثقافات المختلفة بأنه مرتبط بالإنشاد والصوت، وأن تلقيه كان بالسماع، وهذا يعني تحكم البعد الإيقاعي والتركيبي للغة في عرض النص، وعند نقل هذا النص الشعري من بعده الإنشادي إلى بعده بصري، فإن المتلقي ينبغي أن يكون ممتلكا لسنن تلق جديدة، خاصة أن للمكان أهمية عندما ننتقل من عملية الإلقاء إلى عملية القراءة البصرية.

ويمكن القول أن النص الشعري القديم عرف بنيتين مختلفين لتشكيل المكان:

1- التشكيل التناظري للنص، وهو بنية القصيدة العربية القديمة، التي تتميز بعلامات شكلية، تقوم على بنية منظمة، أساسها وحدة البيت والذي يفرض التطابق بين المساحة الطباعية البيضاء المتحققة، في نهاية البيت، وبين الوقفة الزمنية الإيقاعية، ومن ثم سقطت هذه القصيدة في الكتابة المملوءة ، والتي تمتلك شكلا ثابتا فوق الصفحة البيضاء .

2- الموشح الذي يؤسس بنية مغايرة ، يستمدها من التوزيع البنائي للأبيات التي تتشكل في مجموعها من الأقفال والأبيات، حيث يحقق الموشح بنية مكانية

مختلفة عن القصيدة ذات التشكيل التناظري، خاصة أنه قد خرج على البنية الزمانية للشعر القديم .

إن هذا التوازي في الاشتغال الفضائي للقصيدة العربية، يجد له توازيا آخر على مستوى التحقق الزماني في الأداء الشفوي، ومن ثم يقول حازم القرطاجني عن هذا الانتظام في صيغته الشفوية وكلما وردت أنواع الشيء وضروبه مرتبة على نظام متشاكل، وتأليف متناسب، كان ذلك أدعي لتعجيب النفس وإيلاعها بالاستماع من الشيء، ووقع فيها الموقع الذي ترتاح له .." (52)

إن البناء الفضائي للقصيدة العربية ، اكتسب نمطيته مع بداية التدوين وأن تعجب النفس وإيلاعها بالسماع، يؤدي إلى متعة العين وإيلاعها بالنظر إلى النص، وهو ينظم عناصر تشكله في ترتيب وتواز نمطي متشاكل .

ويدخل النص الشعري العربي، مرحلة تركيب السواد على البياض، وفق قوانين الفضاء مع الشعراء المغاربة والأندلسيين في القرنين السادس والسابع .

ومن بين هؤلاء الشاعر احمد بن محمد البلوي القضاعي الذي أنجز أشعاره مكتوبة على شكل مربعات، كما اشتهر الناقد والشاعر أبو الطيب صالح بن شريف الرندي، صاحب النونية الشهيرة، بمثل هذا الاشتغال الفضائي، حيث أورد في كتابه النقدي " الوافي في نظم القوافي"(53) العديد من القصائد التي اتجهت بوعي إلى عرض النص الشعري فضائيا ، من أجل تحقيق امكانات متعددة للقراءة، وقد عرض الرندي أشكالا تتدرج في تنوعها من البسيط إلى المركب، منها :

1- القلب .

2- التفصيل .

3- التختيم .

- القلب : ويقوم نوع منه على تقديم الأبيات في صورة مربع ، بحيث تتوزع الوحدات المكونة لكل بيت ، عموديا وأفقيا في تمثل عددي وترتيبي ،الأمر الذي يمكن من قراءة البيت الواحد مرتين حسب الاتجاه الذي تسير وفقه عين المتلقي من الأعلى إلى الأسفل أو من اليمين إلى اليسار . (54)

تراه	لماذا	تولي	تراه
لماذا	وما في	فؤادي	سواه
تولي	فؤادي	إلى أن	يراه
تراه	سواه	يراه	هواه

إن هذا الشكل الذي يعرضه الرندي ،هو الذي يعبر عن شكل القلب ، من حيث الكتابة والقراءة ، وهذا النص يكسر نمطية التلقي المعروفة ، ويحقق البعد البصري والأبعاد الهندسية ، في تلقي النص .

إن المعطيات الهندسية الفضائية لهذا النص لا يمكن أن تدرك إلا بصريا، وفي حالة انتفاء التلقي البصري، لا يمكن للأذن أن تدرك الشكل في أبعاده المميزة تلك ، كما لا يمكن للصيغة الشفوية للعرض أن تقدمه كذلك .." [55]

-التفصيل:نوع آخر يقوم على وضع الأبيات وفق نظام يسمح بفصل أجزاء منها، دون أن يخل ذلك بتمام الوزن والمعنى،شريطة ان يتم الفصل في مواقع متوازنة من الأبيات[56].

ويورد الرندي نموذجين من شعر الحريري :

يا خاطب الدنيا الدنية إنها   شرك   الردى   ومرارة الأكدار
دار متى ما أضحكت في يومها   أبكت   غدا   بعدا لها من دار

ويقول الحريري أيضا :

جودي على المستهتر الصب الجوى وتعطفي بوصاله لا تظلمي
ذا المبتلي المتفكر القلب الدوي واستكشفي عن حاله وترحمي
وصلي ولا تستكثري ذنبي الدني وترأفي بالواله المتتيم
تبدي القلى بتغير الحب الأبي المتلفي بخياله المتحكم[57]

إن نماذج الاشتغال التي قدمها الرندي للتفصيل، تمنح امكانيات للقراءة، بتقليص الشطر أو تمطيطه، إن البياض يلعب بوصفه عنصرا بصريا دورا في تلقي النص من حيث التوقف أو الاستمرار في القراءة .

- التختيم : يقوم التختيم على استغلال وتطويع الأشطر والأبيات لتتشابك على بياض الصفحة من أجل تكوين بصري متناسق هو في هذه الحالة شكل الخاتم .

حيث تتقاطع الأشطر ويشترك ما يتلاقى منها في مواضع التقاطع في لفظة أو حرف واحد أو أكثر[58] .

إن هذا الاشتغال الفضائي في النص الشعري القديم،" لم يتجاوز الفضائية النصية المعتادة، لأن النص بقي مسجلا أمام قارئه وحروفه مشكلة بطريقة تمكن من تعرف الدلالات، بنفس الطريقة التي توجه بها الكلمات في كلام المتكلم حتى يتمكن السامع من السماع" [59].

لكن هذه الصيغة من اشتغال الشاعر في كتابة شعره ، تسمح له بأن يتواصل مع القارئ المفترض كتابة لا إنشادا وهذا هو التحول الحاصل في طبيعة النص الشعري العربي فضائيا.

إن دعوة نوفاليس Novalis التي يقول فيها " إن خاصية اللغة هي بالتحديد أن لا تهتم إلا بنفسها وهذا لا يعلمه أحد[60] وبناء عليه يدعو إلى " فصل اللغة عن وظيفتها الأساسية عن طريق " تشييئها " وهي في ذلك كالصيغ الرياضية" [61] حيث نفهم ان العمل على اللغة "المادة" عوض الانغلاق في حدودها " كمؤسسة " يعني في النهاية معرفة أعمق بالعالم[62].

إن هذه الدعوة انتشرت في نهاية القرن 19 والنصف الأول من القرن 20، "حيث جرب الشعراء الخروج عن الشعر القائم على بلاغة اللغة الأداة لكونه لا ينفصل عن النثر في شيء، ومحاولة العمل على اللغة المادة لانتاج بلاغة صوتية وبصرية جديدة،ويمكن رصد البدايات في هذا الاتجاه في أعمال "مالارمية" و"بول فاليري"... "[63].

طبعا هذا التوجه استفاد من التحولات التي شهدتها أوروبا ، حيث كانت اللسانيات تتأسس، وبدأت تظهر نظريات النص، والنظريات الإعلامية، وقد أدرك الشاعر الأوروبي، أنه بإمكانه أن يستفيد في اشتغاله الفضائي من اللغة في مظهرها المادي .

يطرح جاك دريدا في كتابه " عن الغراماطولوجيا " تصورا ينتقد فيه تصور سوسير اللساني مؤكدا على " أن امتياز الدال الصوتي عن الدال الخطي لا يمكن أن يكون مشروعا الا بالتمييز بين الداخلي أو الجوهري ،حيث مكمن الفكر ، وبين الخارجي حيث توجد الكتابة.." [64]

وبذلك استطاع دريدا أن يقدم تعريفا علميا لواقعة الكتابة ، ويكتشف قوانينها، ويهدم التقليد القيام في الشعر على التمركز حول الصوت، لذا وجد جاك دريدا تعارضا في صلب نظرية "سوسير " بين الأطروحة العامة حول اعتباطية الدليل ، والفكرة الخاصة القائلة بالتبعية الطبيعية للكتابة "[65] .

ومن ثم لا يمكن " .. التفكير في الدليل إلا عبر مؤسسة دائمة تبرز حضوره الدائم المستمر ، أي عبر حضور " الأثر " trace أو البصمة التي يحفظها فضاء الكتابة وتتضمن في المكان والزمان ، مجموع الاختلافات القائمة بصورة قبلية ، وهذا يعني أن الكتابة تقتضي في الوقت نفسه،موضعة فضائية، وموضعة زمانية، وعلاقة بالآخر.." [66].

لذا يقترح دريدا " الغرماطولوجيا " باعتبارها علما يحاول أن يتعرف على ماهية الكتابة وحل التعدد المفهومي للكلمة ، وهدم كل الأحكام القبلية للسانيات ، والعودة إلى أصولها وتكريس الدال الخطي .

إن الفضاء الخطي ".. مساحة محددة وفضاء مختار ودال ، بمجرد ان نترك حرية الاختيار للشخص الذي يكتب "[67] وانطلاقا من هذا ظهرت " الغرافولوجيا " - علم الخط - لدراسة الأدلة الخطية ، وهي مبحث قديم نسبيا مقارنة ب" الغراماطولوجيا " حيث يمكن رصد أول محاولة لتأسيس هذا العلم مع بداية القرن 19 مع "لا فاطير" la vater الذي حاول " أن ينظر إلى الخط من منظور يماثله بمورفولوجيا الوجه أي في كونه يعكس السلوكات والطبائع"[68].

ثم ظهر اول عمل تأسيسي سنة 1875 للقس ميشون بعنوان " نظام الغرافولوجيا " حيث قال : " بوجود علاقة حميمة بين كل العلامات المحايثة للشخصية الإنسانية و"الروح" فكما أننا لا نفكر في مكانيزمات الكلام عندما ننطق، فالشكل الذي نمنحه للحروف عندما نكتب ، يعتبر بدوره حصيلة لا

واعية ، فالذهن هو الذي يكتب ويتكلم مباشرة وبرهانه على ذلك وجود عدد من الخطوط بقدر ما يوجد من الأشخاص "[69] .

وجاء بعد ذلك كتاب كريبيو جامان " أبجدية الغرافولوجيا " الذي قدم فيه تصنيفا دقيقا، لصيغ الكتابة، حيث قسمها إلى عناصر أساسية في صورة أجناس مثل: السرعة- الضغط -البعد.

وداخل هذه الأجناس توجد أنواع ، فداخل السرعة مثلا تندرج الكتابات البطيئة والسريعة والخاطفة ، ولاحظ أن كل الصيغ لا تظهر بنفس الكثافة في الكتابة الواحدة ، كما لاحظ أن الصيغ يمكن ان تصنف بحسب درجة أهميتها[70] .

وأضاف الألمان لهذا العلم مفهوم الحركة في تسجيل هذا الشكل ، وهكذا أنصب اهتمامهم على السطر ، " ذلك الخط المتصل ، الذي نرسمه ونحن نكتب ، والسيلان الحبري الذي يربط الحروف إلى بعضها في كلمات ، ويربط الكلمات على الأسطر ، بعبارة أخرى تلك الطريقة التي ترسم بها الأدلة وليس شكل الأدلة بعد ان تكون قد رسمت.." [72] .

ويمكن أن نرصد الاهتمام الذي أولته مختلف التوجهات الغربية، الشعرية والنقدية عموما لموضوع الفضاء، حيث اهتم تزفتان تودوروف بالمستوى الفضائي في كتابه "الشعرية" حيث يرى أن النظام المكاني ، درس بالخصوص في نطاق الشعر. وبصفة عامة يمكن أن نعرف هذا النظام بأنه وجود ترتيب معين لوحدات النص مطرد بشكل متفاوت وتصبح العلاقة المنطقية أو الزمنية في مرتبة أدنى، وقد تختفي، إن العلاقات المكانية بين العناصر هي التي تكون الانتظام[72] .

ويرى تودوروف " أن رومان ياكبسون قام بدراسة للنظام المكاني ، فبين في تحاليله للشعر، أن كل طبقات الملفوظ، بدءا من الفونيم وسماته التمييزية، ووصولا إلى المقولات النحوية والمجازات، يمكن أن تندرج في انتظام مركب حسب تناظر أو تدرج أو تناقض أو تواز، مشكلة بمجموعها بنية فضائية حقيقية.." [73]، وأفرد الباحثان دانييل دولاس وجاك فيليولي، قسما مهما في كتابتهما"

اللسانيات والشعرية " للشعر البصري عموما وللفضاء النصي والتفضية، ورسما خطا تطوريا في تاريخ الشكل الشعري،من الغنائية إلى البصرية،ثم تناولا موضوع البياض والسواد والأدلة الخطية"(74).

واهتم هنري ميشونيك بالفضاء في مظهره الطباعي خصوصا، حيث يرى " أن في بلاغة التنظيم الطباعي للنصوص بلاغة جديدة مضادة ، وترجمة طباعية شعرية يرصد تاريخيتها في انحرافات البياض عند مالارميه وفي شعرية أبولينير(75)

إن الاتجاه الفضائي في الشعر يبرز الاختلاف بين الصوتي والخطي ، ماديا ووظيفيا، لأننا عندما نكتب نتموضع داخل فضاء خطي ، لهذا وجب أن يكون ما نكتبه، "كأبعاد وأشكال وتنظيم مناسبا للصورة التي لدينا عنه ، التي نسعى لا شعوريا إلى تحقيق تمثيل لها.."(76).

لذا ينطلق - فرانسوا ليوطار - في كتابه " الخطاب والصورة " من مقولة " إن المعطى ليس نصا ، وإن داخله يوجد سمك ، أو بالتالي اختلاف تكويني ،ليس معطى للقراءة ولكن للرؤية .."(77).

وبناء على هذه المقولة يميز بين فضاءين هما : الفضاء النصي والفضاء التصويري ، انطلاقا من قطبي الحرف والسطر .

الفضاء النصي في مفهوم ليوطار هو " .. الذي يتم فيه تسجيل الدال الخطي ، بحيث يتم إدراكه كعلاقات داخل نسق يحدده المقام التخاطبي: وهو فضاء لا يستدعي مشاركة ولا موقعا محددا لجسد المتلقي لأن هذا الأخير يوجد ملغى في هذه الحالة.."(78)، أما الفضاء الصوري فهو " يستدعي مرجعية في موقع المتلقي ومشاركة تؤشر عليها مدة التلقي البطيئة التي تعرض المسح البصري السريع من امتلاك الشكل ، لا امتلاك العلاقات .."(79).

ويحتوي الفضاء النصي على مستويين هما :

أ- الخط

ب- البياض والسواد

فالخط بنية لكون البنية الخطية تبرز هيكل الكتابة وتكوينها ، وهي مجموعة من الأدلة الخطية التي تنتجها حركة خاصة ، وتمنحها شكلا معينا(80)

ويعتبر توزيع البياض والسواد "أثرا لاشتغال الكتابة في تنظيم الصفحة وتنضيد الأسطر الشعرية ، ولكن دوره داخل الفضاء النصي، لا يقتصر فقط على ضبط نظامه بل يمكن أن يتجاوز ذلك إلى تقديم دلالات أيقونية، إما في ارتباطه بالمنتج، أو في علاقته بالسياق النصي.." [81] .

المؤكد أن المظهر المادي للكتابة ، تلزم القارئ باستراتيجية جديدة ، لتلقي العرض المكتوب، لأن النص - هنا - تتابع لعلامات بصرية على مساحة معينة .

إن الكتابة ببياضها وسوادها تقاوم الشفوي والذاكرة ، وتمارس الذات تكوينها على الورق، لذا كان النص جسم طباعي ، له هيئة بصرية مظهرية ، وبذلك يصبح النص جسدا له تمثله ورغبته وحركته .

ماحيا كل حكمة /

هذه ناري /

لم تبق آية - دمي الآية /

هذا بدئي / [82]

يمحو أدونيس في " هذا هو إسمي " السكون والتقليد ويكرس شهوة التدمير ، ويؤكد سلطة الكتابة، فهو يمحو جميع القيم التي ارتبطت بالنص الشفوي المركزي .

قرأتُ في ورقٍ

أصفر أني أموت نفيا تنورت الصحاري شعبي يشط ... /

نبشنا كلمات دفينة طعمها طعم العذارى / دمشق تدخل في

ثوبي خوفا حبا تخالط أحشائي تغلو ... / [83]

إن تجربة أدونيس في تكريس الكتابة، تجربة رائدة ، حيث أن نصوصه "هذا هو إسمي"و"قبر من أجل نيويورك" و"مقدمة لتاريخ ملوك الطوائف" و"مفرد بصيغة الجمع" كلها تحتفل بالسواد والبياض، وسمك وحجم الحروف والأسطر، فأدونيس في ممارسته للكتابة، ونقضه للخطابة، يهتم بمختلف الأبعاد البصرية التي يقدمها النص بمجموع مكوناته وهو يشتغل فضائيا .

ويمكن الحديث عن اشتغال فضائي جديد، بعد تجربة أدونيس، عند الشعراء المغاربة خاصة محمد بنيس، الذي نقف على إنجازه الشعري الفضائي في ديوانيه: في اتجاه صوتك العمودي ومواسم الشرق وديوانه المكان الوثني(84)، حيث اختار بنيس الخط المكان الوثني المغربي في كتابة نصوصه ، وهذا الاختيار يعتبر في حد ذاته دالا على مستويين :

1- كاختيار جمالي من لدن منتج الخطاب ومنجزه .

2- كإحالة بالنسبة للمتلقي الذي يختزن في ذاكرته معرفة قبلية بهذا الخط كشكل.(85)

طبعا هذا الاختيار هو استرداد لهوية مقموعة ، ومغيبة في المغرب ، وأن هذا الخط يمكن منتج الخطاب من إستخدامه في الفضاء النصي، وفق قوانين الكتابة والسواد والبياض، والفراغ على اعتبار أن الكتابة هي إعادة ترتيب للمكان ، وتأسيس بنية الخط والفراغ .

ولذا يقول أحمد بلبداوي في حديثه عن الخط كإلغاء للوسيط الطباعي ذي البعد الواحد: "حينما أكتب القصيدة بخط يدي، فإني لا أنقل إليه نبضي مباشرة وأدعو عينيه للاحتفال بحركة جسدي على الورق، يصبح للمداد الذي يرتعش على البياض، كما لو كان ينبع من أصابعي مباشرة لا من القلم ، ويغدو للنص ايقاع آخر يدرك بالعين مضافا إلى ايقاع الكلمات المدرك بالأذن.." (86). فالشاعر - هنا - يمارس حضوره جسديا ، لأن الخط يعبر عن تجربة الذات على فضاء الورقة البيضاء ، والملاحظ أن محمد بنيس في كتابة نصوصه إعتمد الوسيط، والذي يمثله الخطاط، وبذلك ألغي الوسيط حضور الشاعر المادي، من خلال الأثر والذي تمثله الكتابة، ولا شك أن الخطاط له رؤيته في إنجاز النصوص ، ومن ثم تظهر سلطة الوسيط عبر النص المخطوط. وقد يكون هناك تصور مشترك بين المنتج والخطاط، يعرضان من خلاله الفضاء النصي ، الذي يحتوي الدال الخطي .

1- تشكل السطر

إن مسار تشكل السطر خطيا ، يأخذ أبعادا مختلفة ومتعددة على بياض الصفحة، ومن ثم نشاهد تكسر السطر المخطوط بصيغ عدة، وهذا المسار يسمح للعين أن تغير زاوية النظر والمسح ، لقراءة الاسطر من اليمين إلى اليسار بطريقة ثابتة، وهذا التغيير يخرق العادة ، ويؤسس صياغة جديدة لمسار السطر ، مرتبطة بسياق النص ، والفضاء النصي .

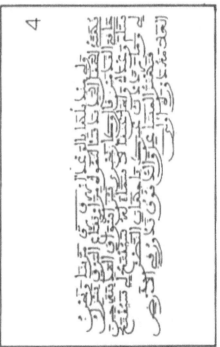

2- المحور الانفصالي

إن الصفحة المخطوطة، تبدو مكونة من وحدات خطية صغيرة، وبذلك تأخذ الكتابة مسارين: مسار المحور التلاصقي، وهو يكون أفقيا تلاصقيا، ويعتبر في الخط العربي الأكثر هيمنة، والمسار الثاني المحور الانفصالي، حيث نلحظ " انقطاع خيط الكتابة، عن طريق ادماج انفصالات بين الأدلة الخطية من عدد قليل من العناصر وتكون الفضاءات البيضاء أكثر أهمية من السواد ، بحيث ينمحي المحور الافقي التلاصقي.." (87)

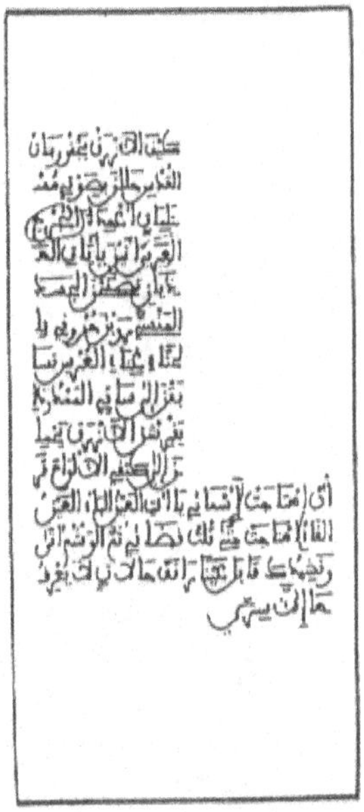

ن - المحور الانفصالي «بنيس»

عقيقُ انصرف. عقيـقُ
دائرتانِ ساهرتانِ. عـ
ـقيقُ أنتَ الذي. عقيـ
ـقُ المهادِ. عقيق
الصاعقين. عقيقُ.
بدا. عقيقُ قد صدقتْ.
عقيقُ ما يلي. عقيقُ
الحلم. عقيقُ هل
هذا. عقيقُ
ستعرفُ. كيف. عقيقُ
إلا. عقيقُ نضاحتان. عقيق
بك. موقن. عقيقُ لا
تتشبه بي

لتلمس الأيدي
عقيقاً
خالصاً لملمتُ فيه مناعةً
وعثرتُ فيه على دواةٍ
نادراً ما تهتفُ
الأرحامُ
إنّ لكَ اليقينَ
لكَ
اليقينْ
طرقٌ
توسوسُ كلما
ابتعدَ المساءُ
عن النخيلِ
وكلما انفردتْ حصاةٌ بالرياحِ
المنشدونَ على الوجوهِ يوزعونَ
ظنونهم بتمسكونَ

3- سمك وحجم الحروف والأسطر :

يقدم بنيس نصوصه في أشكال وأحجام مختلفة في استغلال داخلي للفضاء النصي ، وتوزيع البياض والسواد ، ويمكن اعتبار هذا الأسلوب ".. نبرا خطيا بصريا يتم عبره التأكيد على مقطع أو سطر أو وحدة معجمية أو خطية .." [88] فهناك النبر الصوتي في النص الشفوي، ويمكن الحديث عن النبر البصري في النص المكتوب .

ن ـ في الوحدة المعجمية «بنيس»

ن ـ الجملة «بنيس»

4- الفضاء الصوري :

إن طبيعة الفضاء تتحدد بحسب طبيعة الأثر المسجل فيه،وبحسب العلاقة مع القارئ، فالفضاء الصوري ، هو الفضاء الذي يتضمن أثرا يستوجب من القارئ وضعا معينا ليتلقى الأشكال التي يبرزها الأثر " (89)

توزيع يستجيب لمقتضيات الفضاء النصي

توزيع يستجيب لمقتضيات الفضاء الصوري

هَا هُمُ العَابِرُونَ
مِنْ غَيْرِ نَدَمٍ
يَتَعَلَّمُونَ شَهْوَةَ
الصَّمْتِ وَحِينَ
يُصِيبُهُم الكَلاَمُ
لاَ أَنْتَ يَقْصِدُونَ
وَلاَ سِوَاكْ

لَوْ
جَاءَ
سَغَبٌ
مِنْ
جَنُوبِ
الرَّقْصِ يَفْسَحُ
لِي تَدَاوِيَهُ
وَلَوْ شَبَحٌ أَرَقُّ
مِنَ الهَوَاءِ يَفِيضُ
مُتَصِراً بِلاَ تَعَبِ
وَلاَ أَرْضٍ وَلَوْ وَقْتٌ
يَطُولُ مَعَ امْتِدَادِ
المُنْتَبِدِينَ مِنَ الفَرَاغِ إِلَى
الفَرَاغِ وَلَوْ هُجُومٌ مُوغِلٌ
فِي الرَّمْلِ يَسْلُبُ مَا يَشَاءُ
وَلَوْ شَتِيتٌ يَحْفَظُ اللَّمَعَانَ
تَحْتَ رِدَاءِ مَنْ مَاتُوا

سِرَاجٌ
يَسْتَوِي
وَلِيَ
العَمَاءُ

لقد تعرفنا من خلال النماذج التي قدمناها للاشتغال الفضائي في شعر محمد بنيس،على الفضاءين النصي والصوري ، ومكونات كل فضاء ، من حيث التركيب ، وكيفية تلقي النص خطيا وبصريا ، على الرغم من أن محمد بنيس قد تخلى عن كتابة نصوصه بالخط المغربي واتجه إلى عرض نصوصه طباعيا ، بطريقة بصرية .

ينبغي أن نؤكد ان الكتابة من رؤيا الحداثة ، تحولت إلى تجربة جسدية ، أي أنها تستفيد من كل الأشكال التعبيرية ، رسم ، تشكيل ، خطوط ، أرقام ، علامات ، عناوين، حواشي ، فراغات ، وطبعا هذا التحول يستدعي قراءة مفتوحة، بأدوات مرتبطة بالفضاء وأشكاله .

رغم أن الشعر العربي في مساره من الشفوية إلى الكتابة ، لم يتخلص نهائيا من كل خصائص الشفوية، بل ظلت لصيقة بالشعر المعاصر، وما المحاولات لتأسيس تجربة الكتابة إلا مغامرة تريد ان تدمر الذاكرة وتعيد تشكيل المكان على أساس تصور مغاير ، في الاشتغال الفضائي .

هوامش الفصل الثالث الباب الثالث

(1) ادونيس ، صدمة الحداثة ، ص:166 .
(2) (م.س) ، ص:166 .
(3) (م.س) ، ص:166 .
(4) (م.س) ، ص:166 .
(5) ادونيس . (م.س) ، ص:301 .
(6) (م.س) ، ص:307 .
(7) أدونيس ، الشعرية العربية ، (م.س) ، ص:35 .
(8) (م.س) ، ص:53.
(9) المرجع السابق ، ص:54/53.
(10) أدونيس ، صدمة الحداثة، ص:310.
(11) المرجع السابق ، ص:310/309 .
(12) محمد بنيس ، الشعر المعاصر ، (م.س) ، ص:50 .
(13) رولان بارت ، درجة الصفر للكتابة، ترجمة محمد برادة ، دار الطليعة، بيروت ، الشركة المغربية للناشرين، المغرب، ط1981،1 ص:36.
(14) رولان بارت ، (م.س) ، ص:30 .
(15) (م.س) ، ص:40.
(16) (م.س) ، ص:41/40 .
(17) (م.س) ، ص:38/37.
(18) (م.س) ، ص:33 .
(19) (م.س) ، ص:34.
(20) (م.س) ، ص:35/34 .
(21) (م.س) ، ص:36 .
(22) أدونيس ، صدمة الحداثة ص:301 .
(23) أدونيس (م.س) ، ص:314/312 .
(24) محمد بنيس ، الشعر المعاصر ، ص:48 .
(25) أدونيس ، صدمة الحدثة ص:23 .
(26) (م.س) ، ص:24 .
(27) (م.س) ، ص:30 .

(28) (م.س) ، ص:27 .

(29) (م.س) ، ص:25 .

(30) (م.س) ، ص:30 .

(31) أدونيس، الشعرية العربية ، ص:86 .

(32) محمد بنيس ، ظاهرة الشعر المعاصر في المغرب ، دار العودة ، ط1، بيروت ، 1979 ، ص:95 .

(33) محمد بنيس ،ظاهرة الشعر المعاصر ، ص: 97.

(34) (م.س) ، ص:99

(35) (م.س) ، ص:95

(36) (م.س) ، ص:98

(37) محمد بنيس . حداثة السؤال ، ص : 09

(38) (م ، س) ، ص : 09

(39) (م ، س) ، ص : 09

(40) (م ، س) ، ص : 09

(41) (م ، س) ، ص : 10

(42) (م ، س) ، ص : 17

(43) (م ، س) ، ص : 18

(44) (م ، س) ، ص : 18 / 19

(45) محمد بنيس ، حداثة السؤال (بيان الكتابة) ، ص 19 / 25 .

(46) (م ، س) ، ص : 36 .

(47) المرجع السابق ، ص : 30 .

(48) (م ، س) ، ص : 29 / 30

(49) المرجع السابق ، ص : 31

(50) (م ، س) ، ص : 31

(51) (م ، س) ، ص : 33

(52) حازم القرطاجني ، منهاج البلغاء وسراج الأدباء ، ص:245 .

(53) أبو الطيب بن شريف الرندي ، الوافي في نظم القوافي ، تحقيق وتقديم محمد الخمار الكنوني ، عمل مرقون ، خزانة كلية الآداب ، الرباط ص:197/188 .

(54) محمد الماكري ، الشكل والخطاب ، المركز الثقافي العربي ، ط1 ، بيروت ، الدار البيضاء ، 1991 ص: 157/156 .

(55) محمد الماكري (م ، س) ، ص : 157.

(56) المرجع السابق ، ص:158.

(57) المرجع السابق ، ص:158 .

(58) المرجع السابق ، ص: 160 .

(59) (م ، س)، ص : 177 .

(60) المرجع السابق ، ص:181 .

(61) (م ، س) ، ص : 181 .

(62) (م ، س) ، ص : 181 .

(63) (م ، س) ، ص : 181 .

(64) (م،س)،ص:81 . jaques derrida, de la gramatologie , ed , Minuit , 1967 . P: 42 / 43 .

(65) (م ، س) ، ص : 81 .

(66) المرجع السابق ، ص:81 .

(67) (م ، س) ، ص : 103 .

(68) المرجع السابق ص : 83 .

(69) (م ، س) ، ص : 83 .

(70) (م ، س) ، ص : 84 .

(71) (م ، س) ، ص : 85 .

(72) ترقنان طودوروف ، الشعرية ، ص:64/63 .

(73) المرجع السابق ، ص: 64 .

(74) محمد الماكري (م ، س) ، ص : 201 .

(75) (م ، س) ، ص : 203 .

(76) (م ، س) ، ص : 103 .

(77) J.F.lyotard . discours figures . éd . klinckseik . 1978 paris P:09 عن محمد الماكري (م،س)،ص:106.

(78) (م ، س) ، ص : 113 .

(79) (م ، س) ، ص : 113 .

(80) (م ، س) ، ص : 233 .

(81) (م ، س) ، ص : 239 .

(82) أدونيس ، الآثار الكاملة ، المجلد الثاني ، دار العودة ، ط2 بيروت ، 1971 ، ص : 615 .

(83) (م ، س) ، ص : 636 .

(84) محمد بنيس،المكان الوثني، دار توبقال، ط1، المغرب،1996 / مواسم الشرق، توبقال، ط1،المغرب. 1986 .

(85) محمد الماكري، (م ، س) ، ص : 234 .

(86) أحمد بلبداوي، حاشية بيان الكتابة، المحرر الثقافي، 19 أبريل 1981. عن محمد الماكري، (م،س)، ص:226

(87) محمد الماكري ، (م ، س) ، ص : 94 / 95 .

(88) محمد الماكري ، (م،س) ، ص: 236 .

(89) (م،س) ، ص: 107.

خاتمة الكتاب

خاتمة الكتاب

أولاً - مساءلة المصطلح

ها نحن قد وصلنا، إلى نهاية السفر في مسار الشعرية العربية، ويتوجب علينا أن نتأمل في نتائج البحث، بتقديم حصيلة عمل مازال بحاجة إلى مواصلة السفر فيه، وعليه نسرد نتائجه فيما يلي:

إن الثقافة الشفاهية تتميز في تخزينها للمعرفة بالتكرار بطريقة مستمرة. وهذا يعني أن التواصل الشفاهي، يستدعي الصوت/ السماع على أساس أن الشفاهية ترتبط ارتباطا حميما بالنظام الصوتي .

لقد طرح ميلمان باري، نظريته في الصيغ الشفاهية في الثقافة الشفاهية الأولية. وهذه النظرية كان لها الأثر في تطوير الأبحاث المتصلة بالإنشاء الشفاهي وخصائصه التعبيرية. ويتضح من نظرية باري ان الشاعر الشفوي في إنتاج أشعاره، يعتمد على مستودع من القوالب الصياغية. ويؤكد باري ملمحين للتعبير الإنشائي: بساطة هذا التعبير وسعة النظام الذي يحتويه.

والشاعر الشفوي في إنجازه الفذ، يستخدم لغة خاصة، يكون القالب الصياغي فيها هو الوحدة الصغرى، وهذه الصياغية يعرفها الشاعر، ويعيد تشكيلها مع كل أداء .

لاشك ان الشعر الجاهلي نشأ في ثقافة شفاهية ونظمت تلك القصائد لكي تنشد لا لكي تقرأ، ومن ثم يتضح لنا ان النظم الصياغي الشفوي هو الشكل العادي للنظم عند الشاعر الأمي، بل إنه الشكل الوحيد في النظم المتاح له.

ويتبين من دراسة خصائص الشفوية ان الشعر الجاهلي لا يخرج عن نظرية " القالب الصياغي " وذلك نتيجة طبيعية لأنه وليد الارتجال. وهذا الشاعر يمتلك تقليدا حيا، حافظ عليه من الاندثار، ووصل إليناروابة .

وتأكد ان للشعر الجاهلي خصوصية بيانية وموسيقية، يلعب فيها الإنشاد دورا في ابداع النص ومعناه، وبذلك يتضح من النصوص الشعرية أن الجانب الصوتي هو مرتكز القول الشعري الشفوي في الجاهلية .

إن جيمز مونرو يرى أن كل شعر يقوم على صيغة ما من صيغ التكرار، لكن الخاصية المميزة للشعر الصياغي الشفوي هي التكرارية العالية .

والشعر الجاهلي يعتمد على نظام الصيغ أي القوالب الصياغية التي تتكرر باستمرار من نص إلى آخر في نطاق ثقافة شفاهية صوتية - سمعية . لذا نستطيع أن نؤكد أن الصيغ المتكررة خاصية أساسية في الشعرية الشفوية العربية حيث نجد القالب الصياغي والنظام الصياغي والقالب الصياغي البنوي، وكذلك الألفاظ التقليدية .

إن دراسة القوالب الصياغية في الشعر الشفوي العربي، تكشف بعدا إضافيا في فهم طبيعة وخصائص الشعرية الشفوية .

لقد استطاع النص القرآني ان يحدث تحولا جذريا وشاملا في النقلة من ثقافة الارتجال والبديهة إلى ثقافة التأمل ومن الشفوية إلى الكتابة .

لقد أدى البحث اللغوي والبلاغي إلى طرح مسألة الإعجاز القرآني، والسعي إلى الكشف عن أسراره، وضمن هذا التصور تمكن عبد القاهر الجرجاني من تحرير الشعرية العربية من مرجعية الثبات، حيث يرى أن "النظم " هو الأساس في الكشف عن شعرية النص.وأن المعنى لا يوجد خارج النص وإنما هو يتشكل في السياق .

لاشك أن تأثير النص القرآني في قراءة شعرية النظم أي النص المحدث، تبدو جلية سواء في بلاغة القصيدة ولغتها الشبيهة ببلاغة النص القرآني، أو في ممارسة نص وفق شروط ثقافة الكتابة في العصر العباسي .

وبذلك تجاوز أبو تمام عمود الشعر، وأسس رؤية مغايرة أساسها الإبداع والغموض والاختلاف .

- إن قراءة الشعر العربي تستدعي بناء تصور شمولي، يستهدف الكشف عن التناقض بين المفاهيم والممارسة. ومن ثم وصف النص الشعري التقليدي وتحليل بنيته والإنصات إلى هذا الشعر الحديث .

والملاحظ أن الشعرية التقليدية في مأزق ، فهي لا تتجاوز الشعر المحدث ممثلا في أبي نواس وأبي تمام. ولا تعبر عن تحولات العصر الحديث وإنما تعيد النص الشعري المركزي من رؤية ماضوية ، وتكرس الخطابة . ولاشك أن البيت الشعري مر بإبدالات عدة ، في مسار الشعر العربي من الشفوية إلى الكتابة . والشعرية التقليدية على الرغم من تمثلها للنص المركزي، فهي تمارس فعل الخروج على البيت الذي يوصف بالاستواء والاعتدال والانفصال وتساوي الوحدات العروضية وتمام الوزن والقافية .

ونجد أن الشعراء التقليديين، من حيث بناء القصيدة يعمدون إلى الإطالة في القول، وهي دلالة العودة إلى الأصل، وقد أدى الطول في القصيدة إلى إعادة بناء المكان النصي، حتى وإن كانت مبنية على البيتية، حيث نجد البياض يفصل مجموعة من الأبيات عن بعضها، وقد اعتمد أحمد شوقي هذا العنصر في بناء نصه .

لقد استبعدت الشعرية التقليدية بيت التخلص من القصيدة ولجأ الشاعر إلى الفراغ كعنصر لإعادة بناء النص ، حتى يعيد تنظيم القصيدة وفق تجربته، وبلاغة المكتوب .

واعتمد الشاعر التقليدي العنوان هوية لنصه الشعري، وبذلك يكون قد أحدث إبدالا في المفهوم الشعري وبناء القصيدة . و أصبحت القصيدة مطبوعة، وهذا يخرجها جزئيا من الشعرية الشفوية .

لقد نشأت الذات الرومانسية مناقضة تماما للذات الكلاسيكية، واختطت لنفسها مسارا شخصيا. لذا كانت الحقيقة التي ينشدها الرومانسي ذات طابع ذاتي .

وهكذا اتخذت هذه الأنا ، دورا حيويا ومركزيا في الشعر الرومانسي، بوصفها مجال انتاج المعرفة الكلية المشرعة على اللانهائي .

وبذلك أعلن النص الشعري العربي الرومانسي عن مسار مغاير للشعر التقليدي، واتخذ الخيال أداة استراتيجية في الممارسات النصية المختلفة. لقد أدى لقاء الرومانسية العربية بالرومانسية الأوروبية إلى إعادة قراءة الشعر العربي القديم، من قبل الرومانسيين العرب. ومن ثم فرصة لإعادة ترتيب شجرة نسب الشعر العربي الحديث، وهو يكتشف الموشحات التي تخلى عنها التقليديون. ويمكن القول أن شعرية الخيال متعددة الممارسات النصية. وهذا التعدد متات من فعل الخروج الذي هو نتيجة المفهوم المغاير للخيال .

على أن عملية الإفراغ والإبدال في شعرية الخيال، تظهر في غياب الاستهلال وأن البيت قد تعرض للإدماج .

ويتضح ذلك من الممارسة النصية لهذه الشعرية. إذ أن المقطع أصبح قاعدة بنائية للنص بأكمله. وأن العودة إلى الموشح وإعادة بنائه أدت إلى الخروج على البيت الأب. لأن ذات الشاعر هي مركز القصيدة ومن ثم ينتفي الغرض وينتفي البيت بشكله العروضي. ويتأسس بيت شعري له صفة الاندفاع والتقدم إلى الأمام.

وتكشف شعرية الخيال عن رؤية مغايرة للتقليد، حيث تقوم على محو الحدود الفاصلة بين الشعر والنثر، وتعلن عن نص آخر، هو " الشعر المنثور " من خلال تجربة جبران وبذلك لم يعد الشاعر منحصرا في القصيدة الموزونة المقفاة، وإنما أصبح يمارس شعرية نصية ،تنفتح على الذات الكاتبة وتفيد من التجربة.

- إن النص الشعري المعاصر، يتكرس في الواقع الشعري العربي، بفعل التعدد والاختلاف في ممارسته ويعلن قوانينه الخاصة به .

فالشاعر المعاصر في ممارسته للشعر الحر، في تصور نازك الملائكة يتحرك ويندفع للتعبير عن مشكلات عصره، ويخلق لنفسه أسلوبا أكثر حرية ولكنها تعرف الشعر الحر بأنه ظاهرة عروضية قبل كل شيء. وهذا يعني ان مفهومها يقوم على أصل ثابت وان القصيدة من وجهة نظرها .

تبحث عن أصول أرسخ تشدها إلى الشعر العربي القديم، لذا انتقد جبرا إبراهيم جبرا ويوسف الخال مفهومها للشعر الحر، وقدما بديلا لهذا المصطلح، هو

الشعر الحديث أو الشعر المعاصر . ويعرف أدونيس نفس الشعر بأنه رؤيا ، والرؤيا بطبيعتها قفزة خارج المفاهيم السائدة.

إن قراءة الشعر المعاصر بهذا التصور هي استقصاء لقضايا الابدالات النظرية والنصية في الشعرية العربية قديمها وحديثها. وهي مؤشر لابتداء تتهدم فيه قيم الثبات، وتكريس لقيم الحداثة .

وبذلك تغير مفهوم الشعر الذي أصبح نبوة ورؤيا وخلق، وهو بحث لانهاية له عن أشكال متعددة، لذلك ألح منظرو الحداثة على التجربة، التي تخرج الشعرو الممارسة النصية من مجال التعبير، إلى مجال المخاطرة، لأن الشعر المعاصر يتأسس على التجربة بوصفها مخاطرة في مواجهة الموت .

إن استراتيجية التحول في الشعر العربي الحديث، والابدالات النصية التي حدثت تؤكد أن القصيدة في الشعر المعاصر أصبحت هي المهيمنة، بدلا من البيت، لأن بحث الشعراء المعاصرين عن مسكن حر، انتقل من البيت إلى القصيدة.

وعليه كان البيت في شعرية القصيدة ذو بنية ناقصة، تكتمل باكتمال تجربة القصيدة. إن إعادة بناء القصيدة في الشعر العربي المعاصر، متلازمة مع إعادة بناء البيت .

فالشاعر يمارس حرية التأليف الإيقاعي، ومن ثم فإن قتل البيت الحر، للبيت الأب لا يعني إلغاء البيت، بل يعني اساسا ابدال بيت ببيت آخر .

فالمكان النصي، يتدخل في بناء القصيدة بعيدا عن تأثيرات الذاكرة والعروض .

لذا نجد السياب يخطو بالقصيدة العربية في الشعر المعاصر من حالة رومانسية إلى تجربة لها أفق ويتجاوز مفهوم الشعر الحر، ويفتح القصيدة على فضاءات متعددة .

إن الشعرية صفة لا ماهية للقول الشعري، فهي تلحق بالكلام وتندس في النثر وتجعل الحدود الفاصلة رجراجة .

وبذلك ندرك ان الشعر ليس وزنا ومعنى، بل هو ممارسة لغوية، وحدث مدهش في الكلام

.

وتستوعب الثقافة العربية الحديثة هذه التحولات، وتستبعد المفهوم التقليدي الذي يفصل بين الشعر والنثر على أساس الوزن .

وبذلك نرصد نقلتين في الشعر العربي المعاصرهما:

1- انتقال الشعر العربي من (الشعر الحر) إلى (القصيدة الحديثة) .

2- الانتقال من (الشعر المنثور) إلى (قصيدة النثر) .

إن النقلة الثانية تمكننا من فهم القوانين الداخلية ، التي ساعدت على الابدال الذي حدث من القصيدة إلى النص .

وبذلك ندرك أن قصيدة النثر هي :

1- شكل شعري " مستقل " عن الأشكال الشعرية الأخرى ، و" منقطع " عنها جميعا، موزونة كانت ام غير موزونة .

2- ليست مجرد " تطور " أو " تجديد " في الحركة الشعرية بل هي إبدال .

وهذا يعني ان ليس للشعرفي قصيدة النثر شكل نهائي مطلق، فهي مغامرة نصية، وتراكم نصي لحركة الحداثة، ساهم في إعادة تحديد مفهوم النص، و هو إنجاز متقدم للبلاغة المعاصرة .

إن الرؤيا تمرد على أ شكال سابقة، والدخول في أشكال جديدة ، ومن ثم فإن آلية التحول من مرحلة (القصيدة) إلى مرحلة (الكتابة)، قد مرت بسلسلة من التحولات في سيرورة النص الداخلية، انطلاقا من جدلية المحو والاكتشاف وبذلك تأسست ممارسة كتابية خارجه عن الشكل المنتهي المعلوم .

وبشر أدونيس بالكتابة كرؤيا وشكل بنائي جديد، خارج حدود النمذجة، ولكنه ينتصر للأسلوب على حساب الكتابة .

وينتبه محمد بنيس للاشتغال الفضائي في الشعر الحديث، من حيث التنظير والممارسة، ويرى ان الكتابة هي مفهوم معارض للشعر المعاصر، و بذلك تعيد الكتابة النظر في الجمالي، والاجتماعي، والتاريخي، و السياسي. وتحتفل بالفراغ، وتعيد تركيب المكان وإخضاعه لبنية مغايرة، وفق لعبة البياض والسواد

إن الكتابة ببياضها وسوادها، تقاوم الشفوي والذاكرة، وتمارس الذات تكوينها على الورق .

لذا كان النص في شعرية الكتابة جسم طباعي، له هيئة بصرية مظهرية، أساسها الفضاء النصي .

إن الكتابة من رؤيا الحداثة تحولت إلى تجربة جسدية، أي أنها تستفيد من كل الأشكال التعبيرية، وطبعا هذا التحول يستدعي قراءة مفتوحة، تدمر الذاكرة.

إن الشعرية العربية في مسارها من حيث المرجعيات والابدالات النصية، ليست شعرية واحدة، وإنما هي شعريات متعددة، وأن آليات تحول هذه الشعرية من عصر إلى آخر، و من بنية نصية إلى أخرى. تتحكم فيها عدة عوامل، منها ما هو معرفي، جمالي، حضاري، بحيث نجد أن الآخر له دور في عملية التحول، سواء بطريقة مباشرة أو غير مباشرة، وأن الثقافة العربية أسهمت في تحول الشعر من الشفوية إلى الكتابة.وتخلصت ثقافة الارتجال واتجهت نحو الفلسفة وإنتاج المعرفة ، وأصبحت منخرطة في الحداثة .

ونستطيع القول أن الشعر المعاصر اتجه نحو الكتابة، على الرغم من أن المتلقي مازال يحن إلى تلقي النص مشافهة لا مكتوبا . ومن ثم نجد بقايا شفوية في القصيدة، بينما شعرية الكتابة تتخلص نهائيا من الثقافة الشفاهية، وتؤسس لثقافة الكتابة. إن الشعرية العربية في مسارها التاريخي، متعددة الممارسات النصية، من الشفوية إلى الكتابة .

مصادر الكتاب

المصادر والمراجع

أ- المصـــادر

(1) أبو تمام ، الديوان ، المجلد الأول ، تقديم وشرح محي الدين صبحي ، دار صادر ، ط1، بيروت 1997 .

(2) أبو القاسم الشابي ، أغاني الحياة ، دارصادر ، ط1 ، بيروت ،1996 .

(3) أحمد شوقي ، الشوقيات، المجلد الأول ، دار الفكر ، (د.ت) .

(4) أدونيس: الآثار الكاملة، المجلد الثاني، ط2، دار العودة، بيروت، 1971. مفرد بصيغة الجمع، دار الآداب ، بيروت ، 1988 .

(5) أمرؤ القيس، المعلقة، شرح المعلقات السبع للزوزني، دار بيروت، بيروت 1982 .

(6) بدر شاكر السياب، أنشودة المطر، ط2، دار العودة بيروت ، 1981 .

(7) جبران خليل جبران ، دمعة وابتسامة ، دمشق ، (د.ط)(د.ت) .

(8) محمد بنيس : مواسم الشرق ، دار توبقال ، ط1 ، المغرب ، 1986 . المكان الوثني ، دار توبقال ، ط1 ، المغرب 1996.

(9) محمود سامي البارودي ، ديوان البارودي ، ضبطه على الجارم ، ومحمد شفيق معروف المطبعة الأميرية ، القاهرة ، 1952 .

ب- المراجــــع

(1) الآمدي، الموازنة بين الطائيين، ج1 تحقيق: احمد صقر، دار المعارف، ط4، مصر

(2) أبو بكر الصولي ، أخبار أبي تمام، تحقيق خليل محمود عساكر ومحمد عبده عزام ونظير الإسلام الهندي، مكتبة التجاري للطباعة ، بيروت .

(3) أبو علي المرزوقي ، شرح ديوان الحماسة ، تحقيق احمد أمين وعبد السلام هارون، مطبعة لجنة التأليف والنشر والترجمة ، ط1 ، القاهرة ، 1951 .

(4) أبو القاسم الشابي،الخيال الشعري عند العرب، الدار التونسية للنشر، ط2، تونس،1983.

(5) إبراهيم رماني، الغموض من الشعر العربي الحديث، ديوان المطبوعات الجامعية الجزائر 1991 .

(6) أبو حيان التوحيدي ، الامتناع والمؤانسة، ج2 ، تحقيق أحمد أمين وأحمد الزين منشورات مكتبة الحياة بيروت .

(7) أبو القاسم السلجماسي ، المنزع البديع في تجنيس أساليب البديع ، تقديم وتحقيق علال الغازي، مكتبة المعارف ، الرباط ، 1980 .

(8) إبراهيم عبد الرحمن محمد ، الشعر الجاهلي قضاياه الفنية والموضوعية ، دار النهضة العربية ، ط2 ، بيروت ، 1980

(9) ابن جني، الخصائص، تحقيق محمد علي النجار، دار الكتب، القاهرة، 1956.

(10) ابن خلدون ، المقدمة ، دار العلم ، بيروت، ط5، 1984 .

(11) ابن طباطبا ، عيار الشعر ، تحقيق : طه الحاجري ومحمد زغلول سلام ، المكتبة التجارية، القاهرة ، 1965 .

(12) ابن سلام الجمحي ، طبقات فحول الشعراء، إعداد اللجنة الجامعية لنشر التراث العربي، دار النهضة العربية ، بيروت .

(13) ابن رشيق، العمدة، ج1، تحقيق : محمد محي الدين عبد الحميد، ط4، دار الجيل بيروت ، 1972 .

(14) أحمد بوزفور، تأبط شعرا، نشر الفنك ، المغرب ، 1990 .

(15) إحسان عباس ، فن الشعر ، دار الثقافة ، ط2 ، بيروت ، 1959 .

(16) أدونيس :
الثابت والمتحول، ج1، الأصول، دار العودة، ط4، بيروت، 1983.
الثابت والمتحول، ج2، تأصيل الأصول، دار العودة، ط1، بيروت ، 1977 .

الثابت والمتحول، ج3، صدمة الحداثة، دار العودة ، بيروت 1983 .
17) زمن الشعر ، ط3، دار العودة ، بيروت ، 1983 .
18) فاتحة لنهايات القرن ، دار العودة ، ط1 ، بيروت ، 1980 .
19) مقدمة الشعر العربي ، دار العودة ، ط3 ، بيروت ، 1979 .
20) سياسة الشعر ، دار الآداب ، ط2 ، بيروت، 1996 .
21) الشعرية العربية ، دار الآداب ، ط1 ، بيروت ، 1985 .
22) الفت الروبي،نظرية الشعر عند الفلاسفة المسلمين،دار التنوير، ط1، بيروت،1983.
23) إلياس خوري ، دراسات في نقد الشعر ، دار ابن رشد ، ط2 ، بيروت ، 1981 .
24) أنسي الحاج ، لن ، دار مجلة شعر ، بيروت ، (ب.ط) 1960 .
25) تامر سلوم، نظرية اللغة والجمال في النقد العربي، دار الحوار،ط1، دمشق،1983.
26) الجاحظ ، أبو عثمان :
-البيان والتبيين، تحقيق عبد السلام هارون، مكتبة الخانجي، القاهرة، 1961.
الحيوان ، ج3 ، تحقيق : عبد السلام هارون، دار إحياء التراث العربي، ط3، بيروت ، 1969 .
27) جابر عصفور ، مفهوم الشعر ، دار التنوير ، ط3 ، بيروت ، 1983 .
28) جودت فخر الدين ، شكل القصيدة العربية ، دار الآداب ، ط1 ، بيروت، 1984 .
29) حازم القرطاجني، منهاج البلغاء وسراج الأدباء، تحقيق: محمد الحبيب بن الخوجة تونس، 1966 .
30) حسيني عبد الجليل يوسف ، التمثيل الصوتي للمعاني ، الدار الثقافية للنشر ط، القاهرة، 1998 .

(31) حسين الواد، اللغة الشعر في ديوان أبي تمام، دار الجنوب للنشر، تونس، 1997 .

(32) حلمي مرزوق، تطور النقد والتفكير الأدبي الحديث ، بيروت، 1983 .

(33) حسن ناظم، مفاهيم الشعرية، المركز الثقافي العربي، بيروت، الدار البيضاء ، 1994.

(34) خالد بلقاسم أدونيس والخطاب الصوفي، دار توبقال، ط1، المغرب،2000.

(35) سليمان عشراتي، الخطاب القرآني، ديوان المطبوعات الجامعية، الجزائر، 1998 .

(36) سامي مهدي، أفق الحداثة وحداثة النمط، دار الشؤون الثقافية العامة،بغداد، 1988 .

(37) صلاح فضل، بلاغة الخطاب وعلم النص ، سلسلة عالم المعرفة ، ع164، الكويت .

(38) طه حسين ، في الأدب الجاهلي ، دار المعارف ، ط13 ، القاهرة .

(39) عبد السلام المسدي   :

الشعر ومتغيرات المرحلة ، دار الشؤون الثقافية العامة، بغداد، 1986.

المصطلح النقدي،مؤسسات عبد الكريم بن عبد الله،للنشر والتوزيع، تونس،1994.

(40) عبد القاهر الجرجاني   :

-أسرار البلاغة، تحقيق محمد رشيد رضا، دار المعرفة، بيروت، 1978.

-دلائل الإعجاز، تحقيق محمد رشيد رضا، دار المعرفة، بيروت، 1978.

(41) عبد الفتاح لاشين،الخصومات البلاغية والنقدية في صنعة أبي تمام،دار المعارف، مصر.

(42) عبد الرضا علي، الأسطورة في شعر السياب،دار الرائد العربي، ط2، بيروت، 1984.

(43) عباس محمود العقاد وإبراهيم المازني :

الديوان ، مطابع دار الشعب ، ط3 ، القاهرة .

(44) عباس محمود العقاد، شعراء مصر وبيئاتهم في الجيل الماضي، نهضة مصر، القاهرة، 1963.

(45) عثماني الميلود ، شعرية تودوروف ، عيون ، ط1 ، المغرب ، 1990 .

(46) عز الدين إسماعيل :
الشعر العربي المعاصر ، دار العودة ، ط3 ، بيروت ، 1981 .

(47) علي الجندي ، الشعراء وإنشاد الشعر ، دار المعارف ، مصر ، 1969 .

(48) علي المحافظة، الاتجاهات الفكرية عند العرب، الأهلية للنشر، بيروت، 1983.

(49) القاضي الجرجاني ، الوساطة بين المتنبي وخصومه ، تحقيق محمد أبو الفضل إبراهيم وعلي البجاوي ، ط4 ، مطبعة البابي الحلبي ، القاهرة ، 1966 .

(50) قدامة بن جعفر، نقد الشعر، تحقيق: محمد عبد المنعم خفاجي، دار الكتب العلمية، بيروت.

(51) كمال أبو ديب :
الرؤى المقنعة نحو منهج بنوي في دراسة الشعر الجاهلي ، الهيئة المصرية العامة للكتاب ، القاهرة ، 1986 .
جدلية الخفاء والتجلي، دار العلم للملايين ، ط4 ، بيروت ، 1995 .
في الشعرية ، مؤسسة الأبحاث العربية ، ط1 ، بيروت ، 1987 .

(52) كمال خيربك ، حركة الحداثة في الشعر العربي المعاصر ، المشرق للطباعة والنشروالتوزيع، ط1 ، بيروت ،1986.

(53) محمد بنيس :
الشعر العربي الحديث، بنياته وابدالاتها، ج1 ، التقليدية، دار توبقال، ط1، المغرب ، 1989 .
الشعر العربي الحديث ، بنياته ، وإبدالاتها ، ج2 ، الرومانسية العربية ، دار توبقال ، ط1 المغرب ، 1990 .

الشعر العربي الحديث ، بنياته وابدالاتها، ج3 ، الشعر المعاصر، دار توبقال، ط1 ، المغرب ، 1990 .

الشعر العربي الحديث، بنياته وابدالاتها ، ج4 ، مساءلة الحداثة ، دار توبقال، ط1، المغرب 1991 .

ظاهرة الشعر المعاصر في المغرب، دار العودة، ط1، بيروت، 1979.

حداثة السؤال، دار التنوير،والمركز الثقافي العربي،بيروت،الدار البيضاء،ط1985،1.

54) محمد جمال باروت، الشعر يكتب اسمه،منشورات اتحاد الكتاب العرب،دمشق،1981.

55) محمد زكي العشماوي، قضايا، النقد الادبي، دار النهضة العربية، بيروت، 1979 .

56) محمد العبد ، ابداع الدلالة في الشعر الجاهلي، دار المعارف، ط1، القاهرة، 1988.

57) محمد غنيمي هلال ، الرومانتيكية ، دار العودة ، بيروت ، 1973 .

58) محمد لطفي اليوسفي :

في بنية الشعر العربي المعاصر، سراس للنشر، ط1، تونس، 1985.

الشعر والشعرية ، الدار العربية للكتاب ، تونس ، 1992 .

59) محمد مندور ، مسرحيات شوقي ، مكتبة نهضة مصرو مطبعتها ، ط3 . القاهرة

60) محمد الماكري ، الشكل والخطاب ، المركز الثقافي العربي ، ط1 ، بيروت، الدار البيضاء .1991

61) محمد النويهي، الشعر الجاهلي، منهج في دراسته وتقويمه، ج1، الدار القومية للطباع والنشر، القاهرة.

62) محمد الهادي الطرابلسي ، خصائص الأسلوب في الشوقيات ، منشورات الجامعة التونسية، تونس، 1981 .

63) مصطفى الجوزو، نظريات الشعر عند العرب، دار الطليعة، ط2، بيروت، 1988.
64) محمود الربيعي، في نقد الشعر، دار المعارف ، القاهرة ، 1967.
65) ناصر الدين الاسد :
-مصادر الشعر الجاهلي وقيمتها التاريخية، دار المعارف، ط3، مصر، 1966.
-نشـأة الشعـر الجاهـلي وتطوره،المؤسسة العـربية للدراسات والنشر، بيروت، ط1999،1.
66) نور الدين السد، الشعرية العربية، ديوان المطبوعات الجامعية، الجزائر، 1995.
67) نجيب محمد البهبيتي، تاريخ الشعر العربي حتى آخر القرن الثالث هجري، دار الكتاب العربي ، ط3 ، بيروت ، 1965 .
68) نازك الملائكة،قضايا الشعر المعاصر،دار العلم للملايين، ط1، بيروت،1983.
69) هـاشم ياغي، الشعر الحديث بين النظر والتطبيق،المؤسسة العربية للدراسات والنشر ط1، بيروت ، 1981 .
70) يوسف بكار،بناء القصيدة في النقد العربي القديم،دار الأندلس،ط2، بيروت،1982.
71) يوسف الخال، الحداثة في الشعر، دار الطليعة ، ط1، بيروت، 1978.

ج- المراجع المترجمة

1) رسطو طاليس، فن الشعر، تحقيق وترجمة وشرح: عبد الرحمان بدوي، دار الثقافة بيروت .
2) أمجد طرابلسي، نقد الشعر عندالعرب، حتى القرن الخامس للهجرة ، ترجمة: إدريس بلمليح ، دار توبقال ، ط1 ، المغرب ، 1993 .

(3) تزفيطان طودوروف، الشعرية، ترجمة: شكري ميخوت، ورجاء سلامة، توبقال، ط1، المغرب، 1987.

(4) جان كوهن، بنية اللغة الشعرية، ترجمة : محمد الولي ، ومحمد العمري، ط1، المغرب 1986.

(5) جيرار جنيت، مدخل لجامع النص، ترجمة: عبد الرحمان أيوب، دار توبقال، ط2، المغرب ، 1986.

(6) جمال الدين بن الشيخ، الشعرية العربية، ترجمة: مبارك حنون ، محمد الولي ومحمد أوراغ ، دار توبقال ، ط1، المغرب، 1996 .

(7) جيمز مونرو، النظم الشفوي في الشعر الجاهلي ، ترجمة: فضل بن عمار العماري، دار الأصالة للثقافة والنشر ، ط1، الرياض ، 1987.

(8) دافيد فونتان ، الشعرية ، ترجمة : أحمد منور ، الجزائر (مخطوط) .

(9) ر.ل بريت (وآخرون) المصطلح النقدي ، المجلد الثاني ، ترجمة: عبد الواحد لؤلؤة، المؤسسة العربية للدراسات والنشر ، ط1، بيروت، 1982 .

(10) رولان بارت، درجة الصفر للكتابة، ترجمة: محمد برادة، دار الطليعة، بيروت، والشركة المغربية للناشرين، المغرب، ط1، 1981 .

(11) رومان ياكبسون،قضايا الشعرية،ترجمة:محمد الولي،ومبارك حنون،ط1 المغرب،1988

(12) ليليان فرست، (واخرون)، المصطلح النقدي، المجلد الأول، ترجمة: عبد الواحد لؤلؤة المؤسسة العربية للدراسات و النشر ،ط2،بيروت 1983

(13) والترج . اونج ، الشفاهية والكتابية ، ترجمة : حسن البنا عز الدين، عالم المعرفة، ع.182، الكويت، 1994 .

د- المجـــــــــلات

(1) مجلة الآداب ، العددان : 3و4 ، بيروت، 1993 .

(2) مجلة ، تافوكت ، العدد 1 ، السنة 1996 ، ألمانيا .

3) مجلة الحرية، ع، جويلية ، بيروت ، 1990 .

4) مجلة، فصول، المجلد 2، العدد 2، الهيئة المصرية العامة للكتاب، القاهرة، 1983.

5) مجلة ، فصول ، المجلد 4 ، العدد 3 ، القاهرة 1984 .

6) مجلة، الأقلام ، العدد 11، وزارة الثقافة والاعلام ، بغداد ، 1980.

7) مجلة، كتابات معاصرة ، العدد 30 ، بيروت ، 1997.

8) مجلة ، المنظمة العربية للتربية والثقافة والعلوم ، تونس ، 1985.

9) مجلة، المعرفة السورية ، العددان 260-261 ، دمشق ، 1983.

10) مجلة ، مواقف العددان 52/51 ، بيروت ، 1984 .